湄江史话

胡健生 著

岳麓書社·长沙

图书在版编目(CIP)数据

渣江史话/胡健生著．—长沙：岳麓书社，2021.12

ISBN 978-7-5538-1539-8

Ⅰ．①渣…　Ⅱ．①胡…　Ⅲ．①乡镇—地方史—衡阳县
Ⅳ．①K296.45

中国版本图书馆CIP数据核字(2021)第213503号

ZHAJIANG SHIHUA

渣江史话

作　　者：胡健生

责任编辑：刘　文

责任校对：舒　舍

封面设计：罗志义

岳麓书社出版发行

地址：湖南省长沙市爱民路47号

直销电话：0731-88804152　0731-88885616

邮编：410006

版次：2021年12月第1版

印次：2021年12月第1次印刷

开本：850mm×1168mm　1/32

印张：10.125

字数：230千字

书号：ISBN 978-7-5538-1539-8

定价：58.00元

承印：长沙鸿和印务有限公司

如有印装质量问题，请与本社印务部联系

电话：0731-88884129

目　录

前　言

在南岳蜿蜒连绵的西山脚下，在广袤、人稠、沃壤的衡阳盆地北端，屹立着一座群山环绕，以蒸、柿竹水汇流为地标的古镇，这就是渣江。它是一个美丽、富饶而神奇的地方，其历史悠久，文化厚重，令人心驰神往。这里曾出土中华文化瑰宝——春秋时期青铜器动物纹提梁卣，被奉为国家一级珍贵文物和衡阳市博物馆镇馆之宝；这里古代曾设为县（包括侯、子、公国）治，历经八百来年，近代立为县域副中心集市，也有近两百年的历史；这里，是清代兵部尚书彭玉麟、民国著名书画家曾熙、当代中国著名言情小说和剧作家琼瑶魂牵梦萦的故乡，其故居犹存；这里，有全省驰名的农村庙会“赶八”“赶社”，被中央、湖南省电视台誉为“盛大的乡镇文化庙会”“中国农村世博会”；这里存有纯朴而独特的风俗、丰富而享有盛誉的特产，还有历经沧桑的老街、兴衰变幻的寺祠、横跨双水的石桥和月光下的夜话；等等。总之，一句话，渣江绚烂而凝重的历史文化，是湖湘文化中一座蓄藏精华的富矿，等待人们去发掘。我只是一名勘探式的前行者，愿用此作为后来者抛砖引玉。也希望它，能为古镇的春天，增添一束清馨的山花。

第一章　渣江概貌

渣江，是湖南省衡阳县非常有名的一座古镇。它位于县境的北部，距县城西渡镇22公里，距衡阳市约40公里。

一、地域范围

地名，往往是多种意蕴的载体。衡阳如此，渣江也如此。出于种种原因，历史上人们赋予了渣江不同的含义，因而，其所指地域范围也不尽相同。一般来说，它所指地域范围有三：一是仅指渣江街，即渣江集市，人们也习惯称之为“渣江镇”。其老街面积约1平方公里。清代乾隆《衡阳县志》所称“查江市”，就是指渣江集市。二是指行政区划渣江镇，即除渣江街以外，还包括周边一些行政村。比如，现在渣江镇的区划范围，就包括两个居委会和周围的和睦、沐林、马山等26个行政村，面积达132平方公里。三是指行政区或历史上渣江所覆盖的地域。历史上，渣江街周边的“四町”（三湖町、凌家町、东湖町、东峰町）及其邻近的丘陵山区，统称为“渣江”。20世纪渣江作为行政区，其地域范围包括三湖乡、赤石乡、官埠乡、甘泉乡、盐田乡、石市乡、鼓峰

航拍渣江镇　阳超摄

乡、渣江镇，面积达270余平方公里，约占衡阳县总面积的十分之一（附《一九八六年衡阳县渣江区地域范围表》于后）。凡是这个区域的人，往往称自己为“渣江人”。

附：《一九八六年衡阳县渣江区地域范围表》

渣江镇（驻南正街）	所辖居委会、村	南正街居委会、北正街居委会、和睦、沐林、五四、大湖、秋溪、马山、石膏、明冲、铺堂、水波、洪冲、水东、和溪、谢桥。
	基本情况	2个居委会，6个居民小组，14个村委会，126个村民小组，总人口：4272户17348人。总面积：26平方千米。其中耕地14527亩。
赤石乡（驻赤石寺）	所辖村	赤石、洲上、东风、湖溪、松市、秋夏、大光、联谊、山塘、同心、何兴。
	基本情况	11个村委会，141个居民小组，总人口：2935户12154人。总面积：25平方千米。其中耕地13010亩。
三湖乡（驻龟石渡）	所辖村	龟石、中湖、福民、茶园、檀山、中渡、西村、群力、红安、信山、心田、新石、文光、蒀岭。
	基本情况	14个村委会，145个居民小组，总人口：3620户14850人。总面积：32平方千米。其中耕地14059亩。
官埠乡（驻官埠塘）	所辖村	官一、同庆、乌鸦堂、三合、诗波、白马、新景、井堂、乌冲、江冲、官埠、水山、长岭。
	基本情况	13个村委会，158个居民小组，总人口：3615户14795人。总面积：32平方千米。其中耕地15000亩。

续表：

甘泉乡（驻高家）	所辖村	白羊、南北、管桥、中合、新建、桥头、乐江、双丰、新进、平阳、联盟、甘泉、全丰、五福。
	基本情况	14 个村委会，158 个居民小组，总人口：3627 户 15370 人。总面积：51 平方千米。其中耕地 10795 亩。
盐田乡（驻江东）	所辖村	文德、太原、六印、唐福、众拱、香冲、潭溪、周冲、盐田、神和、黄柏、七星、石金。
	基本情况	13 个村委会，155 个居民小组，总人口：3867 户 15902 人。总面积：57 平方千米。其中耕地 14703 亩。
石市乡（驻景公祠）	所辖村	龙田、石市、南阳、太清、欧江、石狮、铁流、兴元。
	基本情况	8 个村委会，92 个居民小组，总人口：2598 户 10924 人。总面积：23 平方千米。其中耕地 11417 亩。
鼓峰乡（驻荷叶塘）	所辖村	杨林、鼓峰、六一、高桥、兴隆、永安、大波、毫冲、碧峰、祥民、枫坳、瑶林、荫塘、先峰、洋溪。
	基本情况	15 个村委会，147 个居民小组，总人口：3877 户 16119 人。总面积：30 平方千米。其中耕地 15636 亩。

二、地质地貌

地处五岭上升和洞庭湖下陷的过渡，即衡阳盆地的北沿。其地质构造复杂，据新编《衡阳县志》载，渣江的地层结构大致可以归入青白口系："马底驿组上部为暗红色钙质板岩及粘砂质板岩，黑色炭质绢云母板岩。五强溪组上部为灰绿色

三湖町

凌家町

东湖町

东风（峰）町

马头山

招兵山

条带状砂质板岩及灰黄色凝灰岩。”

其地貌，平町居多。最著名的是渣江平原，俗称“渣江垄”，乃衡阳盆地中最大的一个小平原。蒸水、柿竹水穿流其间，将小平原分割为三大块，西北的一块称“三湖町”，长约5公里，宽2.5公里，有水田1.35万亩。东北一块称“凌家町”，长1.5公里，宽3公里，有稻田5000亩。蒸水南岸东面为“东湖町”，长3公里，宽1公里，有水田2250亩。西面为“东峰町”（或作“东风町”），其面积较小。平原外，有丘陵毗邻，以相对高度10~60米，坡度5~15度的岗地居多，山地较少。境内丘陵、山峦均为南岳衡山巨峰向西蜿蜒延伸的余支，直至衡阳县西边界的大云山。境内名山有招兵山、马头山，两山相距不远。马头山因山形似马头而得名。招兵山则据传说黄巢起义途经此山扩军而取名，主峰海拔291米，为境内最高峰。

三、盛名成因

渣江，是一座具有现代风韵的历史文化名镇，现有常住人口7.2万。它绿水环流，双桥横跨，塔楼高耸；街道整洁，商橱亮丽，人流如潮。文化新苑，茂林修竹，楼台庭院，傍水依山，蝉声低唱。等等。人云，渣江不愧是蒸水河畔一颗光彩夺目的明珠。对于这样一个新型的集镇，不禁要问，它的过去怎样，是否有过辉煌?

《衡阳大辞典》云：“渣江曾是衡阳县西乡首邑。”历史上，它不仅在衡阳县、衡州的知名度高，而且，附近州、县

渣江桥头

尚未开市的仿古街

新建的民居

许多人，都知道蒸水河畔有这么一个古镇。这是为什么呢？

汉钟武县故城址·荫塘村

第一，它曾为县（包括方国）治或县域副中心集市。古代，从西汉初期到唐武德年间，这里曾先后设为县（包括方国）治，也就是说，它曾是全县（方国）的政治、经济、文化中心。清乾隆二十一年（公元

1756年)，朝廷议迁衡阳县治于渣江，未果，“逐设县丞驻之”（同治《衡阳县志》卷九）。清代县丞的职责为佐理县政，分掌粮马、征税、户籍、巡捕、水利等。县丞署驻此，毫无疑问，这里便是名副其实的县域副中心集市。民国改设渣江司，职责大同小异。因此，渣江遐迩闻名。

第二，它是为人称道的经济重镇。过去，经济发展首先看农业，而渣江发展农业，具有许多优越条件。它为衡阳著名的大町，田畴平整，土地肥沃，蒸、柿竹水汇流，塘池遍布，灌溉方便，加之人烟稠密，劳力充足，是衡州最早、最大的双季稻区，具有相应的先进生产技术和经验，等等。这些优越条件，极大地促进了农业生产的发展，农产品非常丰富，人民也较为富裕。因此，渣江素有“鱼米之乡”“富饶之乡”的美称。衡阳县原来有句老话，叫作“穷南乡，富西乡”，而西乡首富，就是渣江。

其次，集市贸易繁荣，影响远及邻州县。渣江、衡山白果、衡南泉溪，并称为岳（指南岳）西、岳北、岳南“三大集市”。街上有店铺400余家，天天逢集，每天上市人数达数

渣江集市贸易盛况

千人。抗日时，衡州大批商、政、学、绅至此避难，镇上常住人口骤增至近万人。商店生意火爆，金银首饰、绸缎布匹、五金百货等日常生活用品畅销，饭店、粉店林立，酒店增至36家，屠宰行每天杀30多头猪还供不应求。另外，渣江为西乡最大的货物集散地和销售市场，邵阳、衡山、湘乡等地在此设有常年货栈，经营批发和零售。每年“赶八”“赶社”，外地商客都会带许多特优产品前来展销，如祁阳（含祁东）的黄花、草席，邵阳的药材、桐油和玉竹，湘乡（含双峰）的铁器“三刀”（镰刀、菜刀、剪刀）、瓦罐，衡山（含南岳、衡东）的蜜橘、黄精、藤茶，隆回的烟叶，还有岳阳洞庭湖的鱼虾，江浙的丝绸，广东的小工艺品，等等。赶庙会者少则两三万，多则达五六万。商品琳琅满目，应有尽有，摆满了整个街道和有一百多亩的大河洲，可谓盛况空前。

再次，快捷的交通运输，为经济的繁荣和发展提供了有力支撑。过去，渣江不通公路，客运、货运主要靠水运。蒸水是运输大动脉，丰水时，载重40吨的大船可直航渣江，枯水时，10吨以下木船拉纤过滩也可到达渣江港。卸船后，货物要去洪罗庙、邵阳佘定桥的，就在此转装小木船、小木划，因为上游河道窄、礁石多、坡度大。要运去金溪、金屏、石市、界牌、狮子桥等地的，就改用挑夫，有大路通达。柿竹水常年水小，不通舟楫，不过，上游盛产的杉树、楠竹可以扎成小排，直放渣江。公路修通以后，有西渡、洪罗庙、金溪、溪江、界牌、盐田桥六条公路通渣江，织成了县域少见的快捷交通运输网络，为发展境内经济提供了有力保障。

衡阳县二中校园中的彭玉麟塑像

第三，文化根基深厚，文化名人众多。渣江有重教兴学的传统，因而，私塾多，学校多，读书人多。清末民初，私塾遍布乡村，镇上也设有私塾馆（经馆）。民国时，正规的学校有三所：初小在胡祠堂对面，叫“衙门学校”（校舍为镇人捐资兴建，教职工薪资由县里发）。高小在太平寺旧衙门，叫“衙门学堂”。初中在赤石寺，叫“光华中学”（1952 年迁去西渡，改名叫“衡阳县一中”）。镇上读书人多。解放时，镇上还有清末秀才、童生多人，正在外地读大学的有罗国文等 3 人，渣江高小的老师中有凌杏圃等 3 人为科班出身。正在衡阳市成章、船山、道南等学校就读的学生，有胡德昭、凌受和、胡均忆等 20 多人。

渣江花灯盖草河，是民间文化气氛浓的突出表现。为欢度春节，渣江民众每年都要耍灯，尤其是花灯。所谓花灯，就是扮装《白蛇传》《三国演义》《西游记》《包公案》《封神演义》《杨家将》等戏剧、文学故事中的人物游街串巷，娱乐观众。扮装者要开脸、着装、戴头饰，有的还要挂胡须、插野雉毛、持兵器，与上台唱戏的演员一模一样。每队灯少则扮十多个人，多则扮五六十人。明冲箭楼是凌家町凌姓祠堂，他们则扮《水浒传》108 将，为渣江花灯之最。每年正月十五，境内所有的花灯、龙灯、武灯、狮灯统一排街闹元宵。这天上午，各队灯到头柱蒋家祠堂集合，定排

曾熙故居

街顺序。中午统一开餐，肉包子任你吃，糖开水随意喝。下午二点开始排街，各队灯依次跟进，从头柱、二柱、三柱、五柱一直排到四柱桥头（街尾）。行进中，龙灯要舞，武灯要打，狮灯要耍，花灯要吹胡子、瞪眼睛、做动作。沿街店铺竞相放鞭炮迎接，看灯者则挤满了街道两边，小孩在灯队外追逐、嬉戏，场面十分热闹。这样一直要闹到晚上九至十点钟才结束。

文化大市，必有文化名人。古代，在渣江历史上留下姓名的人，是否是文化名人，已不可考。自渣江成为县域副中心集市以后，文化得到迅速发展，陆续出现了一些驰名神州甚至海外的文化名人。其中，最具代表性的是三人：一是清末兵部尚书彭玉麟。他是武将，又是文化名人。他工诗善书画，书法颜赵，画梅尤为绝妙，老干繁枝，千姿百态，内藏杀气，人称“兵家梅花”。流传的著作有《彭刚直公诗集》八卷，《彭刚直公奏稿》八卷，《通商始末记》二十七卷，《希贤录》《彭玉麟家书》《鄂承斋诗评》《阔风手札》《咏梅花诗》等。二是民国著名书画家、教育家曾熙。

琼瑶《念我故乡》诗

当时全国书法界，有“南曾北李”之称，曾即曾熙，李则瑞清。曾于篆、隶、真、行、草，样样皆精。这在历代书法家中，并不多见。后来，从事教育，曾任石鼓书院山长、汉寿龙池书院山长、衡清师范学堂校长、船山国学院院长等，为湖南教育界之泰斗。三是当代中国著名言情小说作家和剧作家琼瑶。她的言情小说、电视剧，风靡台湾、港澳、大陆和东南亚，其代表作有《还珠格格》《花非花雾非雾》《庭院深深》等。

总之，渣江在衡州内外都享有盛誉，知名度比一般集市要高得多，因此，明嘉靖《衡州府志》在列刊全州“坊乡”时，将渣江列为各乡之首（当时渣江的地名叫“永福乡”）。清乾隆《衡阳县志》卷首《县境全图》，唯一标明县内地名的即为“渣江”，还专门刻印了一张《查江市图》（当时“查”与“渣”混用）。

查江市图（乾隆《衡阳县志》）

第二章　古越春秋

说起渣江的古代，就一定离不开越人。越人生活和繁衍于这片土地上，至少有上千年的历史。他们是怎么来的，是由远古时的三苗演化而来，或是由外地迁徙而来，均不得而知，因为现在尚未发现这方面的实物证据或文字资料。不过，越人长期生活和繁衍于此，却在渣江的古代历史上，留下了浓墨重彩的一章。

一、见证辉煌的春秋时期

春秋时期，越人广布于长江中下游以南地区。由于部落众多，故又称为“百越”“百粤”。越人从事渔猎、农耕，以金属冶炼、水上航行著称，喜欢断发文身，以龙为图腾，有自己的语言，无文字，但由于长期受汉文化的影响，也能像汉人一样作歌。楚国当时居住着不少越人，一天，楚王弟鄂君子皙在河中泛舟奏乐，越人舟子把桨而歌曰：“今夕何夕兮，搴中洲流。今日何日兮，得与王子同舟。蒙羞被好兮，不訾诟耻。心几顽而不绝兮，得知王子。山有木兮木有枝，心说君兮君不知。”（见汉刘向《说苑・善说》）歌词原为越人方言，因鄂君不解，故译成汉文。这首《越人歌》，表现了楚国越人对文学艺术的认知和对其表现力的把握。毫不夸张地说，它与先秦文学中的诗歌名篇，可以并肩比美。

春秋时期青铜器动物纹提梁卣（国家一级文物）

渣江是越人重镇，曾出土中华文化瑰宝。春秋时，楚国的疆域覆盖了大半个湖南，渣江隶属于楚国。这里不仅居住着越人，而且是越人的重镇，曾出土越族中象征尊贵地位、显赫权势的青铜器珍品。

动物纹提梁卣纹饰放大

1988 年 9 月，渣江赤石村西冲组村民吴小贵在小鸡岭打砖取土时，发现了五件青铜器，经文物专家初步鉴定，这批青铜器为春秋时期器物，其中，动物纹提梁卣为越人冶炼的代表作。它高 50 厘米，最大腹径 38 厘米。衡阳市著名文物专家、市博物馆原馆长蒋星星对其形制、工艺有这样的描述："这件动物纹提梁卣，呈绿漆古，通体装饰，分器盖、器身两部。盖呈弧形，以尖顶方柱抓钮为中心，四面各饰一镂空扉棱，将器盖平分为四个小区，区内二蛇卷曲相向，间以蜥、蛇、蛙、鸟纹，提梁由双龙组成，龙首作附耳，龙身为提手并饰鳞纹和三角纹。器身造型为直口，椭圆体垂腹，高圈足。纹饰极为丰富，分三层装饰。一层为地纹，饰以云雷纹、'S'纹和几何纹。二层在卣腹中部，以凸起的蛇纹、蛙纹辅以窃曲纹和双肩钺纹作主体纹饰。三层以上腹两边卷曲向下的蛇纹、中部浮雕蛙纹、下腹逆行向上的蛇纹组成'四蛇戏蛙'的图案，配合主纹作间饰。器身子母口饰三角云纹，圈足饰云雷纹一周。"在工艺上，采用"浮雕、圆雕、镂空、平刻等技艺，构思顺乎自然，纹饰丰富多样，技艺娴熟生动，给人一种美的享受"（《出土文物报告》）。经国家文物专家组最后鉴定，确认这是一件春秋时期渣江一带越人部落的重器，为部落酋长所有。在全国出土的同类器物中，其器形最大，纹饰最精美，保存最完整，应定为国家一级珍贵文物。它征集入藏后，成为衡阳市博物馆的镇馆之宝，两度代表中国文物精华参加国际性展览，先后入选《中华文物精华》《中国记忆——五千年文明瑰宝》《岁月衡阳——衡阳博物馆馆藏文物精选》三部文献，并多次亮相于中央和省、市媒体。它不仅是衡阳市历史文明的见证，也是中华历史文明的见证。

越人的龙文化，绚烂而具个性。越人铸造的这件动物纹提梁卣，在形制上与中原地区的西周铜卣较为相似，说明受汉文化的影响较深，但也有迥异之处，表现出鲜明的地方和越族特色。不同的主要是纹饰，特别是龙纹。龙，是我国古代传说中的神异动物，身体长，有鳞、有角、有脚，能走，能飞，能游泳，能兴云降雨。汉族崇信龙的历史很悠久，据考证，甲骨文中已有龙字，作“”或“”，后来，又把龙作为帝王的象征和主宰人们命运的神灵。人们崇拜龙，信仰龙，敬畏龙，创作了许多关于龙的传说，建造了许多祭祀龙的建筑，赋予了龙许多神异功能和力量。汉族的这种龙文化，不仅为越人接受和吸收，而且，越人还在一些方面做了发挥。越人相传，龙的幼年阶段为蛇，蛇成长得道便为龙，龙入水便为龙王。龙王可繁衍后代，陆地上的后代便是人，这种人就是越人。因此，越人以龙为图腾，自称其族人的始祖为龙王，即

赤石古墓群保护碑

洞庭湖的龙王（越人十世纪后创造了文字，其早期文献有这方面的记载）。渣江出土的这件动物纹提梁卣，上面的提梁饰有龙纹，这种龙纹在中原出土的铜卣上可以看到，可卣盖、腹上广布的蛇形图案，却是中原铜卣上所没有的，这是越人对汉族龙文化的扩展，也是他们以龙为图腾的显著标记。它铸造精美绝伦，是汉文化和越文化有机结合的典范。

证据表明，居住在渣江的越人，是一个人数较多的中心部落。因为他们在渣江境内，开辟了两大坟场。一处在原鼓峰乡鼓峰村鼓峰岭，现存墓葬群约四千平方米。一处在原赤石乡大基坪，古墓群面积很广，涉及赤石、洲上、胡溪、东风四个村，现存有墓葬多达数千座。越人开辟的两处坟场，一直袭用到汉，现已列为县级文物保护单位。由于没有发现大型墓葬，文物考古部门一直没有进行过发掘。不过，20 世纪八十年代末、九十年代初，居住在大基坪的居民做砖取土、建房打地基，出土了一些汉代以前的印纹硬陶，器形有中原常见的壶、罐、钵、瓶、灯等，也有中原

赤石出土的印纹硬陶（残件）

地区少见的鼎和鬲。纹饰除常见的弦纹、小方格纹、纺织纹和麻布纹外，还有米字纹和竹编纹，展现了越人的文化、风格特点。这些陶器中的上品，已为衡阳市博物馆收藏。上海市博物馆也闻讯赶来，在衡西古玩市场收购了一车，运回了上海。这也从一个侧面印证了当时渣江越人的文明发展程度。

二、民族融合的汉、晋、唐

先秦时期渣江地区的古代居民，很可能只有越人。到了汉代，情况就发生了变化。西汉高祖五年（公元前 202 年），于蒸水北岸（今三湖町福民村）建县，号承阳县。汉武帝元鼎六年（公元前 111 年）建钟武县，后将承阳、钟武合并称为钟武，县治设今三湖町荫塘村（承阳县治与钟武县治相距不足 1000 米）。汉宣帝元康元年（公元前 65 年）正月，将钟武县更名为钟武侯国，刘度为第一任钟武侯。此后世袭，至王莽地皇四年（公元 23 年），刘望在汝南称帝被杀（现衡阳市珠晖区蒋家山存有天子坟，即其墓葬）。东汉顺帝永建三年（公元 128 年），更钟武为重安侯国，治设今三湖町福民村福城寺。以后，在这一片土地上，或设侯国、公国、子国，或设县。

设县，给渣江带来了汉人。据说，县最初出现于春秋战国时期。由于诸侯直接管理不了封国内的大片土地，就将权力下放，特派人员去管理一些指定的地方，这些地方就叫县，奉命去治理县的人就叫县令。秦代实行郡县制，以后历代封建王朝都建立在县的基础上。汉初刘邦在渣江三湖町设立承阳县。为什么县治选址于此？理由大概有三：第一，这里居有越人部落，人口相对较多，居住较为集中，便于形成政治、经济和文化中心。第二，地形平坦，阡陌纵横，稻田易灌溉，经济较为发达，且开发耕种的潜力甚大。第三，蒸水就在近旁，水陆交通方便。承阳虽为小县（万户以下），一县之长不叫县令而叫县长，但县廷规模与大县还是差不了多少。按照汉制，每个县除设县令（长）、丞、尉等长吏外，还要配置主簿、录事史、主记宝史、门下书佐、议生、小史、廷掾、功曹史、兵曹史、吏曹史、狱小史、狱门亭长、都亭长等，共 114 人。他们来自都城，来自中原，也就是说，他们全部或绝大多数是汉人。

来渣江任方国（包括侯、子、公国）国君的都是汉人。第一任钟武侯刘度，是汉景帝刘启的玄孙、长沙国顷王刘附朐的儿子，以后传宣、霸、则（霸无子，则为霸叔父）至于望，皆为汉人。重安侯刘迈，字伯群，彭城沛（今江苏沛县）人，汉人。重安子（子为爵称）王敬则，晋陵（今江苏常州武进区）人，汉人。重安侯柳庆远，字文和，河东解（今河南洛阳）人，汉人。重安公（公为爵称）程灵洗，字元滌，新安（今河南新安县）人，也是汉人。等等。据史载，方国地位相当于县，以侯国为例，除设侯以外，还要设侯国相、侯家丞、侯庶子、侯门大夫、侯行人、侯洗马、侯舍人等，总人数也有近百人。毫无疑问，他们多是汉人。侯国国君是世袭的，其下属往往经久不换，因此，他们来渣江，有些人是要带家眷甚至服侍人员来的，这就进一步增加了汉人的人数。

汉人、越人和睦相处，共同发展。《衡阳（市）人口志》载，西汉平帝元始二年（公元2年），现衡阳市境内在当时总人口为55540人，平均每平方公里有居民3.59人。照此推算，渣江地区当时至少有居民900人。这些人中，汉人约占两成，多住在城中，越人约占八成，多散居于城四周。汉人虽占少数，但通过精心治理，加强了与越人的联系和交流，极大地促进了越人的进步与发展。首先，汉人给越人带来了中原先进的生产工具、生产技术和经验，促进了农业生产和经济发展。其次，汉人将中原文化带来这里，提高了越人的文化和智力水平，使他们能懂汉语、写汉字，并为后来创造本族文字打下了基础。再次，汉人带来了中原的管理技术和经验，供越人学习和模仿，使越人的各种管理趋于严密和合理。等等。总之，汉人与越人互动，相互理解。汉人主治，但治不过度，往往为越人着想。越人乐于服从，按规定交纳赋税和完成公益性的劳役，但服而不卑。从而，营造出了和谐共居、相互尊重、民族融合的大好局面。从汉、晋到唐，两族和睦共处，历经八百多年，没有发生过暴力反抗和武力镇压等恶性事件。

三、宋以后倏然消失

在渣江设县治的最后一个朝代是唐代。重安县本来已被隋文帝杨坚废除，但三十二年后，又被唐高祖李渊于武德四年（公元621年）恢复。但原县治的设施多已破旧和损坏，重新添置财力有困难，更严重的是，人口已大为减少。据史载，现衡阳市境内隋末平均每公里只有居民 1. 31 人，照此推算，渣江地区只有居民 325 人，这点人口，税收和劳役都满足不了设县治的需要。因此，武德七年（公元 624 年）将重安、新城两县并入临蒸县，县治设今衡阳市，从此，结束了渣江为县（包括方国）治的历史。

渣江不设县治，又成了越人的天下。因为汉人是跟随县（或方国）治来的，这里设县治，汉人就来了，这里不设县治，汉人就走了，没有汉人在此定居。从 20 世纪末到 21 世纪初，渣江各姓所新修的族谱来看，渣江地区没有一个人是北宋以前在此定居的土著。也就是说，北宋以前居住于此的汉人，先后都走了。

越人生活于渣江地区，至少持续到南宋以后。南宋咸淳十年（公元 1274 年），江西吉安府安福县（今江西吉安市安福县）王应贤来湖南为官，曾巡游三湘各地，到达衡西三湖町，有流连忘返之意。其子王少怀承父志，来湘游览，专门考察了衡西三湖町，见此地“山水秀丽，土地肥沃，物产丰富”。“物产丰富”，说明有人在此居住、耕种和生产。这些人，就是越人，没有他族人。不过，由于战乱、自然灾害和瘟疫，人口已大为减少。时人已有这样的描写：“湖湘之间，千里为虚，驿驰十余日，荆棘没人，漫不见人迹。”这里地处南岳以西丛山之中，情况可能稍为好些。

现在渣江地区的居民，都是宋代以来从外地迁入的移民的后裔。当时移民的来源主要有两个：一是因战争从中原迁入的。二是从江西迁入的，这部分人居多，故流传至今有“江西老表”的称呼。最早迁入渣江地区的姓氏有：

秋溪屈氏。屈仕祖籍四川，宋太宗淳化五年（公元994年），于江西吉州（今江西吉安市）任太守时病故，其子从吉州徙楚，居衡阳秋溪（今渣江镇秋溪村）。其后裔繁衍，迁居衡阳县灵溪、江溪、赫山以及邵阳、永州、江西吉安等地。秋溪屈氏为开拓凌家町东南一片田园作出了贡献。

渣江黄冈凌氏。其迁衡始祖名应宸，原籍北直河间（今河北献县），因金兵骚扰，不能安居乐业，于南宋乾道年间（公元1165—1173年）徙衡，定居黄冈（现渣江镇大湖村），至今已有800多年。其后裔开发了渣江东面的一个大町，人称“凌家町”。

三湖王氏。王应贤挂冠归吉州安福县后，对衡西三湖町仍依恋难忘，常南望移情。其子少怀来衡考察，见此地确实地域辽阔，山水秀丽，土地肥沃，物产丰富，衡岳作屏，蒸水为带，水陆交通方便，风景宜人，遂卜居三湖印堂村。其后裔广布三湖町，人称“三湖町姓王”。

盐田曾氏。曾埧于南宋乾道年间，由茶陵迁衡，定居衡西盐田唐福添梓坪（又名天子坪），尊为迁衡始祖。其后裔繁衍，发展为唐福曾氏、庙山曾氏、欧江曾氏等。其唐福曾氏，开垦了盐田大町一片。

此后，元代来渣江地区定居的有盐田二甲彭氏，蒸湘蒋氏，等等。大批汉人陆续入住渣江地区，原居住于此的越人就决定迁走，离开这个已久居熟稔的故乡。迁走，对他们来说，是具备条件的，他们习水性，会造船，会航行。

越人举族搬迁，留下了“两个谜”和“一个肯定”。第一个谜：为什么迁走？从春秋时期算起，越人已在此经营、生活和繁衍了一千多年。历史上，外面发生过汉人政权与南方越人政权的战争，是否影响了他们，不知道。这次，他们举族迁走，为什么？可能是大批汉人入居，扰乱了他们住地的规整、生活的节奏和环境的宁静，使他们感到了不适？可能是想起了汉武帝灭南越国，把南越人迁到江淮地区变成了汉人，从而对在此的前途担忧？可能是元代统治者实行的种族政策，下等人可当牲口一样贩卖，而使他们感到恐惧？究竟是什么原因，是一个谜。第二个谜：去了哪里？越人会驾船，他们举族搬迁，肯定是走水道。他们可能事先选好了隐居的地方，或与外地越人聚居之处取得了联系。沿湘江上溯，湖南与广西交界处有不少深山老林，那里与世隔绝，他们去了那里？历史上，广西是越人聚居处。桂林郡和象郡（象郡包括越南北部地区，十世纪以前属中国疆域），都在广西，他们去了那里？究竟去了哪里，也是一个谜。一个肯定：就是肯定走了。没有越人留下来。蒋春达主编的《衡阳百家姓》就是一个有力例证。原居于此的土著——古代越人，举族迁走了。迁走的时间，大约是元代至明初。人数当在两千人以上。可能是分批走的。第一批多为青壮年，他们去迁入地构筑房屋，开垦耕地，草创部落的营盘。最后一批以老年、小孩、妇女为多。走时场面一定十分悲壮和感人。三五成群的人们，告别魂牵梦萦的故乡和家园，他们肩挑手提，扶老携幼，走向河边。蒸水河畔，朔风猎猎，白帆高挂，催促出航的号角响了一遍又一遍……他们走了！带着梦和谜走了！义无反顾地走了！从此，杳无音讯。

注：广西壮族自治区陆地面积约24万平方公里，人口5378万，有汉、壮、瑶、苗、侗、仫佬、毛南、回、布依、京等族。其中，壮族约占总人口三分之一。壮、侗、京等民族与古代越人有渊源关系。

第三章　地名演绎

渣江的地名演绎，历经明、清和民国，大约五百多年。这当中，有血腥统治，也有怀柔安民。有果林绿水，也有约定俗成。其演变的成因和经过，大致可归为“四部曲”。

一、初名永伏乡

衡阳市现存最早的一部府志，就是明嘉靖《衡州府志》。它记载渣江在明初的地名，竟然是一个令人感到屈辱和恐惧的名字：“永伏乡”。

为什么是这么个地名？“永伏”，岂不是要人们永远趴在地上，磕头求饶？谁取的？原来，取这个侮辱性地名的人大有来头，他姓朱，名元璋，是明朝的开国皇帝。据说，朱元璋在与陈友谅争夺皇位的战争中，衡阳人是支持陈友谅的。朱元璋的部队在攻打衡阳城时，遇到了最顽强的抵抗。更有甚者，说是朱元璋当了皇帝后，渣江这个地方还有人起兵反抗，甚至还有人占寨称帝。朱元璋恨死了这个地方，便派兵血洗了这里，还恶狠狠地给它取了个“永伏乡”的地名，叫它永世不得翻身。

元代以前，渣江既不是集市，也没有地名，它只是三湖町的一部分。从西汉到唐代，荫塘、福民两村（此两村相邻，分界线为渣江通洪市的公路）或设县治，或为方国的城邑。据《三湖王氏族谱》载，南宋时已有三湖町地名。町内集市当在荫塘旧钟武城内，那时，距荫塘不远的渣江，只是荫塘集市的货物装卸、转运码头，排客、船夫、挑夫的歇脚之地，可能也有一点房屋，但它不是集市。后来，因荫塘旧城的重要性和地位大为下降，其集市贸易功能逐渐为渣江所取代，渣江就成了集市，而荫塘便成了农村。实际上，被历史尘埃湮没了的旧钟武城，正是渣江集市的前身。

胡志淳（又名发彰）画像

历史上，渣江第一个正规名字，就叫“永伏乡”。明初，渣江集市初具雏形，朝廷颁布的“永伏乡”的恶名，便落到了它的头上。从此，这里就成了永伏乡的乡治。这一点从渣江《胡氏族谱》可以找到佐证。谱载，大宋著名理学家、湖湘学派创始人胡宏之裔孙胡志淳（又名发彰），年仅17岁，因父母双亡，无亲可依，只得漂泊，遂于明洪武

（公元1368—1398年）中落身衡西永伏乡（治），傍蒸水而居，成为渣江胡氏的开派鼻祖。其后裔繁衍于此，开拓于此，发展于此，至清乾隆（公元1736—1795）年间，已有人丁三千，人称“渣江胡氏半边街”。街周边的屋场、村落多姓胡，如胡大屋、柳树塘、柳树湾、胡新屋、印子塘等。他们建“胡氏宗祠”于五柱街中，立“松柏堂”于三柱街后。松柏堂号源于隐山胡氏祖祠。湖湘巨族胡氏开派始祖胡安国、二祖胡宏葬于湘潭县黄荆坪西二里之隐山。清初，隐山建有七进深的胡氏宗祠，康熙皇帝亲题“霜松雪柏”匾额悬挂于堂。“松柏堂”号即源出于此。

明代的永伏乡，地域范围很大。清康熙十年（公元1671年）撤乡划都，将衡阳县（含衡南县）划为42都，据罗炜《衡阳便览》载，永伏乡占了12、13、14、15、16、17都，约占全县总面积的七分之一。按上世纪八十年代的行政区来说，明代的永伏乡包括了渣江区、界牌区、金溪区的大部分地域。

二、继名永福乡

细看嘉靖《衡州府志》便发现，永伏乡这个地名，又称“永福乡”。比如，《衡州府志》列全州“坊乡”时，“永福乡”便赫然在目。开国皇帝定的地名，怎么到了后来就改了呢？这叫“彼一时，此一时”。洪武皇帝要泄愤解恨，嘉靖皇帝要怀柔安民。永伏乡是恶名，永福乡是福名，一个是泄恨，一个是祝愿，反映了两个皇帝两种不同的心理境界、治理方略和对黎民的态度。

永伏乡改名，清同治《衡阳县志》也有记载。其《疆域》篇云："永伏乡（后改永福）。"为什么改名"永福"，而不改其他的名字呢？原因大概有二：一是"福""伏"为谐音，地名改了，但发音无差别，体现了嘉靖朝的良苦用心。二是地以寺名，即永福乡的乡名，出自"永福寺"。据记载，渣江赤石山上，宋代咸淳十年（公元1274年），曾修建了一座大型佛刹，香火鼎盛，遐迩闻名，寺名永福。地取寺名，寓意佛法保佑这个地方平安万福。

那么，永福乡治在哪？永福乡治即原来的永伏乡治，乡的名字改了，乡治所在地未变，这个地方，也就是后来的樝（渣）江。这从其街口的大桥桥名也可以看出。清同治《衡阳县志·山水》云：柿竹水"至樝江临蒸桥下入于承（蒸）水，桥东跨承（蒸）复有大桥，谓之永福桥也"。永福桥为明末清初的桥名，清康熙（公元1662—1722年在位）以后已改叫"渣江桥"。乾隆《大清一统志·衡州府·津梁》载："渣江桥，在衡阳县八十里。"可见，同一座桥，先叫永福后叫渣江，那么，桥头同一个集市，岂不也先叫永福后叫渣江？

事实上，这个集市既称"永福乡"，又称"永福桥"。

三、改名叫樝江

明朝灭亡以后，清朝又粉墨登场。朝代改了，许多东西可以推倒重来，地名也可以重取。永福乡这个名字，寓意令人满意，之所以要重取，原因大致有三：第一，"福"与

“伏”书写有别，而发音为谐音，人们讲“永福乡”时，很容易想起“永伏乡”，心里感到憋屈，不好受。第二，清康熙帝颁令废里甲，设都会。原明代的乡名一概废止，永福乡必须取新的地名；第三，这里集市经济和农业经济十分繁荣和发展，名播县、州，集市规模也初具设县治的要求，因此，人们和官府都希望给它取个新的名字。

取个什么名字呢？“樝江”。它载入了史册。同治《衡阳县志》云：“三湖东一里，即樝江。”“樝江，县丞分驻之地也。”“县丞署在樝江。”等等。这个名字，既文绉绉的，又有乡土气息。“樝”的意涵是什么？《说文解字》曰：“果，似梨而酢。”就是说，樝是一种水果，好像梨但味道很酸。旧时，渣江一带盛产这种水果，色青，熟时变褐，味酸甜，渣多，俗称“渣梨”。吃它，不能喝生水，否则，拉肚子。解放初，还有农民挑着这种梨上街卖，很便宜，100块钱（1954年后的1分钱）一斤，小孩买，一般不称，100块钱拿两个。那时，不少山上、塘边、河岸、屋前屋后、空坪隙地，都还可看到这种梨树。估计清代早期，这里遍栽这种果树，它开花时，蒸水两岸繁花似雪，花瓣纷飞，香飘数十里，其景色分外诱人。因此，给它取名为“樝江”。

在此，不能不提到另外一个地名，那就是“樝林”。它位于蒸水南岸道山附近，距樝江约十来公里，因樝树成林而得名。樝林出名，是因为有人认为，中国古代哲学集大成者王船山曾到此避难、著书。王船山《庄子通》自序云：“己未（公元1679年）春避兵樝林山中。”此书稿标题下有“樝林避兵寓笔”六字（见《船山全书》16册P247页）。照此说，樝林成名可能比樝江要早，樝江是参照樝林来取名的。由于船山著作刻本较多，有的刻本将“樝林”的“樝”字刻成了“摣”字，这距原意就很远，且难以释义。当代岳麓书社出版的《船山全书》纠正了这种错误。

四、最后称渣江

同治《衡阳县志·山水》云：“樝林之名亦犹樝江，以山树起号，俗书作渣。”“樝”与“渣”两字的读音相同，为什么书写时“樝”会写成“渣”呢？因为樝字很生僻，许多人不认得，就去查字典。《康熙字典》云：樝，“音渣”。于是，“樝江”就念“渣江”，以后习惯了，“樝江”也就写成了“渣江”。俗话说约定俗成，这就是一个很好的例子。

渣江因樝多，傍依蒸水（又叫蒸江）而得名。在清代史册中，渣江常另写成“查江”或“楂江”。这又为什么呢？实际上，这只是一种文字游戏，逗人玩的。将《说文》《广韵》《康熙字典》等古代工具书融为一体的当代《辞源》说，“查”有多种含义，其中之一就是指山楂，在这个意义上，也作“樝”“楂”。古人写字，常取同音同义字，只图自己方便，却给后人留下了一堆麻烦。把“樝江”“查江”“楂江”统一写成“渣江”，清代晚年刻印的同治《衡阳县志》也未做到，虽然主编彭玉麟有这种想法。民国时期，衡阳人（今属衡南）罗炜编著的《衡阳便览》，虽未正式出版，但他做到了，书中只有一种写法，就是“渣江”。

渣江是地名，不是水名。渣江头柱蒋氏宗祠中有副对联：

“渣水盟心宜去滓，江流饮腹尚知源”。这副对联把渣江当成了水名。近年也有学者提出，渣江是水名，从洪罗庙到渣江桥下这段蒸水，叫渣江。这里面似乎有误解。从字面看，渣江似乎是水名，“渣”字有三点水，“江”更是水了。其实，渣江并非水名，而是指傍依蒸水的这座市镇，进而也包括周边的田园、山丘。我是渣江人，家住五柱，屋后就是蒸水。镇上人俗称蒸水为“草河”，书面语称“蒸水”，从不称之为“渣水”。当然，如果这样称，是文学创作上的形象思维，那又另当别论了。

至于渣江地名的由来，还盛行另一种说法。较早见于《衡阳市地名志》（1986年铅印本，衡阳市人民政府主编，未正式出版）：“蒸水、柿竹水汇合于此，地势平坦，泥渣长期停滞，形成冲积平地，故名渣江。”嗣后，一些著述，甚至权威出版物，都沿袭此说。比如，《衡阳市志》：“传说蒸水、柿竹水汇合于此，泥渣长期停滞，形成冲积平地，故名‘渣江’。”《湖南古今地名辞典》：“蒸水、柿竹水汇合处，泥渣长期停滞于此，故名渣江。”《中华人民共和国地名词典·湖南卷》：“蒸水、柿竹水汇合于此，泥渣长期淤积成平地，故名。”等等。证据呢？证据也是有的。20世纪七十年代衡阳县在渣江镇修建县第二招待所，拆掉了五柱街南面近80米长的店铺、戏台和居民住房，然后，把建筑垃圾全部堆放到双水汇合口的河洲上，高达数米。在外人看来，这不是“泥渣长期停滞于此”的证据吗？

事实上，这种观点是站不住脚的。理由是：

①蒸、柿竹水道短，带不了那么多泥渣。蒸水全长139

公里，从发源地到渣江只有57公里，龟石渡以上河道宽不到50米；柿竹水全长31.4公里，桃花堰以上河道宽不过20来米。渣江四周平地达数十平方公里，两条小河能带来那么多泥渣吗？

②蒸、柿竹水常年水量少。这两条河，都是山溪型河源。夏汛期短，每年发洪水1～3次，每次3～5天。除此之外，长时间是枯水季节，连大一点的木排、竹排都通不过。它们能带来那么多泥渣吗？

③同一条小河，不会只有中段泥渣多。蒸、柿竹水发洪水，大多水流混浊，夹带泥沙。但上、下游河水的混浊程度基本上是一样的，绝不会渣江段的泥渣特别多，而下游的台源寺、西渡段的泥渣特别少。实际上，发洪水时渣江段的泥渣并不很多。1949年渣江遭到二百年一遇的大洪水，把渣江街上的店铺和居民住房摧毁了将近一半，可水退以后，河洲上也仅留下两三寸深的泥沙。因此，渣江是因“泥渣长期停滞”而得名的观点，是不符合事实的。

第四章　清县丞署

清初，衡阳县未分县，县治设衡州。乾隆二十一年（公元 1756 年），朝廷分衡阳县为衡阳、清泉两个县。为什么要分县？主要是境内人口太多。由于康熙推行“滋生人丁，永不加赋”的法令，雍正实行“摊丁入地”的政策，境内人口激增，至分县前，衡阳县约有人口 40 万，近 6 万户。按古制，万户以上为大县，万户以下为小县，也就是说，大县的规模最多只能有一万多户，不能超过两万户，不然，它就可分为两个县了。之所以要做这样的限制，是因为县廷的规模（包括机构、设施、人员、经费等），只能适应这样的限度，超过了，县廷就要超负荷运转，其管理就可能乱套。照此标准，当时衡阳县的居民户数已是两万户的三倍，因此，必须分县。

分县，就须设一个县治。设哪里呢？一个较为理想的地方，就是渣（樝）江。为什么？主要理由有：第一，新设的县治尽可能不在府城。衡州府已附一个县治，到底是府附县，还是县附府，说不清楚。府城里再增加一个县治，两县共附府，这在全国都十分罕见，而且，以后扯皮的事情就会更多。第二，渣江已具备设县治的条件。历史上这里曾为县（方国）治。到乾隆初，这里已成为人口、经济大市，不仅在衡阳县首屈一指，而且在全衡州也颇有名气。第三，有一个很好的借口，“西乡辽旷十二都，王氏、凌氏并为巨族”（《同治衡州县志》）。相传，渣江山丘多紫页岩，夏天酷热，民众血气方刚，犷悍好斗，尤以王、凌二姓为甚。迁县治于此，可起镇伏作用。等等。理由很多，但总要衡阳县府愿意搬。衡阳县当时的知县徐堂并非等闲之辈，他是朝廷的编修改授知县的，凭他的京官身份，知府也要忌惮他三分。他坚决反对搬迁县治，心想，他由京城下到偏远的衡阳就已够倒霉了，现在还要他搬去乡下，那想都不要想。他找了一堆理由拒绝搬迁，并且还找在京的同事运作，最后把迁县治的事搁置了下来，只移县丞署去渣江。

县丞的职责虽说可辅助知县“佐理县政”，但实际多是管收税、办粮草、赈灾等具体事务。驻渣江衙门的第一任县丞叫石文成，安徽桐城人，监生出身。他来湖南等候任命的时间也不短了，一听说要他去衡阳县任县丞，欣然接受。按清制规定，县丞为正八品，俸禄银100两。石文成是文人，崇尚自然，喜欢田园山村，他在渣江，过着半官半民的生活。公务很轻松，根本没有诉讼，民俗淳朴，古风犹存。县丞署是新建的，规模不是很大，但颇有气势。

一、县丞署的建筑布局

渣江县丞署，百姓称之为“衙门”。位于渣江老街东面150米的田畴中（县丞署遗址现为渣江镇人民政府办公地，

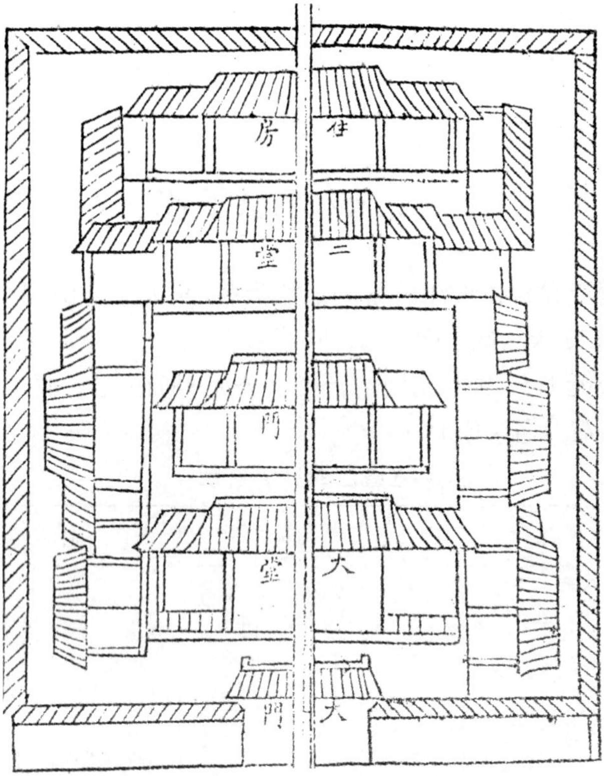

渣江县丞署平面示意图（清乾隆《衡阳县志》）

周围田畴已变成了繁华、漂亮的新街)，地名叫“太平寺”。过去，它四周是稻田，有条 5 米宽的大道通街上，另有一条小石板路通农村。整座建筑占地面积约 10 亩，呈长方形，坐西朝东，四周砌围墙，前面正中开大门。墙内建筑分四进，均为平房，清一色的青砖青瓦，悬山屋顶，正脊无饰，显得古朴而严整。一进为大堂，即官员办公、审理案件的地方。

二进为中门。三进为二堂，即官员接待客人和商谈事务的地方。四进为官员的住房。主要建筑两侧有厢房，作为差役人员住房和厨房、厕所、杂屋。（附图）

二、驻渣江的县丞名录

据记载，驻渣江的县丞，乾隆朝 29 人，嘉庆朝 18 人，道光朝 18 人，咸丰朝 9 人，同治朝 7 人。时间从乾隆二十一年（公元 1756 年）至同治十年（公元 1871 年），共 115 年，以后缺载。名录如下：

驻渣江的县丞名录

姓名	籍贯	科举出身	任命时间	备注
石文成	桐城（今安徽桐城市）	监生	乾隆二十一年初任，二十四年复任，二十九年三任	乾隆二十九年（公元1756年）。
韩朴直	交河（今河北泊头市）	监生	二十六年任	明清两代称在国子监读书或取得这种资格的人叫监生。清代可以用捐纳办法取得。
朱鉴昌	嘉善（今浙江嘉善县）	贡生	二十七年任	明清两代，由府、州、县推荐到京师国子监读书的人叫贡生。
何泽茂	光泽（今福建光泽县）	副贡	二十八年任	乡试中副榜者例准贡人国子监肄业，称为副贡。

续表：

姓名	籍贯	科举出身	任命时间	备　注
李昺	德庆（今广东德庆县）	州监生	三十年任	
高国维	江宁（今江苏南京市江宁区）	监生	三十一年任，三十四年复任	
王象垣	大兴（今北京市大兴区）	监生	三十三年任	
张应桐	大兴（今北京市大兴区）	监生	三十七年任，四十二年复任	
金序瑑	英山（今湖北英山县）	监生	三十八年任，四十二年复任	英山县 1932 年由安徽省划入湖北省。
唐方显	邹县（今山东邹城市）	拔贡	三十九年任	科举制度中贡入国子监生员的一种，谓之拔贡。
吴一珠	缺载	缺载	四十一年任	有的任命后不赴任，下同。
孙期会	盐城（今江苏盐城市）	监生	四十一年任	
陆长庚	华亭（今上海市松江区）	监生	四十二年任	
吴珙	光州（今河南潢川县）	廪贡	四十三年任，四十六年复任	先为廪生，后为贡生。

续表：

姓名	籍贯	科举出身	任命时间	备　注
吴英玉	常熟（今江苏常熟市）	监生	四十五年任	
董光益	丰润（今河北唐山市丰润区）	监生	四十五年任	
朱溥	长洲（今广东广州番禺区）	监生	五十年任	
任大武	介休（今山西介休市）	监生	五十一年任	
顾裕丰	长洲（今广东广州番禺区）	监生	五十二年任	
程晋锡	钱塘（今浙江杭州市）	监生	五十二年任	
段三才	缺载	缺载	五十三年任	有入府经历。
朱时春	清苑（今河北保定市清苑区）		五十三年任	吏员。
阎重鑑	夏邑（河南夏邑县）	监生	五十三年任	
闻象成	万载（今江西万载县）	优贡	五十四年任	贡入国子监生员的一种。

续表：

姓名	籍贯	科举出身	任命时间	备　注
方相衮	桐城（今安徽桐城市）	监生	五十五年任	
张曾良		监生	五十六年任	正黄旗汉军。
杨学漕	东安（今湖南东安县）		五十七年任	吏员。
姚英	如皋（今江苏如皋）	增贡	五十九年初任，六十年复任，嘉庆三年三任，七年四任	
楼淮	大兴（今北京市大兴区）		六十年任	供事。
郑兆捷	文水（山西文水县）	副贡	嘉庆元年任	嘉庆元年（公元 1796 年）。
詹都	都昌（今江西都昌县）	增贡	五年任	
邵嗣桂	钱塘（今浙江杭州市）	监生	六年任	吏员。
郭潜	天津		七年任	吏员。
孙濂	山阴（今山西山阴县）	监生	十年任	
张岷源	山阴（今山西山阴县）	监生	十年任	

续表：

姓名	籍贯	科举出身	任命时间	备　注
吉彦英	丹阳（今江苏丹阳市）	拔贡	十年任，十二年复任，十五年三任	
黄锡龄	南城（江西南城县）	监生	十一年任	
王定昌	阳曲（今山西阳曲县）	副贡	十二年任	
李本瑚	钱塘（今浙江杭州市）	监生	十五年任	
吕尔康	武进（今江苏常州武进区）	监生	十六年任	
张岦本	浮山（今山西浮山县）	监生	十八年任	
李檀	济阳（今山东济南市济阳区）	监生	十九年任	
高鹤云	阳湖（今江苏常州武进区）	监生	二十一年任	
秦福祚	金匮（今江苏无锡市）	监生	二十三年任	
冯湝	宁州（今河北张家口市宣化区）		二十三年任，二十四年复任	

续表：

姓名	籍贯	科举出身	任命时间	备 注
李培良	嘉应（今广东梅州梅县区）		二十四年任	
高瑗	武进（今江苏常州武进区）	监生	二十四年任	
孙启增	余姚（今浙江余姚市）		道光二年代理	道光二年（公元1822年），从九品土官。
毛书城	缺载	缺载	四年代理	
王昺	南昌（今江西南昌市）		十二年摄理	摄理即代理。
金守柜	休宁（今安徽省休宁县）	监生	十二年代理，十三年再任	
赖容基	华阳（今四川成都市）	监生	十三年代理	
肖品三	奉化（今浙江宁波奉化区）	拔贡	十四年代理	
方鸿勳	慈溪（今浙江慈溪市）	监生	十四年代理	
朱起豫	桐城（今安徽桐城市）	监生	十五年补	

续表：

姓名	籍贯	科举出身	任命时间	备　注
刘学涛	江西安福县	监生	十五年代理	
胡作棠	宣城（今安徽宣城市）	监生	十六年任	
王铣	无锡（今江苏无锡市）	监生	十六年补	
陈上国	海康（今广东雷州市）		十七年代理，十八年代理	州同。
吴荣黼	高邮（今江苏高邮市）	附监生	十八年补至二十二年	
唐藻	万载（今江西万载县）	监生	二十年代理	
胡方谷	桐城（今安徽桐城市）	拔贡	二十二年代理	
吴庆元	泾县（今安徽泾县）	监生	二十二年补至二十九年	
任成允	蠡县（今河北蠡县）	禀生	二十三年代理至二十四年	
俞大镛	海宁（今浙江海宁市）	监生	三十年补	
王双福	郃阳（今陕西合阳县）	禀生	咸丰元年任	咸丰元年（公元 1851 年）。
陈鑑源	惠来（今广东惠来县）		元年代理	从九品土官。

续表：

姓名	籍贯	科举出身	任命时间	备 注
任大镛	海宁（今浙江海宁市）	监生	回任元年至三年	
陈鑑光	临桂（今广西桂林市）	监生	三十年代理	
汪庆敏	武进（今江苏常州武进区）		四年署理	入府经历。
吴荣黼	高邮（今江苏高邮市）	附监生	补原缺五年任	
李上达	临川（今江西抚州市）	附生	七年署任	附学生员的简称，谓之附生。
李成璋	广安（今四川广安市）		九年代理	州吏员。
石时懋	江夏（今湖北武汉市）	监生	十一年署任	署任即代理。
李步义	信宜（今广东信宜市）	贡生	同治元年任	同治元年（公元 1862 年）。
王启椿	钟祥（今湖北钟祥市）	监生	二年署任	
韩凤阶	清镇（今贵州清镇市）	贡生	三年代理	

续表：

姓名	籍贯	科举出身	任命时间	备　注
宋受徽	万载（今江西万载县）	监生	三年代理	
刘士彦	云南昆明	贡生	四年任	
顾宝忠	武进（今江苏常州市武进区）		十年代理（疑预任）	从九品土官。
万立镬	江西南昌		五年任	从九品土官。

三、渣江驻汛官

渣江有汛官驻守，也始自乾隆二十一年（公元1756年）。这一年，开始分设衡阳汛，以千总（武官，秩正六品）统领，并分设外委管渣江防汛事务。由于旧志认为汛官职轻事杂，根本不能与文官并列，因此，不载历任汛官姓名。其实，汛官也很重要。同治《衡阳县志》云："汛官者，比于县令尤难矣。汛官，诚欲举其职，非干城之才，殆未足胜任。"由此，该志列出咸丰、同治两朝汛官姓名。其中，咸丰朝驻渣江汛外委二人：谭正忠，凤凰厅（湖南凤凰县）人，元年（公元1851年）任。刘康诰，清泉（衡南县）人，九年（公元1859年）任。同治朝一人：周洪吉，衡阳县人，六年（公元1867年）任。汛官开始也住在县丞署，清末，衙门分家，原衙门叫"文衙门"，另置"武衙门"于渣江街六柱，专事巡捕刑审、防汛。汛官也就住到武衙门。不过，武衙门建筑规模较小，建筑质量很差，民国时被洪水冲垮。

四、仓场

位于四柱中段，距蒸水河渣江港码头约 150 米。县丞要掌管的全县备荒、赈灾粮，即储藏于此。仓场独成院落，四周远离民房，东面是一口大塘，其余三面均砌有坚固的砖围墙，占地面积约 6 亩。大门朝河，便于进粮、出粮。仓房三栋，平行排列，每栋相距约 30 米。三栋房子的建筑式样一致，平房，硬山顶，青瓦，厚青砖墙，地楼。每栋建筑面积约 400 平方米。第一栋两端可作住房，中间为仓房。另外两栋全部是仓房。第一栋距大门较近，中间为一块铺满石板的大坪，坪角有株十多米高的柚子树，枝繁叶茂。大坪有石板路通二栋、三栋。整座建筑，似乎是清末重建，房舍较新，但围墙较老。民国以来，仓场就再未储藏过粮食，过往渣江的军队，往往安排在此住宿，侵华日军曾入住。中华人民共和国成立后，改作渣江（初级）小学。

第五章　古镇老街

渣江老街，位于南岳西边蜿蜒的矮山脚下，沿柿竹水东岸伸展，到达蒸、柿竹水汇合口，然后沿蒸水北岸向东延伸。镇中有临蒸、渣江两桥飞架，连通周边三湖町、凌家町、东湖町及东峰町，也贯通去邵阳、湘乡（含双峰）、衡山和衡州等驿道。其地形十分险要，西南面临水，东北面街后呈带状布有十多口水塘，有的深不可测，在冷兵器时代，此处易守难攻。街面宽 8 ~15 米，铺石板。店铺每间宽 3.33 米以上，深 6 ~30 米不等，多为两层楼房，硬山、悬山或卷棚顶，盖青瓦，有的门前有晒楼或嵌棂窗。从头柱到四柱，街长约 1000 米，从五柱到六柱，街长约 500 米，鼎盛时，街上常住人口在 5000 人以上。

渣江现分老街和新街。新街在老街的东面、北面和西面。西面即柿竹水西岸，原为田野、村落和河滩，现正在紧锣密鼓地修建“玉麟文化园”，占地面积在 100 亩以上。东面、北面为镇的中心和商贸区。这里是改革开放以后新建的，高楼鳞次栉比，街道纵横交错，商橱装饰华美，名、优、特各种商品琳琅满目，逛街购物者川流不息，其繁华程度，与城市无异。现在，老街已把自己的大部分功能移交给了新街，街

正在建设的“玉麟文化园”

渣江新街

上显得冷清，除了留守老人和过路者外，偶尔可看到三五个旅游者，前来探胜访古，追寻已逝去的岁月。是的，老街承载的历史文化内涵，是新街所没有的。老街虽也进行过改建，不少为人称道的古建筑和旧景已不复存在，但它依稀可见的历史遗迹，仍能让人想像其以往的美丽与繁荣。人们不会忘记，渣江老街曾以厚重的历史文化，名播蒸湘。

一、街道

街道以柱分段，这是少见的。“柱”是什么意思？我以为“柱”可能是“住”。“住”，驻也，乃部队称谓。曾国藩、彭玉麟组织民团、湘军，镇压太平天国，可能把部队称谓也用到了地方，渣江即是一例。但渣江民俗不用“住”，而用“柱”，姑且从俗。

头柱半边街

一柱。俗称“头柱”，街口在逶迤的矮山脚下，与通衡山等地的驿道相接。街道沿柿竹水东岸布局，至太平巷为界。街宽 8 ~ 10 米。很长一段是半边街，东边是店铺，西边是河勘，长满了高大乔木。这些树，夏天枝叶茂密，遮天蔽日，把街道变成了林荫道，蝉声阵阵，凉风习习，走过此街，感到凉爽和舒适。头柱是烧纸行的地盘，至少有30～40家生产、经营烧纸的作坊。他们的烧纸色正、纸薄、干洁、加工精细且易燃烧，因此，畅销西乡、衡州及邻县。过去，邵阳诸县徒步去南岳烧香的人成千上万，都会在渣江买钱纸。烧纸行奉蔡伦为祖师爷，每年祖师爷生日都要举行隆重的祭祀仪式，并唱皮影戏、木偶戏娱神，搞得很热闹。烧纸行财大气粗，行内很团结，对外喜欢争强斗胜，往往要与四柱的屠宰行比拼。

改建后的二柱

这段街上还有两三家印刷作坊。每家人员不多，3～4人，有刻板的，有印刷的，有打杂的。他们印的东西，往往是外地印刷厂家不印的，比如，农村私塾用的《四言杂字》《五言杂字》《六言杂字》《七言杂字》，南岳进香的《香书》，政治时事传单，等等。20世纪九十年代，我在衡阳市的旧书市场上，看到两种土纸印的64开小册子，一种是支持农民运动的，一种是反对农民运动的，都是渣江印刷作坊在大革命时期印的。行文似顺口溜，印制板面较邋遢，错别字较多。

半边街结束的地方，是一处7米高的石级码头。码头以下的河勘上，耸立着一排吊脚楼，吊脚最高处达5米，屋的地面为木板，墙为木板墙或编竹夹泥墙，单层，屋上盖青瓦。宽一间，进深7~10米，朝河一面开有窗棂。

二柱。从太平巷到辖神巷为二柱。街宽10~15米，主要经营绸缎布匹、土布棉纱、碗盏瓷器、竹木制品。最有名的是书店，自光绪十七年（公元1891年）起，有“三益书局”“宏雅书局”“福安书局”“文尚书局”“文翠书局”，在此经营各种书籍、字画、文房四宝等，名闻衡州。二柱最热闹，生意好，顾客多，街面宽，铺面装饰华丽。遗憾的是，1949年一场特大洪水，把二柱二分之一的房屋夷为平地，致使繁荣不再。

改建后的三柱

三柱。从辖神巷到水巷子为三柱。辖神巷宽约4米，长约10米，是渣江街上最宽、最短的一条巷子，它通向旧衙门。巷子的上空修一阁楼，阁楼内置辖神，人们祈求辖神保佑渣江平安万福，财运亨通。辖神本星宿之神，祭祀辖神乃上古风俗。渣江习俗，视土地神为辖神。辖者，管理也，土地神为管理当地之神，故谓之辖神。街宽 10 ~ 12 米，主要经营金银首饰，南杂百货、名优特产，间杂有酒店、饮食店、日杂店等。两旁的店铺均为青砖砌成，不怕洪水。遭遇 1949 年的特大洪水，三柱没有倒一栋楼，此后就成了渣江唯一的主街。

四柱。从水巷子到新桥为四柱。四柱可分为两段，从水巷子到大码头（渣江港），街的两边均有店铺。大码头到新桥为半边街，另一边是蒸水。街宽 8 ~ 15 米，店铺有南杂店、日杂铺、酒店、粉店、客栈、存货仓库等。在半边街的对面，有一块约 100 平方米的空坪，坪边的河塝上长有几株高大的乔木。一位姓杨的铁匠师傅带着一个年轻的徒弟，在树下搭个棚子，开起了铁匠铺。他们师徒打的菜刀、镰刀、弯刀、锄头、耙头等铁器，十分畅销。街中有一家“月盛酒店”，店面宽敞整洁，后面还有个小花

四柱老屋

园。老板姓凌，老板娘长得很俊俏，年轻时曾是“渣江一枝花”。他们开店很厚道，售出的酒色正味醇，且每一斤酒要多给一两，因而生意十分兴隆，特别是船夫、纤夫、排客、码头工人、挑夫喜欢光临这一家。

四柱最有名的是屠宰行，屠户30~40人，加上徒弟、打工的，总人数约在100人以上。他们住柳树湾或街后，奉张飞为祖师爷。屠宰行成员很讲义气，内部称兄道弟，济贫扶弱，对外喜欢张扬，争强好胜。他们最看不惯的就是头柱的烧纸行，总想把烧纸行比下去。比如“赶八”唱戏，烧纸行请唱一天，他们就请唱两天，互不相让，一直唱到农忙，没人看戏为止。

现在的五柱东街

五柱。从牛角巷到临蒸桥，再到水巷子为五挂。街宽8~10米。渣江引人注目的地方，大多在这条街上，比如，寿佛殿、戏台、胡氏宗祠、衙门小学、镇公所等。商铺有粉店、酒店、客栈、饭店、铜匠铺、钟表店、刻字店、南杂店等。衡州人说“渣江米粉盖草河”，多指这条街上的米粉。刘老五、刘老七、刘老八三兄弟

五柱西街：解放前的店铺

同在这条街上开米粉店，采用传统工艺，味道鲜美，座无虚席，誉满衡州。1952年衡阳县立西渡为县治，将刘老七与徒弟扑俫子招为国家正式职工，到西渡“红旗饮食店”卖米粉，由此，渣江米粉的传统工艺传到了县城。

六柱。临蒸桥西边的一条街称六柱。这条街估计是清末民初发展起来的，大部分房屋建造质量较差，或为土砖墙，或为木板墙，有的还是编竹夹泥墙。街宽8～12米，主要有饭店、客栈、南杂店、渔具店、缝纫店、自产鞭炮店、自产蚊香店等。街后沿河有小菜园，面积约10余亩，有数十个菜农在此种菜卖。在1949年的特大洪灾中，六柱损失惨重，差不多三分之二的店铺、民房被水冲垮，旧时的武衙门、圣寿宫遗迹无存，街上只剩下很少几栋青砖屋、木板屋。此后，这条街便显得很冷清。

小历河桥和六柱

二、戏台

位于五柱寿佛殿前面，与寿佛殿正面相对，两者中间为看戏坪，铺石板，面积约 1500～2000 平方米，能站 3000 人以上。戏台呈“凸”字形，后面为 8 米高的砖墙，与两边的民房接垛，墙下开三道门供人出入。前面分两排、前 6 后 8 共竖 14 根合抱的立柱，与砖墙共同支撑整座建筑。屋高约 12 米，气势雄伟，金碧辉煌。单檐歇山顶，飞檐翘角，角下吊风铃。正脊中竖黄色宝瓶，两端置张口龙形鸱尾，屋棱上饰仙人走兽。台高约 3 米，前台正方形，面积约 60 平方米，出马门上悬泥金额“出身好”，进马门上悬泥金额“结局高”，后壁书“大都如此”四字，墨黑如漆，字大如斗，字体行草，气势磅礴，传为马头山著名学者凌麟用左手所书。台前柱有泥金对联：“嬉笑怒骂皆文章，何须翻人物类撰。英雄儿女空色相，即此是今古奇观。”字径七寸，楷书。台中上空饰藻井，井中绘一对飞翔的白鹤和盛开的莲花，八方绘“八仙”。后台呈长方形，差不多有三个前台那么大，为演员化妆、休息和存放服饰、道具的地方。后墙面朝蒸水河，中门两旁的青砖方柱上有一联：“雅韵逐蒸流，谁唱春江花月。遗风访钟武，犹留汉代衣冠。”白底黑字，字径八寸，隶书。整座建筑呈清末风格，估计是彭玉麟倡建的，没有修建碑记。过去，渣江戏台以“高、大、美”著称，人称“西乡第一”。

三、宗祠

位于街上的宗祠有三栋：

一是彭氏宗祠。俗称“彭祠堂”，位于六柱西街口。整座建筑呈长方形，坐北朝南。头门是座牌坊式的建筑，巍峨壮观，高约12米，宽约15米，坊上雕塑龙凤、彩绘神人走兽，中竖书“彭氏宗祠”四个大字，笔力遒劲。坊下开门，门洞宽2米，高4米，门扉上嵌虎头。门外有对石狮，形态凶猛。进门，里面为大操坪，面积约5000平方米，有点将台、旗杆和拴马桩，两侧砌围墙。祠堂为一座巨大的方形院落，通面阔约50米，中间开大门，两侧各开一中门。通进深约50米。大门内左右为吊楼、廊楼，中间为一个很大的天井，天井两边各置一大花坛，坛中栽有两株高达数丈的古槐树，因此，此祠又名“双槐古祠”（语见《彭玉麒家书》）。

渣江彭氏宗祠平面示意图

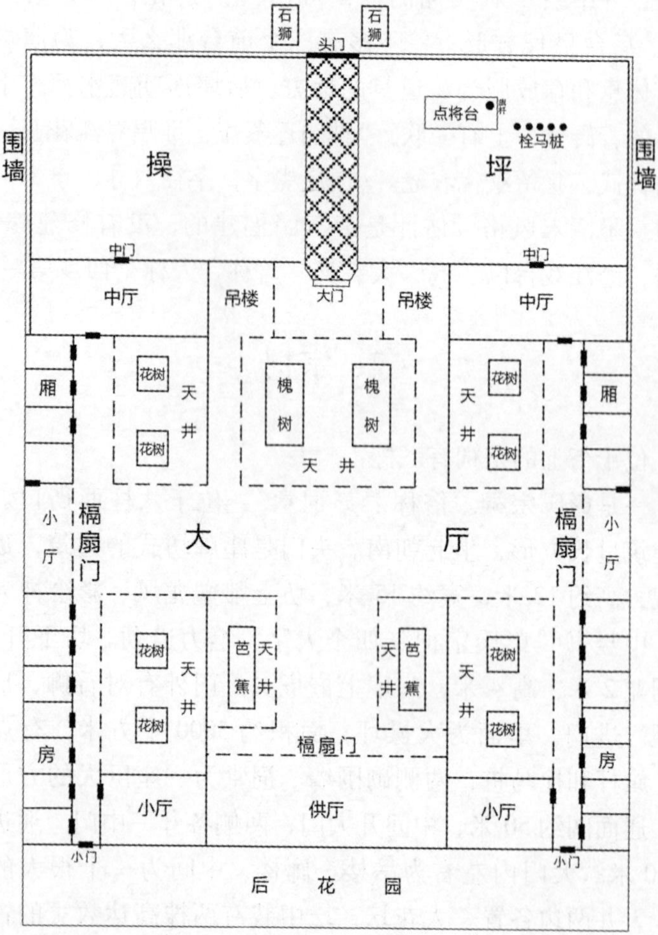

彭氏宗祠大门口的石狮

与天井相邻的是大厅，面积有 200 平方米以上，厅中分两排立 6 根 3 抱围的承重柱，直通 3 楼。3 楼为御书搂，面宽两间，方形。单檐歇山顶，飞檐翘角。正脊中竖黄色宝瓶，熠熠生辉。两端饰螭吻，垂脊上装饰仙人和狮、麒麟、天马等走兽。檐下斗拱彩绘，四面嵌槅扇作窗，楼中饰藻井。朝大门方面，檐下悬挂一竖匾书“御书楼”三个泥金大字，匾首雕龙凤，下镂忍冬图案。总之，御书楼装饰之精美，堪比皇家宫殿。大厅两边为厢房，双层。大厅通过过厅到达供厅。供厅单层，立一排四米高的槅扇门，厅内分层供奉着历朝历代的先人神主牌。上空悬匾数块，其中有曾国藩题写的“敬宗启后”、彭玉麟题写的“福我珂乡”等等。祠堂后面为后花园，面积约 3000 平方米。彭氏宗祠属重建，原祠早已塌

胡安国画像

毁，重修时间在同治年间，未发现重修碑刻。从《彭玉麟家书》可以看出，修祠规模、式样、办学及管理人员等诸多方面都是彭玉麟拿的主意，所需经费也应是彭玉麟捐赠的。祠堂一直用于办学，开始办“彭氏义学”，渣江附近的异姓子弟也可以入读。解放初期，在此办过“渣江高级小学”。七十年代，拆祠建“渣江中学”。

二是胡氏宗祠。位于五柱街，距寿佛殿七间店面。祠堂坐北朝南，面对蒸水河。从建筑风格、构件看，兴建年代可能比寿佛殿要早一点。单层，高约 15 米，面宽 3 间，通进深约 20 米。四面砖砌，东西两面为高出屋面近两米的风火墙，屋面覆青瓦，正脊中耸宝瓶。临街马头墙面雕塑仙人和瑞兽。祠内立三排合抱的承重立柱，直至屋面。大门外出檐，立承重柱两根，门两侧置石鼓和木站笼。大门石砌，上书“胡氏宗祠”四个大字，檐下挂满一排族人曾任职“山西提督”“大同总兵”“赣州知府”“天台知县”等披金官位牌。门内两侧为两间大房，清末民初在此办过私塾经

胡氏宗祠

馆。再进去，就是左、右两个大天井，整个祠堂靠它们采光。供堂在最后面，面积约 200 平方米，供台上放满历朝先人的神主牌。台中置木雕披金神像三尊，中间一尊高约 70 厘米，为湖湘望族胡氏开派始祖、宋代著名经学家胡安国，两旁神像高约 60 厘米，是二祖胡宏和渣江胡氏开派鼻祖胡志淳。据说，中华人民共和国成立前渣江胡氏宗祠，是湖南省唯一供有胡安国、胡宏木雕神像的祠堂。胡安国晚年隐居南岳紫云洞撰写《春秋传》，胡宏从旁协助，父子共同创立了湖湘学派。后来，胡宏留一脉长居南岳，而渣江胡氏即源出南岳。因之，在隐山胡氏祖祠不存后，渣江胡氏在祠内供奉始祖胡安国、二祖胡宏的神像。堂上悬匾十余块。祠内神像、神主牌、匾额及门外官位牌，均毁于 20 世纪五十年代初。祠堂后被用作电影院。近年重修。

三是蒋氏宗祠。蒋姓于元末由广西全州梅潭迁入衡阳，定居蒸、湘二水之间，故称蒸湘蒋氏。其中一支沿蒸水上游发展，居渣江、唐福等地。渣江蒋氏祠堂在头柱街口，建筑呈长方形，单层。其设计简约，施工精当，装饰儒雅。大门嵌联云："渣溠共渊源，朔梅谭嫡派，松渡支流，周宗一脉蕃椒衍。江山皆名胜，看蒸水钟灵，衡峰毓秀，蜀相四英累叶承。"（作者蒋尔康）中进柱联云："入庙仰前规，竹之翠、松之香、菊之黄，三径芳徽务在行端品正。尊经全善性，孝于亲、弟于长、慈于众，一家仁让惟期族睦风醇。"（作者蒋榜敬）右廊楹联云："正气贤家庭，不晓得卑躬屈节。英材充国栋，其斯为立地顶天。"（作者蒋尔康）左廊联云："点滴看檐前，对父辈多留好样。诸居移砌下，勉子弟各惜光阴。"（作者蒋尔康）小门联云："乐叙天伦徵孝弟，安居地位务忠良。"（作者蒋尔康）又一联："渣澄水尾端清系，江涌源头朔滥觞。"（作者蒋尔康）侧门联云："三眠柳眼长舒日，径寸草心知报春。"又一联："天下乐将为已任，世间安必不吾知。"（作者蒋克光）厅堂联云："乐群当自育人始，安富必从治世来。"又一联："乐专意攻诗书礼易，安本分务农士工商。"（作者：蒋赐桐）等等。（以上各联皆由蒋万怡同志搜集）渣江蒋氏，能建这样一栋有文化底蕴的祠堂，其财力雄厚，人才辈出，可想而知。

四、佛刹

第一座佛刹是赤石寺。位于距渣江街约 1 公里的赤石矮山丛林中。同治《衡阳县志》载：宋咸淳十年（公元 1274 年）修建永福寺。寺前夜有赤光，掘得美泉自穴出，石平方正，泉水清香，故改名赤石寺。此寺原为衡州著名佛刹，后屡废屡兴，至民国时仅剩下一间佛殿。寺宇坐东朝西，面宽约 15 米，进深约 20 米。青砖青瓦、硬山屋顶，两边砌风火墙。殿高约 8 米，单层，内无间隔。菩萨均为木雕，释迦牟尼像高 1 米，十八罗汉高 60 厘米。由于位置偏僻，香火稀少，殿内空荡荡的，设施简陋。殿左有一栋两层楼的住房，可供僧人住宿和堆放杂物。殿前坳下有一井，石砌，水质甘甜可口，除供人饮用外，还可灌溉数十亩农田。后寺用于办学。

残存的寿佛殿

第二座佛刹是寿佛殿。位于五柱街中段戏台对面，是湘南地区最崇宏的一座寿佛殿。

传说，寿佛确有其人。

俗家姓周，唐代郴州程水乡人。母熊氏生他时，梦有释迦牟尼佛入怀。衡州西开元寺为他剃度，初拜径山道钦禅师为师。数年后出游，过雁峰寺，寺僧嫌他容貌不雅，不让他止宿。他说："既不容宿，可否借个行童挑行李?"寺僧不屑，说："行童难找，泥塑金刚倒有!"他听罢，随手指一泥塑金刚，那泥塑金刚倏然倒地变成一健童，挑起行李就走。众僧骇然，赶忙追至渡头，哭着说："我等不识活佛，请回寺驻锡。"他说："吾乃游僧，哪是活佛?"众僧苦留，遂以一袭袈裟相赠，许以五百年后再来寺驻锡。据说，明末清初雁峰寺有一高僧，白眉须发，道行高深，法力广大，信众遍布湘南，人云是活佛转世。

渣江寿佛殿始建于清道光八年（公元 1828 年）。坐北朝

嵌在山墙上的刻石

南，硬山顶，木构架，殿中由合抱石柱支撑。正脊饰镂空瓦格，中间耸宝瓶，两端吻饰龙尾直立卷曲，四目相视。山墙上部呈三角形，屋面盖青瓦。正殿高约 13 米，面阔约 20 米，进深约 35 米。台基高二尺，按清制，公侯以下、三品以上者筑屋才能享此殊荣。我在寿佛殿读过两年初小，在我印象中，寿佛似乎是泥塑的，高 3 米，坐像，面对大门。两旁金官护神为站姿，木雕，高 2 米。十八罗汉，木雕，高约 60 厘米，嵌装在殿两边的山墙上。正殿与后面的次殿、侧旁的附属建筑连成一体，总建筑面积在 1000 平方米以上。寿佛神台两边开小门通次殿，次殿后半部为二层楼房，楼上置多尊菩萨，木雕，皆为站像，高 40 厘米。次殿有大门通侧旁的楼房，民国时，这栋楼房和相连的一排平房，为渣江镇公所、国民党衡阳县直四分部的办公地。寿佛殿于 20 世纪中因僧人参加土改分田而遭废弃，后辟为工厂。现仅存墙体，待重建。

第三座佛刹是目连庵。位于二柱太平巷外，胡大屋西侧。孤处田畴中，有小路通达，柴门，四周以土筑墙，高约 60 厘米，上面植荆棘。院前后长有几株乔木，遮天蔽日，分外幽静。佛堂、住房、杂屋共一栋小茅屋，中间为佛堂，面宽 1 间，供奉目连菩萨画像。目连，全称“摩诃目犍连”，简称“目犍连”或“目连”，乃佛十大弟子之一，侍佛左边。传说其神通广大，能飞兜率天，故称“神通第一”。后被反佛教的婆罗门杖击致死。庵内香火不旺，住有两位比丘尼，常来街上化缘，店家多施以米、钱。解放初，因房屋欠修漏水，僧尼遁去，庵遂坍塌。

第四座佛刹是观音阁。位于渣江桥下游，印子塘河边，与盘古庙连成一体。坐北朝南，面对蒸水，距河堋仅30米。观音阁不知始建于何年，但我们看到的观音阁，其建筑设计和装修风格明显受到西方教堂文化的影响，估计，它建于清末民初。阁的正面为一座高约10米、宽约15米的西式牌坊，坊上浮塑、彩绘飞翔的仙女、反弹琵琶的女乐等，寓意妇女在西方极乐世界中享受的幸福生活和自由。坊下开券门，石砌，高4米，宽2米。阁宽3间，进深1间。观音为立塑杨柳观音，周身彩绘，高5米。阁内香火兴旺，日夜均有尼姑在堂前诵经和照料香火。前来烧香的，多为镇上或方圆数十里内的妇女。渣江民俗，男的烧香去寿佛殿，女的烧香去观音阁。地处江岸，阁内诵经，梵音袅袅，数里外也可听到。岸边有一小码头可以停船。上下来往舟楫，都要靠岸烧香，据说阁里的观音菩萨很灵，能保佑行船一路平安。如果事急不能上岸，船家也要站立船头，手拈三根线香，对阁作揖三次，然后，把香投入水中。观音阁废于20世纪五十年代，盘古庙废于六十年代。

第五座佛刹为太平寺。位于太平巷外。不知始建于何年，至中华人民共和国成立前夕，已无遗迹可寻，只留下地名。20世纪六十年代初，有一中年比丘尼在太平巷出口的塘边，租一间瓦屋供奉如来佛画像，称“太平寺”，不久离去。

五、石桥

渣江镇有两座石桥：

①渣江大桥。坐落于渣江四柱街口，横跨蒸水，对河为

渣江大桥

自新堂。石拱结构，八墩七孔，全长121.6米，桥面宽6米。此桥始建于何年?《衡阳市地名志》说：渣江大桥，“清同治年间（公元1862—1874年）始建”。而成书于乾隆年间（公元1736—1795年）的《大清一统志·衡州·津梁》载：“渣江桥，在衡阳县八十里。”但明嘉靖（公元1522—1566年）《衡州府志》不载有此桥，可见，此桥应始建于明末清初。

渣江大桥原名永福桥。清同治《衡阳县志》：“渣江临蒸桥东跨承（蒸），复有大桥，谓之永福桥也。”永福桥就是现在的渣江大桥。不过，此桥渣江人多称为“新桥”。那旧桥呢？旧桥即永福桥，它因老旧、狭小，早已被拆除和重建。

渣江大桥原来只有六墩五孔，桥面两边以高0.4米、宽0.4米的条石做护栏，人们称之为“榨石”。石上雕有各种花卉、走兽、人物故事图案，其中，桥中一条榨石长 8 米，镂雕飞禽走兽，非常精致，人称“草河第一榨石”。它的对面，是一座高约 5 米的石砌惜字炉（或叫焚字炉），攒尖顶，石檐飞翘，下开一门，炉底部为叠鼓形。1954 年夏天的一个下午，下大雨，打大雷，一个炸雷把桥的第二拱、第三拱震垮了。第二年重修，为人称道的那条榨石、石砌惜字炉，都不复存在。大桥近年进行了大型维修，搬走了榨石，改成栏杆，加宽了桥面，显得时尚和美观大方。

②临蒸桥。横跨柿竹水，连接五柱与六柱街。六柱西街口即为彭氏宗祠和彭玉麟的故居。渣江人称柿竹水为“小历河”，称桥为“小历河桥”，不知临蒸桥名。知此桥名者，仅清末秀才、童生或读过同治《衡阳县志》的少数人。此桥为

渣江临蒸桥

石墩石梁桥，九墩，墩长 2 米余，宽 1 米，高 1 ~ 5 米不等，呈船形，“锐其前，断杀暴涛，水不能怒，自是无患”（唐代李昭德修桥语）。八跨，每跨以 4 块条石并排横架于墩上为桥面，宽约 1.3 米。桥面两边立 1 米高的方形石柱，拴上下两排杉木为桥栏，人可坐在桥栏上乘凉。全桥长约 40 米。此桥始建于何年，没有明确的文字记载。不过，可以通过一些线索来推测其大致的时间。

首先，现存临蒸桥处以前未建过桥。我们小时候听老一辈讲，小历河是改过道的，它原来从头柱街口处沿目连庵、柳树塘、胡大屋、县丞署北边一路流到印子塘附近入的蒸水，因此，这一路留有藕和塘、胡大塘，县丞署的饮水塘、长塘，盘古庙旁边的大塘、印子塘等等，都是以前的河道变成的。既然小历河的河道原来不经过现在的桥下，那么，桥也肯定不会架在现在这个地方。

其次，修临蒸桥的石头多是渣江胡姓捐的。听族里老人说，修小历河桥，没有要大家捐款，只要大家献工（做义工）、献物（器材，包括木材、麻袋、草包等）。胡氏在镇上人多，应该承担较多义务，因此，族里决定，把胡氏祖山之一的鳌鱼山的石头捐出来修桥。此山位于柿竹水、蒸水汇合口的南岸，距修桥处仅 200 米，山上怪石嶙峋，而且还延伸到蒸水河中，严重阻碍船、排通行。垒砌临蒸桥桥墩的石头，均采自鳌鱼山，只有桥板采自甘泉山中。打掉了鳌鱼山的石头后，胡氏族里的一些宿儒、老者认为，伤了胡族的风水，说：“打掉鳌鱼快 100 年了，河里还在流血。”意指残留河中的紫砂岩，在河中常流出一丝紫色的色素。以此推算，临蒸桥的修建时间大约在清同治年间。

再次，修临蒸桥的时间不会晚于同治十年（公元 1871 年）。同治《衡阳县志》截稿止于同治十年。在《志》中，临蒸桥已收录入编，并在《疆域廿·图三幅三排》绘出了此桥的具体位置。由此可见，同治十年以前，桥已建好。

总之，临蒸桥的修建时间与彭玉麟修家庙的时间基本一致。这座桥，等于是彭氏宗祠、彭玉麟故居门口的一座桥。很可能是在修彭氏家庙时，一同修建了此桥。修桥的钱是彭玉麟捐的，大约在 2000 两左右。此桥近年进行了大型维修，桥两边新装了金属护栏，桥面进行了硬化、加宽，更利于通行，但古风已不复存。

六、码头

渣江镇濒临二水，为方便运输和居民用水，修建了近十处码头，其中，较重要的有三处：

一是渣江港。位于四柱中段，渣江大桥上游约 100 米处。码头石砌，半月形，长约 40 米，可以同时容纳数船装卸货物。码头上下，可停船数十桅。《衡阳水陆交通史》称为“渣江港”者，即指此。码头旁边为堆货坪，坪大约 150 ~ 200 平方米，全部用青石板铺成，装船和卸船的货物都可暂时堆放于此。堆货坪有两条路可通街上，一条是由石板铺成的三尺宽的石磴，垂直高度约 6 米。一条是沙卵石铺成的丈余宽的大路，上去不远，就是砖石垒砌占地约 300 平方米的存货仓库。据史载，渣江港是蒸水河上的一个重要港口，其货物吞吐量很大。此港有装卸工人20～30人，挑夫50～60人，他们组织有码头工会，每人从劳务费中抽百分之三作为工会会费。

二是水巷子码头。位于五柱东街口，三柱、四柱的人可以通过水巷子去码头。码头由长条石码成井字形，条石长5米，宽0.4米，便于居民挑水、洗菜、洗衣服。有时，帆船也能停此装卸货。从柿竹水和蒸水下来的小木排、小竹排，多停靠此码头附近，改装成大排（有的还在排上搭个小棚供食宿），直放衡州和洞庭湖。

三是临蒸桥码头。位于桥头，由红砂石砌成石阶，一级一级地下到水面。码头呈井字形，深入河中约4米。那时，柿竹水很干净，河里小鱼、虾、螃蟹甚多，人去洗菜、淘米、洗刷炊具，常常会诱来一群群的小鱼。河水很浅、很清，这些小鱼在水中游窜、翻浪，有时还跳出水面，别具一番景象。

临蒸桥码头

第六章　周边集市

随着历史的发展，渣江成为衡阳西乡的中心集市，而在周边，也逐渐形成了一些小集市。这些小集市，既是对渣江集市的补充，又极大地方便了当地民众售货购物，互通有无。

驼背树新街

一、驼背树

位于西渡至渣江的公路旁，距渣江街 4 公里，现属渣江镇。从前，从渣江徒步去衡阳市，必从此地通过。解放初期，其街道长不足 50 米，人口约 200，赶集人数不到 800 人。街呈一字形，沿渣江通衡阳的石板道延伸。街首屹立着一座砖砌拱门，门下为石砌的磴道，上了磴道才是正街。其地名的来由，是古时街旁有株弯如驼背老人的松树。同治《衡阳县志》载："东湖町南，旧有古松，蚪枝四盘，若被輮曲，霜鳞百围，而柯低帖地，干条内空，苍黛如滴。或以烟熏树本，则枝梢蓊出如云。"此树遂成远近闻名的景观，对河凌家町著名文人凌每钦赞它："自拜秦松后，至今犹折腰。"不知它活了多少年。清同治十年（公元 1871 年），它无故自焚。民间至今尚流传一副趣联："驼背树，锯弯板，钉翘船，游南游北。空心竹，破扁篾，织方箩，装

驼背树老街

东装西。”其新街为21世纪以来新建，房子均为砖混结构，多为三层楼房，街道宽15米。老街仍较多地保存了20世纪五六十年代的旧貌。

二、官埠塘

在渣江街北7公里，曾为官埠乡人民政府驻地，现为渣江镇官埠村。圩场呈半月形，过去规模小，人口约200。相传，清代溪江彭奎志发动农民起义，义军路经圩场，利用塘边草棚关马，因而名“关马塘”。附近井塘陈氏，为湖湘望族，清道光、咸丰年间（公元1821—1861年），从全国最高学府太学回来了一个太学生，名叫陈常泰。他在家开设一所

官埠塘村服务中心

经馆常年招生 8 ~ 12 人，名声远播。其著名弟子有彭玉麟、欧阳定果、陈名陶等。陈常泰七十大寿，彭玉麟亲题“正直绥福”匾额相贺。他的儿子陈卓卿也是太学生，继续任教，因学生增多，迁址陈祠。由陈氏父子提议和主持，将“关马塘”改名为“官埠塘”，并在陈祠内刻一副冠以“官埠”二字的大楹联：“官居明代指挥府，埠立衡阳永福乡。”陈卓卿的弟子中有陈墨西、欧阳甲门、陈祥林等。卓卿任省试阅卷宗师时，有富豪家私送巨银，他拒而不收。陈墨西曾著文赞其“不慕荣利”“师表高标”。井塘因办学名扬衡州，后改名为“井堂”。官埠老街已被改建，现存店铺、民房几乎都是近一二十年新建的。

官埠塘街

三、石头桥

在渣江街东北 8 公里，现为石市镇人民政府驻地。蒸水支流岳沙河（又名岳山河）发源于九峰山，流经溪江、醒狮到此，建有一座石头桥，故名。过去，俗称“石［渣江方言念“暇”（xiá）］桥”或“石头桥”，石市是中华人民共和国成立后的称谓。街区呈长方形，过去人口约200，赶集人数上千，交贸以苎麻、凉薯、花生等土产为主。街北有座“久佳堂”，乃清代军门提督谭上连府第。谭上连曾随左宗棠入疆，挫败英、俄煽动的新疆少数上层分子叛乱，是新疆建省后的

石市镇

最高军事长官——乌鲁木齐提督。其府第为清廷工部所建，周围绕以石墙，内有山、塘、林及房屋50余间，占地50来亩。内有“诰封楼”，悬挂慈禧太后亲笔题写的“福荫萱堂”御匾，还有陕甘总督谭钟麟赠题的“国恩家庆”、两江总督曾国荃赠题的“云台星换”匾额。宅第中华人民共和国成立前借给县立第七小学为校舍，中华人民共和国成立后，久佳小学继续用为校舍。另外，清末民初在全国享有盛名的书画家曾熙，也是石市农田村人。石市还出了不少会绘画、会雕刻、会造仿古建筑的能人，他们参加了南岳大庙和其他大型寺观的修复或重建工程，获得好评。有的创作的木雕作品，还在全国赛事中取得了好名次。石市新街已初具规模，常居人口已达数千。

石市新街

四、盐田桥

在渣江街东8公里。岳沙河流经石市到此，建有一石桥。传说很久以前，桥畔有一丘田冒水，其水有咸味。每逢战争，

盐田桥

道路、交通阻塞，海盐运不进来，人们就用这丘田里的水熬盐度荒，田旁的大桥也因此而得名。过去，老街呈丁字形，人口约300，赶集人数上千。盐田町与凌家町紧密相连，附近盛产稻谷、棉花和豆类。距街西不远，有刘文德烈士墓，现已建成文德公园。街南黄柏村有一株世上稀有的桫椤树，相传已生长2000余年，现仍枝叶繁茂，生趣盎然，已列为国家重点保护名木。老桥仍在，老街已改造，店铺多为新建。

五、枫坳

位于渣江街西约 5 公里，地处山坳，过去遍地长满了枫树，每到金秋，枫红似火，景色宜人，因之得名。老街呈人字形，人口约 200，赶集人数上千。集市以交贸仔猪为大宗，附近山区竹木制品多集中于此，农副产品有稻、棉、生姜、白薯、甘薯粉等。以前，枫坳圩场分属鼓峰、甘泉两乡，但两乡的乡政府均不设于此。枫坳历为文化区，兴教办学蔚然成风。清宣统元年（公元 1909 年），塘坳刘族在刘氏宗祠兴办经馆塾学。民国元年（公元 1912 年）改为全日制初级小学，招收男女学生 78 人。1949 年改为完小，并创办“刚直

枫坳新街

枫坳老街上的旧凉亭

中学”，以纪念清末名臣彭玉麟。离街不远的兴隆村，为衡阳文化名人陈墨西的家乡，他是台湾著名女作家琼瑶的祖父。1989 年 5 月 7 日，琼瑶偕丈夫平鑫涛回乡扫墓祭祖，按传统礼节，在墓前三跪九叩首，俯伏冢前致哀。为迎接琼瑶回家扫墓，当地村民抢修简易公路 3.5 公里，从塘坳修到虎泥冲虎形山下。同年 6 月 24 日，陈墨西的墓被列为县级文物保护单位。

六、龟石渡

位于渣江街西南 6 公里的蒸水河岸，现为三湖镇人民政府驻地。从渣江去洪罗庙、邵阳，此为必经之处。从前，河上无桥，只有一人摆渡，无论白天黑夜、天晴下雨，他都守

三湖镇

在船上，随喊随到。这里是一处远近闻名的义渡，人们坐渡船过河不用给钱，每年由附近乡民凑几百斤谷子给他作口粮，他就住船上。旧时，有种传说，说是摆义渡的人来世一定会变成贵人，可能这也就成了他的信仰。河道不宽，河中有块伏石，形状似龟，因此，人们就称此地为“龟石渡”。

它依傍的三湖町，有良田万余亩，盛产稻、棉，素为衡阳的一个重要“粮仓”。历史上，汉、晋、唐时期的承阳县治、钟武县（侯国）治、重安县（侯国）治，即分别位于三湖町的荫塘村、福民村及福城寺。三个地方连成一片，直线距离不超过1千米。钟武遗迹坐落于蒸水与王母河交汇的台地上，城址呈长方形，东西长约300米，南北宽约200米，夯土墙残留长约70米，宽约10米，高约3.5米。护城河遗迹尚存，12口水塘沿残留墙垣分布。附近可见暴露的汉代绳

汉钟武县（侯国）城墙遗迹

纹筒瓦、板瓦和几何纹青砖。福城小学是在福城寺遗址上建起来的，据村民反映，有文字的碑刻已埋入地下作了屋基。现保存较完整的有柱顶石，上面为扁鼓形柱础，下加八方座，下面再加须弥座，各层的雕饰已剥蚀难辨。龟石渡原无街道，现存街道都是中华人民共和国成立后，特别是 21 世纪以来新建的，称为“三湖镇”。圩场上市人数约千人。

第七章　文化庙会

渣江每年的“赶八”“赶社”（“赶戊”是“赶社”的延续），表面看，它是单纯的农村经贸活动。但寻根溯源，却会发现，它自庙会演化而来。而庙会的形成和发展，集聚了风俗、宗教、集市、自然崇拜、天干地支数列、祭祀、社会组织、行业等众多文化单元和内涵。历史实践表明，庙会始终是文化的一种演绎和展示形式。因此，2002 年中央电视台和湖南卫视对渣江的“赶八”“赶社”进行专题报道时，称其为“盛大的乡镇文化庙会”和“中国农村世博会”。

一、“赶八”庙会

庙会起源于人们对宗教的信仰和对佛神的崇拜。古代，许多人去寺庙，祈求佛神保佑社会安定，风调雨顺，岁稔年丰，家道兴盛，无灾无病，特别是佛神诞辰或规定日期，寺庙人山人海，因此，人们就顺便携带一些小物品去交易。久而久之，寺庙内（大寺庙有若干栋殿，殿与殿之间有空坪隙地）或其附近便形成集市，称为“庙市”或“庙会”。据记载，湖南最早的庙会，当算南岳庙会，在唐代时，南岳古镇就已经形成了有一定规模的庙会。

那么，渣江的“赶八”庙会，又是怎么来的呢？所谓“赶八”，就是每年农历二月初八赶庙会。渣江的“赶八”，是从衡州城移植过来的。衡州城有南岳七十二峰的第一峰——回雁峰，峰上有名播神州的古刹雁峰寺，此寺在唐代时称为“活佛道场”。活佛者，寿佛也。相传寿佛离开雁峰寺去云游时，曾赠给寺僧一件千佛袈裟和一道偈。偈曰：“云游僧者悟真空，千佛袈裟万代宗。山寺众僧留不住，五百年间转雁峰。”明末清初，雁峰寺出了一位高僧，须眉如雪，道行高深，深悟佛理，信士遍布蒸湘，说是寿佛转世。清康熙四年（公元1665年），又重建寿佛殿，从此，每年农历二月初八（传说这天是寿佛的诞日），雁峰寺举行盛大的法会，衡州市民则在寺外和山下举办盛大庙会，以庆祝寿佛的生日。衡阳县治附州，渣江为县丞署驻地，其民俗风范、节令庆典，都以州治、县治为榜样，乾隆年间（公元1736—1795年）也就办起了“赶八”庙会。特别是道光八年（公元1828年）渣江建起了湘南最大的寿佛殿以后，“赶八”庙会越办越好，规模越来越大，以至成为蒸湘最有人气、最有特色、交易最火爆的农村庙会。

渣江“赶八”，精彩纷呈，盛况空前。有以下几个看点，为人们交口称誉：

①打铁花。渣江的“赶八”庙会，是从农历二月初七晚上开始的。这晚，为给寿佛暖寿，成百上千的人集聚到寿佛殿前的大坪看“打铁花”表演。表演者是胆大心细、手艺高超、经验丰富的铁匠师傅，他们头戴有披肩的护耳帽，身穿

厚布长围裙，用水浸泡透了的木勺，舀起熔化的火红铁水，向空中抛出，顿时铁水在空中散开，火花四溅，灿烂夺目。观众惊呼，拍手叫好。师傅们的劲头就更足了，将铁水抛得更高，火花就更灿烂、更好看。有时六柱圣寿宫的道士也来参加表演。道士们要炼丹，冶炼技术可谓炉火纯青，表演“打铁花”也就驾轻就熟。由于他们的文化修养高一些，因而，抛出的铁水，往往能从不同的层面和角度构成绚丽的花朵、花丛、花墙和花雨，博得观众一阵又一阵的喝彩声。

②祭寿佛。二月初八清早，在寿佛殿举行祭祀仪式。参加者，有镇长、各柱的柱头、各行会的会长，镇上的名人、好佬、富商等百余人。主持人由鸿儒、德高望重者或返乡的大官担任（清代时驻渣江的县丞应是不二人选）。大殿四方挂上了牌楼灯笼，殿中则燃起了三排有五尺高的巨型蜡烛，殿内一片光明。寿佛塑像下是一排供桌，上面置有香炉、线香、蜡烛、纸钱，供品全猪头、大鱼、全鸡（三牲），用木制的供盆盛着，斋粑、水果用饾盛着，另置饭三碗、酒三壶、盛满酒的酒盅三个，筷子三副，等等。仪式开始，燃鞭炮、放雷炮、鸣火铳、烧纸钱、吹长号、动大乐，主持人率众行三跪九叩首礼，然后念祝词。仪式结束后，殿内香火由僧人照管，众人出殿逛市场。

③市场空前繁荣。渣江“赶八”，因为是庙会，市场的中心应在寿佛殿前的大坪里，其实，并非这样。这一天，如果是晴天，附近数十里的人，大多会来街上赶集看热闹，有时竟达到五六万人。从头柱到六柱，街道两边都是出售货物的摊子（半边街只摆一边）。临蒸桥下、胡氏宗祠对面、戏

渣江“赶八”

台后面宽广达百余亩平整的河洲，按预先划定的白灰线里三层、外三层摆摊。还容纳不了，就摆到渣江大桥对河从自新堂到鳌鱼山长达一里多长的河堤上。货摊摆两边，中间留一条3~5米宽的通道，便于人员流动往来。街上、河洲和河堤上有人员维护治安秩序，无论赶庙会或耍灯、唱戏，渣江从未发生过踩踏伤亡事故。

出售的商品，从针线到布匹、丝织品、麻织品，从种子到粮食、树苗、水果，从金银花到川贝、人参等高档药材，从竹筷到篼箕、筛子，从小木凳到风车、扮桶，从饭碗到高档瓷器，从镰刀到锄头、铁耙，等等，应有尽有，琳琅满目，是名副其实的江南农村世博会。外地来展销的商贾，以邵阳、湘乡、双峰、衡山、祁阳、衡南的居多，也有来自零陵、郴州、长沙、岳阳、平江、醴陵的，还有少数人来自湖北、浙

渣江“赶八”

江、江苏、江西和广东，他们大多以前来赶过庙会，所以如今也年年来。

④耍灯、唱戏。为了娱神，也为了吸引人，渣江“赶八”还要耍灯、唱戏。春节过去没多久，耍灯是原套人马，不过，要贯彻“少而精”的原则：一是优。要是春节耍灯中特别优秀的节目。二是少。耍灯的人要少，春节时有的灯队有100至200人，“赶八”要大为减少。春节时有上百个灯队，这次只要少量的灯队，主要是花灯、龙灯，武灯、狮灯基本不上场。三是近。参加表演的灯队离渣江街要较近，这样，出灯、收灯方便，吃饭、喝水、遇雨、休息便于安排。灯队排街，规定要到寿佛殿前坪绕一圈，意为寿佛庆寿。

唱戏，是渣江“赶八”的一个重点项目。戏班子可以请

渣江“赶八”·耍花灯

本县的，也可以请外县的，如衡山的。据说，衡阳县长塘铺的屈云卿在渣江戏台上唱了好多年，有的戏迷几十年后还记得其名字。唱戏从二月初八开始，一般唱六天，即每柱唱一天，各行会也要唱，就增加天数。头柱的烧纸行和四柱的屠宰行喜欢炫耀财力，好出风头，往往要利用这个机会比一下输赢。比如，烧纸行唱三天，屠宰行也就跟着唱三天，如果屠宰行唱了三天不下戏台，占着戏台还要继续唱，这时烧纸行就会另起炉灶，在戏台后面的河洲上另搭个戏台请人唱。唱戏的内容也有了变化，互相指桑骂槐，甚至公开指责、谩骂、侮辱对方的祖师爷。这就是渣江有名的诙谐民风“唱对台戏”。看戏的人，看哪边唱得好，就往哪边跑。这种对台戏，常常要唱到“赶社”或“赶戊”以后。

二、“赶社”庙会

我国上古就有春天祭祀社神的风俗。为什么要祭社神？这与一个古老的神话传说有关。《礼记·祭法》载：“共工氏之霸九州也，其子曰后土，能平九州，故祀以为社。”相传社神原名叫句龙，是水神共工的儿子。共工长得人面蛇身，满头红发，脾气暴烈。有一天，他与颛顼打仗，一怒之下竟把撑天的柱子撞折，弄得天崩地裂，还是女娲炼了五色的石头才把塌下来的天补好。句龙见父亲撞塌了天，导致洪水泛滥，心中非常难过。当女娲将天补好之后，他就把九州的大裂缝填平，黄帝因此封他一个官，叫作后土，让他专门管理四面八方的土地，他也就成了人们所称的社神。人们之所以要祭祀他，是因为他是管土地的神，而土地是国家和民众立足的基础，是社会和民众进行生产、维持生存的首要条件。可以说，没有土地，便没有人类。因此，人们要祭祀社神。春社起源于什么时候已不可考，但商、周时期已有。以后代代相传，遂成为习俗。

祭社为什么又成了“赶社”呢？这由春社的发展演变而来。起初每年逢社日，一定范围（如25家）的人相聚，堆土为社（坛），宰牲备酒，举行祭祀。然后，大家坐到一起聚餐，谓之祭社，或称“春社”。后来，社神演变成了土地神，社（坛）变成了土地庙，春社也就变成了祭土地神。唐代以后，随着庙会集市的兴起和发展，各地的春社活动逐渐演化成庙会活动，俗称之为“赶社”。渣江在古代位置偏僻，消息闭塞，人们的意识趋于保守和守旧，对于“赶社”这一古老习俗，沿袭不变。其突出表现有两方面：第一，对于土地神的尊崇和敬畏不变。进入近代社会以后，土地神的地位在许多人的心目中已大为下降。清赵懿《名山县志》卷九：“李凤翽《觉轩杂录》云：土地，乡神也，村巷处处奉之，或石室，或木房。有不塑像者，以木板长尺许，宽二寸，题其主曰某土地。塑像者，其须发皓然曰土地公，妆髻者曰土地婆；祀之纸烛淆酒或雄鸡一。俗言土地灵则虎豹不入境，又言乡村之老而公直者死为之。按：土地不一，有花园土地，……有青苗土地，……庙神土地等，皆随地得名。”可见，土地神的地位已变得卑微，受人冷落。可渣江人对土地神的崇敬，丝毫未减。他们敬称土地神为“辖神”，把其居所建成了雕梁画栋、槅扇为门的悬空阁楼，谓之“辖神阁”。神像披金戴红，居所地处集市最繁华、人气最旺的巷口上空。一年四季，门前阁下，人员往来川流不息，香火不断。第二，“赶社”活动越办越好。在外面，许多地方的春社习俗已衰微，甚至销声匿迹。渣江的“赶社”，却越办越火红。每逢社日，镇上的大佬、宿儒、巨富等清晨到辖神阁前焚香礼拜，献祭三牲、水果，然后才开市。“赶社”人数、规模，不亚于“赶八”。

社日的时间推定，渣江也沿袭古俗不变。明清以来，许多地方把社日规定为某月某一天（如衡阳市磨盘滩规定为正月初八）。渣江则不同，仍沿袭宋代之前的规定。宋代陈元靓《岁时广记》载：“立春后五戊为春社。”什么意思？就是说，用古代天干地支的方法来确定社日是哪一天。古人是用天干地支来纪年、纪月、纪日、纪时的。天干有十位，依次为甲、乙、丙、丁、戊、己、庚、辛、壬、癸。地支有十二支，依次为子、丑、寅、卯、辰、巳、午、未、申、酉、戌、亥。十天干与十二地支依次从头到尾搭配一次，由它们的最小公倍数六十定为一个循环，通称它六十甲子，又叫六十花甲。

照此方法推算，立春后的第五个戊日为社日。以2020年为例，立春为正月十一（丁丑），之后的戊日依次为：十二（戊寅）、二十二（戊子）、二月初三（戊戌）、十三（戊申）、二十三（戊午）。即二月二十三日为社日。由此可以看出，这样推定的社日，每年在二月的哪一天是不固定的。渣江一直沿袭这种古老的习俗，难怪有学者说，渣江“赶社”，是汉族地区古代风俗的活化石。

渣江不但“赶社”，而且还“赶戊”。“赶戊”是“赶社”的延伸和继续。即是说，“赶社”（立春后的第五个戊日）之后第六个戊日、第七个戊日、第八个戊日、第九个戊日（俗称末戊），继续进行集市贸易活动。以2020年为例，“赶戊”的日子依次为三月初三（戊辰）、十三（戊寅）、二十三（戊子），四月初三（戊戌）。十天为一戊，一般赶到七戊之后，上市的人数就少了。渣江本来是天天集，为什么在农历二至三月要举办那么多特大的交易活动？主要原因在于：一是这里人多地广。渣江地区的人口、土地约占全县的十分之一，且是衡州最好的一个农耕区，无论是生产资料、生活资料、文化用品还是其他需求都比较大。二是这里的物产丰富，经济活跃，集市贸易兴隆。物产丰富就更需调剂余缺，民间富裕，购买力就强，市场口子大，就能吸引更多商贾和购物者。三是这时候农民尚有空闲。农历二月、三月，还是农闲季节，农民有空闲时间去“赶社”“赶戊”。一方面交换物资，为本年的生产做准备，另一方面，也到集市上逛一逛，看看灯，看看戏，参加文化娱乐活动，调节心情，满足精神需要。

三、渣江庙会的文化启示

渣江“赶八”和“赶社”“赶戊”，是风俗大餐，也是文化大餐。什么是文化？人是文化的符号，实质上，文化就是“人化”。没有人，世界乃是混沌、洪荒之地，其发生的一切，均不能构成文化。人的认识、思维和能动，能给万事万物打上人的烙印，这种烙印，就是文化。渣江的“赶八”“赶社”“赶戊”，凝聚了丰富的文化单元和内涵，给予了人们深刻的启示。

①庙会——融入风俗的条件。

庙会与风俗的关系非常密切，又非常复杂。从源头上看，风俗可以演化为庙会，如“赶社”，庙会也可以演化为风俗，如“赶八”。从相互关系看，庙会可以视为风俗的一种表现形式，风俗也可以把庙会包罗进来，从这一点来说，庙会就是风俗。但是，庙会不等于风俗，它要真正地融入风俗，成为风俗有机的、不可分割的一部分，还需要条件。什么条件？主要有两个：一是硬件，二是软件。硬件指必要的设施，如庙宇，软件指适合的环境、氛围和群众的需要程度等。两者相比，软件更为重要。具备了上述条件，庙会就能顺利地融入风俗，成为社会和人民生产、生活中的必要元素，而且具有顽强的生命力，否则，庙会就会难以为继。衡阳县就有这方面的例子。渣江、洪罗庙、西渡、岘山、英陂、库宗桥，都学县（州）城赶二月八（庙会），时间从清代持续到民国，至少延续了一百多年。除渣江外，其余地方中华人民共和国成立后均先后恢复或实行集贸制，每三至五天赶一次集。人们对正常赶集以外，另增加一次“赶八”，认为没有必要。尽管当地政府积极组织，可参加庙会者稀稀拉拉，没有形成规模，因此，只好偃旗息鼓，停办庙会。原因在于，这些地方的“赶八”，仅停留在集市形式上，未真正融入风俗。渣江不同，硬件、软件都具备，“赶八”还有“赶社”（包括“赶戊”），已成为当地难以更改的习俗。比如，在声势浩大的破“四旧”的特殊岁月，当地政府不敢出面组织，可四面八方的民众自觉顶风冒雨前来赶庙会，街上照样人山人海，交易火爆。这说明，群众认为有意义、有必要、有传统的风俗活动，具有强盛的生命力。

②庙会——文化搭台、经贸唱戏的典范。

庙会，往往是地方文化的一个汇聚点。无论哪个有年代的庙，不可能没有神话传说、佛神故事、趣闻掌故。开庙会，打铁花，祭佛神，耍灯，唱戏，说书。赶庙会，三五成群，说古道今，诙谐戏谑，打闹成趣。以上种种，无不是文化内涵的展示。庙会要有特色，关键在于突出庙会文化的特色。

利用庙会文化搭台，唱经贸大戏，是古人的一个创造。文化搭台，意在营造环境和气氛，吸引人，特别是商贾和顾客，使商贾愿意来，顾客愿意买，市场火爆，购销两旺。渣江市民有句口头禅：“渣江街上不种田，赶个庙会吃半年。”这里“赶八”“赶社”（包括“赶戊”）的传统，已持续了几百年，它的成功经验说明，虽然古人重农轻商的思想较普遍，但是，他们利用庙会文化来促进商贸，为发展社会经济作出了重要贡献。这种结合，可谓水乳交融，天衣无缝。而今人在学习这一经验时，却出现了一些脱离实际、脱离风俗去搞文经开发的现象，“文化搭台，经贸唱戏”的口号虽然喊得响，可是，事与愿违，收效甚微，最后也就不了了之。这是教训。

③“赶八”庙会——佛教中国化的活化石。

佛教是从印度传入中国的。《西游记》讲唐僧西天取经，这个西天，就是印度。实际上，印度并不在中国的西边，而在中国的西南边。因为当时从长安（现在的西安）出发，是往西边走的，取道西域去印度，因此称之为“西天”了。佛教传入中国的时间比唐僧取经要早得多，一般认为，佛教是东汉永平十年（公元67年）传入中国的，至东汉末，随着佛经汉文译本的行世，佛教教义开始同中国传统伦理和宗教观念相结合。佛教中国化的重要标志主要有两个：一是唐代南岳怀让和尚提出“顿悟成佛”。从印度传来的佛教主张累世修习才能成佛，怀让提出“顿悟成佛”，等于把成佛的法门改变了，这就从根本上把从印度传来的佛教变成了中国化的佛教。二是唐代衡州雁峰寺出了一个中国活佛，这就是寿佛，或者称为无量寿佛。他有名有姓，有出家经历、传法事迹和驻锡寺院，人们称之为“活佛”。他的出现，等于中国佛教信徒有了自己崇拜的佛祖，这就使佛教深深地烙上了中国的印记。

渣江有个奇特的现象，附近虽有赤石寺、福城寺等大型寺院，但知道释迦牟尼佛的人很少，而对于寿佛，可谓妇孺皆知。因为街上有寿佛殿，上街就能看到。每年“赶八”，大多会来看热闹。平时，自己或家人有小毛病，会到寿佛殿烧点钱纸求保佑。寿佛深入人心，也就是中国佛教深入人心，佛教外来的胎记也便慢慢黯淡了。

第八章　创办中学

历史上，渣江没有书院。1949 年前，渣江的最高学府是光华中学，光华，顾名思义，是抗日战争时期的产物。当时，一般只有州（市）、县城才有中学，渣江能有一所中学，小孩读书从初小到高小到初中，能不出集镇，那已是非常难得、值得夸耀的事情了。

一、光华中学

光华中学，全名湖南省私立光华中学，创办于民国三十四年（公元 1945 年）二月。校址初设屈氏宗祠，后迁渣江彭氏宗祠，不久又迁赤石寺，并形成了一定的教学规模。说它设在赤石寺，其实并不准确。民国时，赤石寺很小，在山坳里，面积不过两三亩大。而光华中学包括大操坪、茶树林、松树林和前面的小山，面积达 100 多亩。校舍只有一栋，坐北朝南，呈一字形，建筑面积约 500 多平方米。单层，挑山顶，屋面盖青瓦，正脊两端饰简化鸱尾。竹筋土墙（因山上到处是黄土，筑土墙可就地取材，且省钱），厚约 40 厘米，内外粉石灰。屋高约 7 米，内有几间教员宿舍和 6 间大教室。

每间教室约 70 平方米，三合土地面，南、北墙上各开一排 2 米高、1.5 米宽的木栅玻璃窗，室内光线非常明亮。上面未装天花板，可直接看到屋上的木构架，夏天通风，冬天雪吹不进来。教室南面出檐 2 米宽的走廊，砌一排方砖柱支撑。外面是大操坪，面积很大，而且很平整，黄土地面，非常结实，下雨不脏鞋。教室的北面，也有 40～50 米宽的草坪，坪下为长满杂草和荆棘的坡地。整栋校舍在正中位置辟有一间约 40 平方米的过道屋，其南面通大操坪，北面连着 3 米高、2 米宽、长约 60 米的雨棚通赤石寺。赤石寺及附属建筑为学校的食堂、厨房、部分教职工和女学生的宿舍。1950 年，创办于 1949 年的塘坳（属原鼓峰乡）刚直中学因教师回城，经费不足而并入光华中学。光华中学 1951 年还在办学，当年青年教师胡德昭、尹逸两人就在学校办的结婚酒，全校师生都参加了照相。从照片上看，当时学生约有 100 多人，有个时尚的洋乐队，有洋鼓、洋号、洋拉管等。光华中学 1951 年由衡阳县人民政府接管，1952 年搬去县城西渡，改名叫衡阳县一中。

二、渣江附中

1956 年秋季，遵照县政府的指示，在光华旧校舍的基础上开办渣江附中，因为经费不足，所以，一切以节约为原则。学生的课桌、凳子是小学凑来的，墙上的黑板是原有的，老师讲课用的讲桌也是旧的，仅添置了学生睡的双层床和老师的办公桌、教具、床等。用一间大教室做学校的办公室，除几个教职工（总务室、医务室）在卧室办公外，其余的人白天都挤在这间大办公室里，大家相处得非常融洽。校长叫肖锦章，40来岁，高高的个子，非中共党员，兼教政治课。他在大办公室办公，学校教职工开会也在这间房子里，可以说，它是全校的政治中心。总务主任姓李，50来岁，人很随和，据说原是游击队长。他住雨棚尽头的第一间房，那房兼作办公室。他管学生交费、教职工发工资、学校和个人收发信件、汇款等。他喜欢打猎，听说还有一支手枪，说是用来保卫总务室的。

渣江附中第一年招了100名学生，男生约占三分之二，年纪12至18岁不等，分为两个班。生源来自渣江、三湖、界牌、金溪等地当年高小毕业生。各地学生各有所长，渣江的学生全面发展较好，第一学年全年级学习成绩最优秀的一、二、三名，全是渣江的。界牌的学生口才好，会演讲，管理能力较强，当班长、生活委员很称职。三湖的学生擅长体育，有位女同学参加省体育大会平衡木比赛，取得第三名。金溪的学生吃苦耐劳，读书勤奋。界牌、金溪好几个人都读过私塾，《三字经》《增广贤文》《五言杂字》背得滚瓜烂熟。有个同学还会画水彩画，学校墙报办得有模有样。

学校贯彻勤工俭学、全面发展的办学方针。学生来校报到，就要求自备篼箕、扁担和锄头。每周搞半天劳动，刨草皮、捡狗屎、挖土、种菜。夏天晚饭后，老师带男生去河里（最深不到1米）洗澡、挑沙子，为第二年建新教室做准备。所有劳动收获，均用来改善食堂伙食。学校还鼓励、组织学生课余学演讲、学演剧、学乐器。冬天每周一次，晚上去附近屋场、村子搞文化宣传。三五人一组，一人当组长（轮流），一进屋又拉、又吹、又打（打竹板）、又唱，村民都赶来看热闹。乐器一停，组长就站起来宣讲学文化的好处。然后，把文盲留下来，教他们认写自己的名字、基本数字等。村民们都说："这班学生长大了，本事可真了不得。"

我是初二班的学生。每当我想起那段学生生活，就会感到快意和留念。六十多年过去了，与我同在渣江附中学习的同学，现已散在全国各地，有的可能未打招呼就撒手西去了。我时常想起他们，特别是这几位：

胡世昌。当时约十五六岁，精瘦的个子，长得秀气。学习成绩上等，话语不多。个性强，不论什么难事，他只要答应了，就一定能完成。他没有读到毕业，就选去学开飞机，参了军。以后，我一直没有他的音讯，直到 20 世纪九十年代初渣江胡氏修族谱，才知道他还在部队，已是空军大校。

凌宁森。14 岁，渣江五四村人。方面大脸，浓眉，眼睛大。第一学年各科成绩总分全校第一名。他家里困难，读通学，但从不迟到早退。老师讲课，他做笔记，能把老师讲的要点都记下来。请假回去的同学，只要借他的笔记抄一遍，就领悟了讲课的内容，不用去找老师补课。可惜的是，一天晚上他家起火，把房子烧光了，他再也没有到学校来。学校老师去他家做工作，他父母很坚决，要留他在家劳动。几年后，我在街上碰到他，他已很潦倒，头发散乱，衣衫破旧，打赤脚。我叫他，他木讷地望着我，两眼无神，似乎已不认识我。

胡麒麟。14 岁，界牌人。个子不高，脸上有点小麻子。

来校前读过私塾，对《增广贤文》《六言杂字》十分熟悉，语文成绩好，讲话抑扬顿挫，声音洪亮，会演讲，担任我们班的班长。班上有什么事，他跑到讲台上，叉开双手，似校长作报告一样，讲个“一、二、三”点，清清楚楚。同学们听他的，服他管，尽管他的年龄比大同学小了好几岁。毕业后，他考去沈阳读技校，从此失去了联系。

渣江附中的老师，最初多是小学抽调来的优质教师。他们年纪较轻，有丰富的教学经验，都有高中以上的正规文凭，教初中一年级应该绰绰有余。那时，农村刚办初中，他们十分珍惜这份荣誉，备课、讲课都很认真，恨不得把自己所有的知识都传授给学生，给我们留下了深刻的印象。特别是下面这几位老师，业务出色，诲人不倦，而受到不公正对待，让人感到不平和惋惜。

汤远志。盐田人，30 多岁。南京大学文学系肄业（三年），从渣江高小调来。常穿中山装，讲普通话，教初二班语文。他教书的特点是喜欢把教材与有关的古文诗词、古代典故联系起来讲，既风趣生动，又增加了教学内容，学生都喜欢听他讲课。比如，课文讲到“悲秋”的描写时，他就把王实甫的“碧云天，黄花地，西风紧，北雁南飞。晓来谁染山林醉，总是离人泪”（《西厢记》）、马致远的“枯藤老树昏鸦，小桥流水人家，古道西风瘦马。夕阳西下，断肠人在天涯”（《天净沙》）联系起来讲，大家觉得形象生动，内容充实，朗朗上口，易于记忆。遗憾的是，他只教我们一年多课，就被打成了右派。之后，他被遣送回家，从此再也没有见到他。

王著云。约40岁。听说原是银溪高小的教导主任，调来渣江附中教数学。深度近视，戴眼镜。衣着整洁，讲话慢条斯理，逻辑思维严密，似乎每句话都是经过深思熟虑讲出来的。教学扣重点，话不多，句句都讲到点子上。另外，他言传身教学生一个好作风，那就是“细致”。他在黑板上演算数学题，都是用三角板画等号，上下行的等号对齐，整个版面整齐划一，整洁美观。他要求学生写作业也必须这样。如作业写得不整齐美观，他连看也不看，就发下来叫重做，非达到要求不可。可惜，他后来也被打成了右派。据说错误在于，他花两个月工资买了一套国产的毛料衣，洗一次衣服就皱成了一团。他说：“这不叫毛哔叽，应叫‘狗屎呢’。”上级定性，他这是恶毒攻击党和国家。

王鹏。曲兰人，约40岁。系明末清初哲学家王船山的后裔。教植物课，却常给我们讲王船山的故事。有一次他的一篇论文被《湖南日报》采用了。那时，全省公开发行的报刊极少，能在省报上发表文章，是份很高的荣誉，老师和同学们都祝贺他。不久，他就调走了。听说，他也被打成了右派，错误是：狂妄自大，目无领导。

渣江附中只办了一年。全县检查教学质量，所有中学、附中举行统考，渣江附中的平均成绩排在新民中学、县一中的后面，名列第三。

三、衡阳县二中

第二年，渣江附中更名为“湖南省衡阳县第二中学”，可能正式通知直到1958年才下达。校牌由中国当代文豪、著名书法家、历史学家郭沫若先生题写。当时，由于校舍简陋，四周通达无围墙，所以，只做了一块简易的校牌挂到办公室的侧边。1958年秋天，学校招收了第三批100名学生，近10位湖南师院、衡阳师专的毕业生分配来校任教，它正式成为了一所完全初级中学。

衡阳县二中大门

据介绍，衡阳县二中现在已是一所完全高级中学，为衡阳市示范性中学、衡阳县北境的最高学府。现有建筑面积约4.27万平方米，教职工100多人，其中高级教师近40人，学生约2000人。校舍规划有序，教学楼、图书馆、新华书店、体育馆、艺术楼、实验室、运动场、学生宿舍楼、教师新村等，星罗棋布，错落有致。校园四季鲜花盛开，绿荫掩映，

县二中校园

环境幽静，是求学、育人的理想之所。从该校走出的学子，有的为中央部门领导人，有的为省级领导干部，有的为部队将军，有的为学界巨子，可谓人才济济，桃李满天下。

第九章　临蒸夜话

渣江老街五柱在柿竹水的东面，六柱在水的西面，把两条街连接起来的就是临蒸桥。为什么取这个桥名？因为柿竹水在此汇入蒸水，此桥临近蒸水，故名。

一、石桥乘凉

临蒸桥两边立有石柱，石柱上嵌碗口粗的杉木做栏杆，可以坐人。这是人们夏夜乘凉的好地方。晚上，桥上凉风习习，桥下流水潺潺。皓月当空，万籁俱寂，偶尔可看到两岸人家几点灯火。人们在桥上纳凉，谈天说地，论古道今，好不自在、惬意。

每年热天（农历五月至九月），街上的一些老者、宿儒、好佬、学人等有空闲的人，都喜欢来桥上乘凉，几乎成了习惯，每到傍晚七八点钟的时候，大家吃了晚饭，洗了澡，就穿上轻便的衣衫，趿着一双拖鞋去桥上。尤其以10岁左右的高小生最积极（那时小学生的作业在学校完成，很少有家庭作业），有的还带着一条小凳子去坐。大人坐石柱上或桥栏上，小孩坐桥墩或小凳子上，不准坐桥栏，以防坠落。小孩去桥上，主要是听大人讲故事、说稀奇、论古今、辩是非。一句话，就是去听“夜话”，增知识，明世故。

二、桥上夜话

渣江对乘凉讲夜话，有个潜规则，就是“三不”：不分出身贵贱，不论水平高低，不准吵架骂人。“三言”：畅所欲言，言无不尽，言必由衷。街上有文化的人多，戏迷多，讲故事的人多，对于白素贞、花木兰、岳飞、薛仁贵、包公、樊梨花、穆桂英、孙悟空、林冲等，不少人都能说上几段，满足孩子们的需求和爱好。

上桥讲夜话的人不少，但真正有功力、人气最旺的只有三个：一是“杨一爹”（渣江方言“爹”念“氏”）。名文正，住五柱中街，孩子们都称他“杨爷爷”。他个子单瘦，满头白发，白色的寿眉有半寸长，身穿土棉布缝制的白衣白裤，脚穿青布鞋，手摇一柄鹅毛扇，虽年逾古稀，走路却一身轻，一边走，一边摇扇，好像仙风道骨的诸葛亮。据说他年轻时，曾到石鼓书院读过书，为附生，后因父早逝而辍学，在镇上开私塾馆，人称“杨秀才”。他学问广博，能写诗、填词、制曲，为镇上有名宿儒。中华人民共和国成立后，废私塾，他也就失业在家，由儿子供养，生活无忧。他到桥上讲夜话，讲得最好，听的人也最多，大家送他一个雅号：“临蒸桥主”。二是“大学生”。姓凌，住五柱青砖牌坊不远处。三十多岁，见人一脸笑。方脸浓眉，喜欢穿短袖汗衫、西装裤、单布鞋，从不打赤膊和穿背心到桥上来。他到北平读过大学，已有工作，不知为什么，中华人民共和国成立前夕回到老家，在家待了三年。渣江历来有“英雄不问出处”的潜规则，从不打听个人隐私，仍照从前那样称他“大学生”，孩子们则称他“凌叔叔”。他来桥上讲夜话，侧重于新知识、新文化、科学故事方面，比如，为什么会有白天、黑夜、日蚀、月蚀，为什么会有地震、火山喷发、海啸，为什么会有虹、雨、霜、雪、雷、冰雹，为什么坟山夏夜会有鬼火，世上有没有神鬼，等等。听他讲夜话的人不仅有小孩，也有大人。三是“胡子”。孩子们称他“胡伯伯”，住三柱街。年纪约五十多岁，身材矮胖，嘴上留点小胡子，走路慢悠悠的，看样子就是个不着急的人。他姓胡，街上人就戏称他“胡子”，他随便，随你怎么叫。据说他年轻时到衡阳城里读过中学，未毕业，结婚后留在镇上做点事，如红白喜事帮忙、调解民事纠纷等。他不天天来桥上，来也不一定准时，但有一群粉丝。他讲夜话，侧重于怪事、趣闻、新闻方面，比如：昨天三湖町雷打死一个人，他不奉养母亲。昨天下了雨，前晚黑沙潭的龙吼了半夜。赤石寺的泉水突然暴喷，那里要出龙。新桥惜字炉底下藏有一条大蛇，夜半伸出头来吸收人间的元气和精华。鳌鱼山的石头被打以后，现在还在河里流血。等等。他讲夜话，吸引力较强。

孩子们听夜话，一般到晚上九点来钟就回家睡觉了。他们走后，继续留在桥上乘凉的人们，会重新组合聊新话题。每年暑假，桥上会出现一个听夜话的新群体，即从衡阳城里回镇的高、初中学生。他们不天天去桥上，去也要晚上九点钟以后，少则三五个，多则十几人，围住杨一爹、大学生听夜话。大学生主要介绍北平的风土人情、全国最高学府清华等情况。杨一爹则讲本地历史知识，如“渣江在明代叫永伏乡、永福乡”“赤石寺最初称永福寺”“小历河原来走垄里，在盘古庙下面入蒸水”“彭玉麟有个亲弟弟叫彭玉麒，从小外出学商，晚年在衡阳散银数十万两做善事”等。还讲乡土故事，如“马头山的传说”“吴三桂立皇城”“莲花宝地”“雷打祠堂角”“渣江戏台水蛮深”等。学生们感到很新鲜，觉得这些“秘闻”是别处听不到的，获益匪浅。此外，他们也会进一步提问请教，如：“南岳圣帝的化身是谁?”“衡阳地名是出自《禹贡》吗?”“衡阳县哪些峰属七十二峰?”“渣江在南岳之中吗?”“柳宗元的《江雪》‘千山鸟飞绝，万径人踪灭。孤舟蓑笠翁，独钓寒江雪’，是咏北国的风光吗?”“彭玉麟为什么只建家祠，不修老屋?”等等。临蒸桥主和凌老师一一解答，回答不了的，则说：“等你们长大了，自己去求证。”

三、夜话续解

我是听临蒸桥夜话长大的。当年，在桥上听到和碰到的问题，大多在后来的学习、听闻、实践中得到了解决。但也有少数问题，直到近年才能解答，有的现在仍只有猜想，没有答案。

①渣江《胡氏族谱》有何特殊价值?

当年，临蒸桥主杨文正先生曾对胡姓学子说：“渣江胡氏有部好谱，不用则止，要用，则有大用。”此话在以后的几十年里，我都大惑不解。21 世纪初，全国掀起了湖湘文化的研讨热潮。众所周知，湖湘文化正式形成的标志，是湖湘学派的成立，那么，湖湘学派诞生于哪里呢？省内有对立的两种观点：一种认为产生于湘潭碧泉。佐证材料：胡宏于南宋建炎四年（公元 1130 年），写有一篇《碧泉书院上梁文》。他任此书院山长，张栻就就读于他门下。湖湘学派也就产生于此。持此观点的代表为湘潭大学的王立新教授，中国社科院专家方克立同志撰文赞同此观点。另一种观点认为湖湘学派产生于衡州南岳古镇。佐证材料：《南岳志》载胡安国在古镇留有"碧泉书堂""春秋塘""春秋楼"等遗迹，碧泉书堂后改建为文定书院。晚清重修书院时，曾国藩为之作《记》。此观点为传统观点，持此观点的多为长沙、衡阳的一些教授（研究员）、学者，人数较多。但囿于佐证材料的粗略，缺乏细节，而说服力不强。我当时很想谈点看法，但翻阅了《南岳志》《衡山县志》《衡州府志》《一统志》等史籍，均未找到需要的材料。后突然想起临蒸桥主的话，从几本衡湘《胡氏族谱》中，找到了所需的资料。我当即在一篇文章中写下了如下一段话：碧泉书院是湖湘学派培训人才的基地。衡湘《胡氏族谱》载："宋绍兴（公元 1131—1162 年）初，公（注：指胡安国）由碧泉徙衡岳紫云峰下，筑室居之。"取名碧泉书堂。胡安国在碧泉书堂主要是研究和撰写《春秋传》，他的《紫云峰下书怀》诗就说明了这点："大衍年过学独醒，紫云亭下集麟经。"意思是说，五十岁以后对学术有了独到的理解，现在紫云峰下研究和撰写《春秋传》。经过五年精心耕耘，书成。《春秋传》是湖湘学派的奠基之作，它为湖湘学派提供了理论、学风和方法。由此可见，南岳古镇才是湖湘学派的真正发祥地和摇篮。文章刊出后，获得了众多同行和读者的赞许。其实，我所补充的佐证材料，大部分出自渣江《胡氏族谱》。

②衡阳在衡山的南面吗?

“衡阳”一词，最早见于《尚书·禹贡》：“荆及衡阳惟荆州。”即是说从荆山到衡山南面是荆州地区。“衡”指衡山，“阳”指山之南。在《尚书·禹贡》中，“衡阳”一词并不是地名，而是方位词。有人说，衡阳地名早在春秋时期成书的《尚书·禹贡》中就有了，这是误解。“衡阳”一词成为地名，最早为三国时期，吴会稽王孙亮太平二年（公元257年）将长沙郡分为湘东、衡阳二郡。衡阳郡治于今湘潭市与湘乡市的中间、涟水之北岸（一说在今湘乡市城区）。南朝宋迁衡阳郡治于今株洲龙船镇（朱亭镇对河）。隋开皇九年（公元589年）废湘东郡置衡州，州治在今衡阳市区。唐设衡州、衡阳县，州、县同治，直至清乾隆二十一年（公元1756年），将衡阳县分为衡阳、清泉二县。二县治同附州，这是罕见的，因此，要想方设法把衡阳县治挤到渣江去。

说“衡阳”因衡山而得名，这话有点笼统。三国吴所设衡阳郡，其郡范围包括今天的益阳市，明显不在衡山的南面，按理说，这个地名取得有点不伦不类。为什么这么取?原因大概有二：一是衡山的范围到南北朝时才确定。南朝宋时徐灵期，对衡山庞大的山体第一次作出明确界定：“回雁为首，岳麓为足。”（《衡山记》）在此之前，衡山的山体范围是模糊的。二是古人的地理方位不一定很准确。他们不能搞空中测量，也没有经纬度的概念，所绘地图主要是排列地名，大范围的地理方位有时相去甚远，这不足为奇。数度历史演绎，几经周折，衡州、衡阳县终于落到了今址。说“衡阳”因衡山而得名，确实有些道理。因为，以衡山的主峰祝融峰为坐标，衡州、衡阳县均在其南面。这个说法是成立的。不过，要仔细推敲，这种说法也不无瑕疵。因为衡山是周环八百里的大山，其首峰就在今衡阳市城南的回雁峰，如果以大衡山为坐标，则今天衡阳市城区的大部分（包括古时衡州城）、衡阳县的全部均不在衡山的南面，而在衡山的里面，是衡山的一部分。要说真正在衡山南面的，是衡南县。

③南岳七十二峰中失传的峰在哪？

找齐南岳七十二峰，是我多年的愿望。我在编撰《南岳旅游文化概论·名峰》时，列出了当时能找到、为人所知的六十五个峰。有七个峰的峰址已经失传，即湘潭县四个，衡阳县三个。现在湘潭县失传的峰址都已找到。分列如下：

碧岫峰：在湘潭县又称仙女峰，亦名龙安山，海拔311米。位于响塘乡境内，距湘潭市区仅10公里左右。

屏障峰：光绪《南岳志》载：“亦曰峡峙峰，在湘潭县境。”《南岳总胜集》云上有炼坛，朝斗石。《衡州府志》云：“在湘潭县界，去衡山数舍，形如三峡，故名。”近年有驴友实地考察，今茶恩寺镇与花石镇交界处之天马山主峰天马峰，即此峰。

日华峰：光绪《南岳志》载：“亦曰日盖峰，在湘潭县境。”今人查证，它系湘潭县正南龙口乡境内琵琶山主峰，距屏障峰仅2公里。

灵应峰：光绪《南岳志》：“在岳东，当湘潭、湘乡县界。”旧记云，邓郁之有袪邪疗毒治病之符印，救无不痊。因采药夜宿峰上石穴，梦神人曰：“汝有功，将征召，至时众仙候汝。”后炼丹成，而迁前洞，果众真会而迎之同升，故名。此峰在湘潭县又称锦鳌峰，为今湘潭县石鼓镇与双峰县井字街镇（原属湘乡）交界之昌山主峰。

衡阳县失传的三个峰址尚未找到。《衡阳日报》2012 年 10 月 12 日刊登记者肖枚《众志成城，找齐南岳 72 峰》一文，也未收到效果。它们到底在哪里？作为一个在南岳文史资料中爬滚多年的老资料员，我也想就这个问题谈点看法。首先声明，不是答案，只是猜想。

会善峰：明《一统志》：“会善峰古名毛女峰。”峰下有会善寺，为十八高僧相会处，故更其名。旧传址在衡阳县北。近查同治《衡阳县志》疆域图，在其二幅三排即衡阳县北图中，发现了“毛女峰”。该志《山水》篇云：“毛女峰，七十二峰之一也。”它距白石崖约 3 至 5 华里（附：绘图每格为 5 华里），白石崖在其东，老子岩在其西，两者相距约 2 至 5 华里，其南有母身冲、玉女峰、龙头山、龙泡溪、会上等。它距白石峰也只有 5 至 8 华里，白石峰在它的东面。此处群峰耸峙，可能要细心鉴别。会善峰下的会善寺，乃晋代古刹，早废，但应有残迹可寻。

惠日峰：《南岳总胜集》云：“昔有高僧憩此，隋帝诏赴，赐号惠日。”此峰古曰秦人峰，惠日弟子更其名。峰址，《南岳志》云：“在岳庙东。”《衡州府志》云：“在衡阳县。”翻阅《县志》，发现天竺峰与惠日峰有点相似。理由是：第

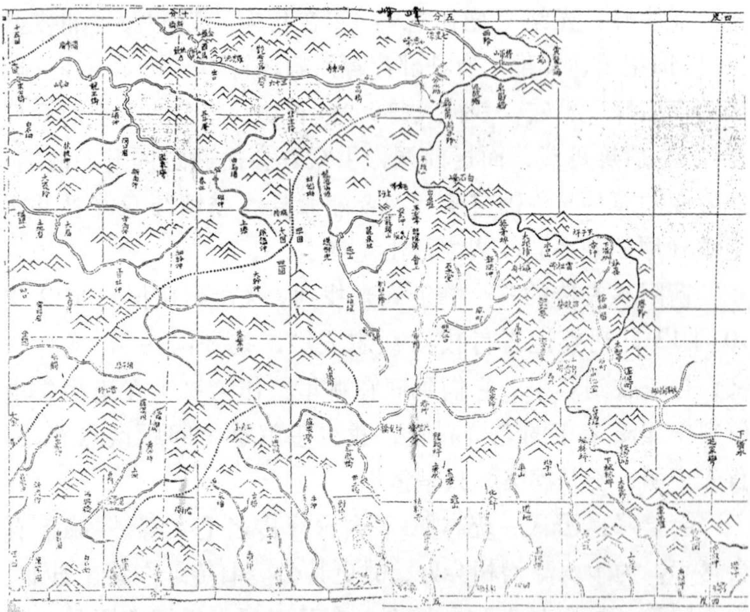

同治《衡阳县志》疆域图

一，处于早期佛教文化区内。惠日是隋唐时期和尚，如果驻天竺峰，则正处在南岳早期佛教文化区内。因为附近的岣嵝峰法轮寺、会善峰会善寺，皆创建于东晋，比南岳腹地佛寺要早。俗话说："古刹出名僧。"就因为如此，隋帝召见了惠日并赐号。第二，天竺峰距会善寺很近。惠日成名后，成为十八高僧之一。他驻锡会善寺，但还要照顾在惠日峰的弟子，两者相距必定很近。而天竺峰与会善寺相距不过数公里。第三，惠日峰原名秦人峰。《衡阳县志》载：毛女峰古传，"秦时仙女服黄精得道，轻身烟举，垂鬟云鬓，往来此峰"。查阅《南岳总胜集》《南岳志》等文籍，会善峰皆无此记载。《县

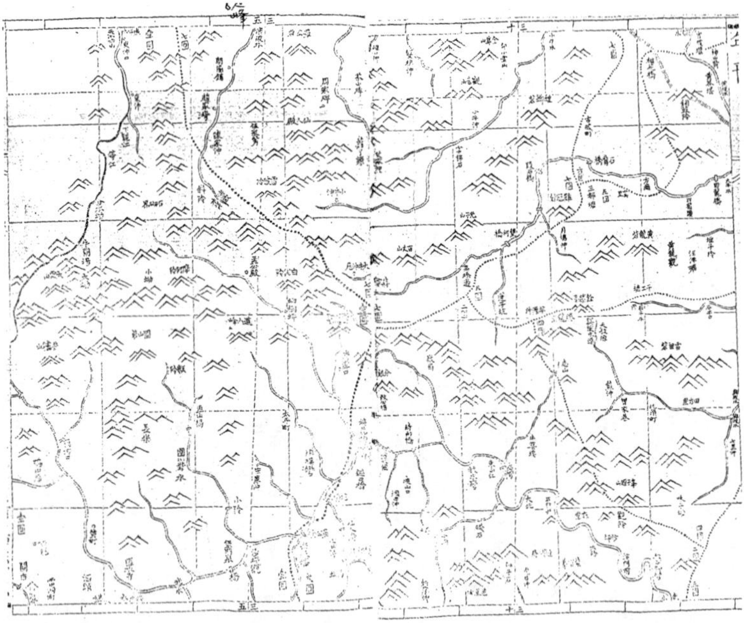

同治《衡阳县志》疆域图

志》是不是搞错了材料，把天竺峰的材料移给了近旁的会善峰？第四，惠日名字太偏。惠日和尚在佛教中无门无派，必不可能久传而绝嗣。后来的和尚都是有门有派的，肯定不会把佛寺长期叫惠日寺。如果把寺院改名为“天竺寺”，惠日峰改名为“天竺峰”，当然，各门各派都会同意。因为，“天竺”代表佛教输出地印度。此峰怪石林立，典故较多。

栖真峰。峰产云母石。旧传，昔有人于峰上遇一异人，披草衣，身毛长寸余。异人曰：“吾地仙，非山鬼。今日相遇，亦有缘尔。我栖此久，常服苍耳，今二百余岁。吾教汝服之。”乃指草示之，其人寿至百余岁。峰址，《南岳志》载在岳庙左下，《衡州府志》载在衡阳县。查《县志》疆域图，见有“道人峰”，与栖真峰的峰名相似。栖，意为停留、居住。真，古称得道之人为真人。栖真峰，即道法高深的道人居住之所。从《县志·山水》篇检得：“仙人桥西北有涧水自道人峰南流入武（水）。道人遗迹于此可寻，但遁世羽仙不传姓氏。”道人峰离长乐不远，北有孟公殿，东有柳树坪，南有太平町、孟山桥。但不知此山是否产云母。

第十章　民风习俗

由自然条件不同而形成的习尚叫风，由社会环境不同而形成的习尚叫俗。渣江风俗，与衡阳县其他地方的风俗，有诸多相同。但是，“五里不同风，十里不同俗”，渣江风俗也有特异之处，如“赶八”“赶社”“赶戊”就是典型的例子。

一、节令

春节：渣江俗称正月初一至十五为“过年”。大年初一俗称“元旦”，这一天街上各家店铺抢早“开财门”。就是说，谁家的大门开得早，鞭炮放得早、放得响、放得多，谁家这一年的生意就兴隆，钱就会赚得盆满钵满。因此，店家互相比拼。先一年有一家四点半钟开财门，第二年就有人四点钟开财门。鞭炮由小炮变为放大炮、雷炮，数量自几封变成用篮子提、谷箩抬。鞭炮都在自家门口放，放完炮以后回家，把大门虚掩上。意思是，让财运随风自动流进来，如果把大门关紧了，就把财运卡断了。

敬家神后，子女向父母拜年。不住在一起的子女，按照“初一崽，初二婿”的顺序拜年。吃早饭后，店家之间互相拜年。由于街上店铺众多，大多只在门口喊一声：“××爹，拜年了!”主家出来说一声“谢谢”，相互祝福、作揖就完了。有交情、有生意往来的店家，则另外择日拜年。那要选择吉日，要准备对方喜欢的礼物，还要挑选对方客人少的时候。一般在对方家吃饭，并就未来一年的合作定框架或签订文字合同、达成口头协定。

有些店家在早饭后，则会背上锄头，带上小孩去山上扫墓。因为清明节店家要照顾生意，没有时间去扫墓。外地风俗只有清明这一天才能动坟头的土，渣江不同，大年初一向先祖、先辈、亡魂拜年，可以整修坟地。动土之前，先要进行祭拜，焚烧纸烛，燃放鞭炮，祭供果品，并禀告动土的原因。

初八：狮灯、武灯开始上街。狮灯主要是耍狮子。一队狮灯，一般有一对灯笼，一对狮（有的狮没有狮皮，只有狮头)，一套锣鼓，一个唱赞的，大约十多个人。狮灯穿店是事先约好的，狮灯到店门口放鞭炮，狮灯进店穿一两间屋就出来，店家放鞭炮答谢，并送红包（钱)。武灯是习武的家族、屋场或村落组成的。人员头扎青巾，身穿暗红色短衫、短裤，腰缠青布腰带，武器有刀、枪、叉、矛、三节棍、板凳等，一般由20至30人组成。武灯上戏台表演，很少进店。节目有单打、双打、三打，舞刀枪、跳火圈、劈砖头、叠罗汉、硬头功、单刀劈胸，或夹以杂技口喷火焰、吞剑等。上台表演的武灯，由镇上公会统一付钱。镇上由头柱至六柱的店家和行会组成公会，每年统一筹款支付各种公益开支。

十二日：龙灯开始上街。每队龙灯有1至2条龙，每条龙长 11 至 23 节。龙灯可以在街中央要，也可以到寿佛殿前坪比武。龙灯进店家比较隆重，主家除放鞭炮接灯、送灯外，还要打发一个大红包（钱）以及炮、香、烛、糖果、饼干等。龙灯进屋，一般都是旺店、豪宅、巨富人家。

元宵节：每年正月十五，镇上都统一要灯闹元宵。渣江要灯盖草河，因此，观灯的人有几个特点：一是来得多。雨天一般 1 至 2 万人，晴天有时可达 4 至 5 万人，把街上的包子店、小吃店、饭店、饮食店一扫而空。二是来的范围广。来看灯的人，不仅有西乡的，也有北乡的，还有外县的，都想来这里看稀奇。三是来得早。有亲戚、朋友在渣江的，提前几天来拜年就住下了。外县来看灯的，也提前几天到了，他们一般住客栈，或在渣江开有货栈。他们既观灯，又售货，可谓一举两得。渣江的灯，确实要得好，名不虚传，给人印象深刻：一是精彩。无论扮《水浒传》的 108 将，还是扮《西游记》中的孙悟空、猪八戒、沙僧，《三国演义》中的张飞，《包公奇案》中的包公，《白蛇传》中的白素贞、法海，《蔡老娘磨媳妇》中的蔡老娘，等等，个个脸谱、服装、头饰、道具都符合其身份和个性，维妙维肖，非常精彩。二是丰富。龙灯、花灯、狮灯、武灯都上场，还每柱街出扮 2 至 4 个“抬子”。所谓“抬子”，即一种上有华盖顶、下有精雕细镂的花板、四周仅四根小柱的精美小轿，由小朋友扮戏坐在轿内被人抬着游街的要灯形式。中华人民共和国成立后，出灯还增添了踩高脚、扭秧歌，装扮白毛女、小放牛等内容。每队灯都有彩旗、谷牌灯笼、抬杆长号、锣鼓、唢呐做前导，形式多样。三是有趣。灯队排街，孙悟空会越队蹿到水果摊前抓个水果，做着要吃的样子，逗笑观众。猪八戒会伸着长嘴筒，对姑娘们挤眉弄眼，吓得她们尖叫。张飞会猛地跳到肉案前，大呼“祖师爷来也”，屠户赶快作揖，数点钱孝敬他。有一年灯队正在排街，三柱一个小孩硬要扮灯，化妆师傅急得没办法，临时扯条红桌布斜披到他身上，用硬壳纸围成和尚帽扣到他头上，用墨笔在他脸上画几笔，找根竹棍给他持着，就叫他去排街。他一走出门，观众就捧腹大笑，原因不只在于他怪模怪样的装束，还在于他脸上画的竟是一把炊壶!

元宵节这一天，家家户户吃元宵。街上生产元宵的店铺有好些家，什么糖元宵、芝麻元宵、桂花元宵等，衡州有的渣江都有。小吃店、油货店有油炸元宵出售。街上人家多买生元宵回家去炸，街边的人多买炸过的元宵回家去，或者买生元宵回去煮着吃。农村也有用糯米做成的汤圆，也叫作元宵。

清明节：农村家家户户扫坟。扫坟，渣江人称“挂坟”。挂坟时间，有“前三后四”的说法，即清明节前三天或后四天都可以。挂坟，主要是祭祀，整理坟头，插坟条，思念先人。另，立碑、修墓围等需在清明日进行。渣江风俗，人死才准挖坟坑，埋棺三年才准立碑、修墓围。

端午节：农历五月初五，俗称端午节。它的由来，渣江人相信，是纪念屈原。是日，吃粽子，喝黄糖湖之酒，门上挂菖蒲、艾叶，以厌病和避邪。下午进行龙舟比赛，一般有4只船，船头用红布、松枝扎成龙头，船员统一着装。每船水手12至16个。船长指挥鼓手，鼓手用鼓点指挥水手。全船人齐心协力，划船的动作整齐划一，龙船像箭一样在水面上飞，十分壮观。比赛河段由犁头嘴至马头山，约2.5公里。观看者则站满了渣江大桥和蒸水河两岸。龙船过身时，岸上燃放鞭炮、雷炮、冲天炮，表示欢迎。清末民初，姑娘们不能随便出门，但端午节例外，她们可以尽情打扮，穿红着绿来河边看龙舟比赛。

中元节：农历七月十五，为道教中元节。中元是主管赦罪的地官大帝的诞辰。而佛教把农历七月十五称作“盂兰盆节”。佛教典故说：目连为佛陀十大弟子之一，其母罪恶深重，下到阴间受倒悬之苦，食物未到口边就化为灰烬，因之沦为饿鬼。目连按照佛的指引，设“盂兰盆”供，以百味饮食供养十方僧众，使母解脱苦难。“盂兰”乃梵语，汉语的意思即解脱倒悬之苦，救母脱离饿鬼城。随着佛道两教在民间的传播与融合，七月十五慢慢演变成了祭祀祖先的七月半“鬼节”，出现了每年七月半阎王开鬼关的世俗传说。渣江人忌称“鬼节”，恭之谓“供老客”，或“供七月半”。从初七开始至十五止，小家族轮流供，大家族则统一进行。最后一天最为隆重，称之“送老客”，并焚烧纸钱和纸制的供品。渣江六柱有纸马店，师傅的技术很高，他们扎的纸屋、楼台、亭阁、箱柜、车马等，维妙维肖，简直就是艺术品。人们把这些供品拿到戏台后面的河洲上焚烧，据说，水能把烧掉的供品带给阴间的人。河洲很大，焚烧供品的人很多，三五人一群，一边放鞭炮，一边焚烧供品，有些人还跪在地上叩头，表示他们对祖先和亡魂的最大虔诚。“供客”期间民间相互请吃，叫“吃老客饭”。二柱街后的目连庵，此时最繁忙。

僧尼在庵内要举行诵经法会，也有许多人要请他们去做荐祖道场。根据渣江的气候特点，供客期间必起风，必下雨，因而，人们又称“凄风凄雨七月半”。

中秋节：农历八月十五为中秋节。古代以七、八、九月为秋季，此日正当秋季的中间，故名。这晚，月色阴晴，被视为下年春节天气的征候。渣江民谚：“云掩中秋节，雨打来年灯。”这条民谚，也反映了渣江人喜欢要灯，喜欢看灯的风尚。渣江人相信，中秋节吃月饼起源于元末农民起义，以后相沿成俗。这天晚上，宿儒、巨富、官宦人家摆案吃果饼赏月，小孩则要“香灯”。所谓“香灯”，即在一个柚子（俗称“香圆”）身上插满点燃的线香，然后将一棍子插进柚子里，举起来就成了香灯。要香灯要成队。每条街的小孩聚到一起，排成单行游街，也放鞭炮。大人们有时也出来看几眼，品评一下。要完香灯以后，孩子们会坐到一起，一同吃柚子、月饼，一同赏月。

重阳节：农历九月初九，俗叫“重阳节”。《易经》以阳爻为九，将“九”定为阳数，故两九相重为“重九”，两阳相重曰“重阳”。重阳节，衡阳有登高、佩茱萸的习俗。渣江民谚曰：“重阳酿酒，越呷越有。”街上作坊和农家，多选择在这一天酿重阳酒（湖之酒）。据作坊酿酒的师傅说，重阳节酿的湖之酒，色正、味甜、酒量多。渣江人喝酒，多喜欢喝湖之酒，喝白酒的人很少。喝湖之酒就要喝重阳酿的湖之酒，这是渣江人的最爱。

腊八节：古代将十二月称为“腊月”，十二月八日称为“腊日”。民间有“腊八节”习俗，乃佛教传说所致。佛教故事说，佛祖释迦牟尼在成佛之前，曾走遍名山大川，寻求人生之道。一天，他因长途跋涉，腹中饥饿，昏倒在地。一个牧女赶来，把自己带的杂粮、剩饭加上采集的野果煮成粥，一口一口地喂他，释氏顿感精力大增，精神爽快，于当夜在菩提树下得道成佛。以后传至民间，每逢这天即取干枣、杂粮、豆等煮粥供佛，俗称“腊八粥”。渣江有寿佛殿、观音阁、目连庵、太平寺等佛寺，每寺比丘、比丘尼2至6人不等，不过，都会煮“腊八粥”供佛。寿佛殿、观音阁还会寺外施粥，流浪者可以吃饱，过路者可得一小碗尝味。街上有的人家会自煮“腊八粥”，除了自吃以外，也会送一碗给左邻右舍的小孩吃。

小年：农历十二月二十四。这一天，民间有“祭灶神”的风俗。祭灶神的时间在晚上。祭灶的原因，《酉阳杂俎》云：灶神“常以月晦日上天白人罪状，大者夺纪，纪三百日。小者夺算，算一百日……此日祭得福”。即是说，灶神（俗称“司命老爷”）要按例上天禀报所在人家一年的善恶，如果被他说了坏话，家主就会被夺去三百天或一百天的寿命。因此，人们要祭灶，送灶神上天，希望他在玉帝面前多说好话，少说坏话。祭灶的这一天，各家都要把灶台、几案、锅碗瓢盆收拾得干干净净。祭灶多用果粢、糖饼，意在粘住灶神的牙关，使其上天不得多言。过小年，家家都要搞卫生，清除梁、壁上的烟尘和室内外的脏物。渣江街上的公共卫生，由镇上统一请人扫街、清垃圾、清阴沟。各店家，晚上关门后搞货柜的卫生。

除夕：农历十二月三十日（月小为二十九日）为除夕，

俗叫“大年三十”或“过大年”。清晨，各店主起来贴春联、挂年画，春联以红纸、黑墨或泥金书写，联语字数不一，均为迎新和吉祥之语。年画样式极多，如门神、财神、八仙和“五瑞图”等等。店门、屋里都打扮一新，给人旧貌换新颜的感觉。这天上午顾客特别多，他们要将尚缺的过年物资都买回去，但生意只做到吃团圆饭之前。之后，除少数南杂店、鞭炮店外，其余店铺均关门歇业。店主要打发家在近边的徒弟、帮工回去过年（远处的早已打发走了），给他们工钱、过年物资，要叮嘱他们明年哪一天来店，等等。然后，清货盘底，进行店内一年总决算，有时要忙一个晚上，直到天亮。

渣江人吃团圆饭，桌上的碗筷比实际吃饭人数要多几副，意在惦念在外仍未回来的家庭成员，或希望来年增加家庭人口。桌上会摆两碗鱼，其中一碗鱼（多是一条整鱼，不放佐料）不能吃，意为一年有余（“余”与“鱼”谐音）。

二、其他风俗

商贾的习俗：行曰商，坐为贾。行商的标志是喊卖或声响。喊卖如“××菜”“磨剪刀”等，声响如摇手鼓、敲小锣、摇铃等，每类行商都有自己祖传的声响器物来招揽生意。坐商的标志是招牌，如“德和祥”“月盛久”“惠客堂”“得月楼”等。年节一到，店铺门上都要贴上红纸写的“招财进宝”“财源广进”等吉祥语。商贾都崇拜财神，店内多设财神堂。正月初五后开市，新年商店开门，第一位顾客称“财神”，要享受优惠。

行业禁忌：木匠做工受伤时，忌将血滴在木材上，说是木头吸收了人的血便会成为精怪。石匠凿石时忌打空锤，否则，就会生意落空或制品不成形。演员化妆后等待上场时切忌打瞌睡，入睡了就会灵魂出窍，忘了真身而不能返回。医药业不得将药方折叠起来交给病人，以免药方的药品相反相克，有害病情。商人出门，忌乌鸦叫。店铺忌摔算盘、账簿，怕坏账、乱账。等等。

道士的服饰：渣江有道观圣寿宫。道士必须有葛巾、单衣、被、履、云板。其头巾有九种，即唐巾、冲和巾、浩然巾、紫阳巾、逍遥巾、一字巾、纶巾、三教巾、九阳巾。所戴道冠有四种，即偃月冠、五岳冠、蓬花冠、三台冠。道士一般着布袜、云履或青鞋。

佛教一般礼仪：渣江有数所寺院，每所寺院方丈或住持为首领。管内部事务的称监院，管对外联络的称知客，或称他们为长老、高僧、大师、法师。男僧人称比丘，俗称和尚。女僧人称比丘尼，俗称尼姑。合十或合掌，是佛教徒与人见面时的一种礼俗，合十时双手手心相对并拢，手指朝上，置于胸前，口念“阿弥陀佛”，以表敬意。顶礼，是向佛、菩萨或上座行的礼。行礼时双膝跪下，双手展开高过额头，手心朝上，然后头顶叩地，表示头触佛足。

祭家神：衡阳“信巫鬼，重淫祀”（《衡州府志》），渣江尤甚，家家户户都设神台，上书“某氏祖先神位”或“天地君亲师神位”。有的在灶台上立“九天司命神位”，猪栏壁上写“姜太公在此”，并印上几个石灰手掌。人们对各种各样的家神十分敬重和畏惧，每月初一、十五，逢年过节都要祭祀，以求保佑。

前半夜走街中，后半夜走街边：中华人民共和国成立前，渣江市民大多相信鬼。前半夜人气旺，鬼走街边。后半夜阴气足，鬼走街中。人如果撞到鬼，就要倒霉。

打斋饭：旧时，人们失落了物件，或家中走失了禽畜，或遇到急难之事，便盛一碗新鲜米饭置于桌子上，焚香进行供奉，默祈菩萨、神灵保佑，圆满化解。俗称为“打斋饭”。

南岳进香：南岳为我国著名宗教圣地，每年去那里求神拜佛，祈望消灾降福的人甚多。特别是农历七月至九月，俗称南岳香期。邵阳烧香的人，每年达数万人以上，他们成群结队，少则十几人，多则上百人，头扎红巾，胸挂香袋，口唱朝圣歌，有的还统一着装，青巾、青衣、青裤，脚上扎绑腿，行动听口令。过去都是步行，从邵阳、洪罗庙、龟石渡，经渣江、界牌、马迹去南岳。渣江寿佛殿是他们烧香的第一站，到达后，要统一举行南岳进香仪式。人少时在殿内，人多时在殿外坪上进行。殿内有和尚接待，燃烛、焚香、烧纸钱、鸣磬、司仪。一般邵阳烧香的要在渣江歇一晚。渣江六柱、五柱、四柱有客栈、饭店，可容纳二百余人。头柱有的人家开临时伙铺，地上架木板，楼上打地铺，还可容纳几百人。香客一般歇到凌晨两三点钟起身赶路。烧香的形式也多种多样。有烧拜香的，手捧香台，身背香囊，膝上扎着棉絮或布片，每行进几步（一般分为三、五、七、九步），便跪下来叩拜。从家门口拜起，一直要拜到南岳祝融峰圣帝殿。烧拜香的途经渣江时，一般要歇息到三更时才走。还有烧饿香的，在进香往返的途中都不能进食，只能饮水。他们一般身着青衣，脚穿草鞋，背囊里插着一把杓子，用以在路上舀泉水喝。烧饿香的到寿佛殿进完香后，不停留，继续赶路。渣江属大南岳范围，去南岳山上烧香的远比邵阳少。渣江距南岳镇九十里，去烧香，抓紧两天可一往返。一般三五人结伴而行，大部队很少见。有句俗话："去南岳烧香，两头不见光。"意思是说，去时半夜就动身，回时半夜才到家。两头指去和回。

附：渣江寿佛殿进香疏

大清国×省×府×县×乡里，本境××庙社祠下佳居信民×××等虔备香楮果醴之仪，致告于无量寿佛尊前而言曰：维我佛祖，功德参天。进谒者，何止千里之遥。酹恩者，不患万山之隔。兹以×××（进香者）之父（母）×××系×年×月×日×时生。某年染病在身。许愿进香而渐愈，就殿伏乞寿佛保佑民康并庇护进香途中无险阻之虞。

农谚："北龙伏，太阳毒。北龙作，大雨泼。"这是渣江的两句农谚。北龙，指南岳黑沙潭的黑龙。南岳有黑沙潭、白沙潭、黄沙潭和龙潭等五处深潭，传说每处潭中都潜伏着一条道法高深的巨龙。黑沙潭在南岳方广寺下的拜殿，距马迹不远，其方位正在渣江的北面。黑沙潭中的黑龙正是渣江一带的施雨神。人云"北龙伏，太阳毒"，就是说，北方的天边没有闪电，第二天便是大太阳。"北龙作，大雨泼"，即是说，黑沙潭龙发作了，北方的天边电闪雷鸣，当晚或第二天就有瓢泼大雨。每年农历五至十月，如果久旱不雨，这条农谚在渣江确实很灵验。

祈雨：中华人民共和国成立前，每逢久旱不雨，地方上就要延请道士作法求雨。求雨前，乡内要禁屠宰、淫乐，人民需要斋戒一至三日，以示心诚。祈雨时，男女老少聚齐庙、社或祠前，设三牲、香烛拜跪天地神灵，由道士上坛念经作法，然后，人们敲锣打鼓，抬上菩萨，去深潭求龙王降雨。渣江等西乡一带求雨，必到南岳黑沙潭。据说潭内住着岳山五龙之一的黑龙，它执掌着方圆数百里的布云降雨。其潭水黝黑，深不可测，人需乘木筏入内汲水。相传，将汲取的水带到哪里，黑龙就会来哪里赐雨。

天狗吃月：旧时，人们对自然界发生的月食现象不理解，误以为天狗吞吃了月亮。每当发生月食时，渣江街上的人便到新桥、临蒸桥、看戏坪、河洲上，敲锣和铜脸盆，大声呼喊："天狗吃月！"直到月亮复明时为止。

星殒人亡：过去，渣江民间迷信盛行，认为地上有一个人，天上就有一颗星。地上的人有贵贱、安危之分，天上的星也就有大小、明暗之别。地上的人要死了，天上的那颗星便会落下来。所以，每当夜空中出现一颗流星，人们便说又有一个人要死了。此外，还认为，殒星落到屋上不吉利，该家不死人也要遭灾。

放生：佛教主张行善，反对杀生。道教主张同自然和谐相处，倡言凡物都是有生命的。佛道的这些观念广为流播，深入人心，渐渐形成"放生"的习俗。渣江的佛寺道观，和尚道士，商贾市民看到比较特殊的动物，便会花钱买下来，然后把它放生。解放初，有个渔民在蒸水河里打到一条白鳝到街上卖，五柱开客栈的蒋老板便买下，将它放生到了渣江大桥下的一个深潭里。有一次，一个人抓到一只两斤多重的大乌龟，据说龟背上有“王”字，也被人买下来放生到河里。渣江人喜欢买鸟放生，传说鸟认主，数十年后还会飞回来报恩。

许愿：迷信的人对佛神有所祈求，许下某种酬谢诺言，以报答佛神庇护之恩，俗称为“许愿”。旧时，渣江寺观较多，人们遇有疑难和不幸，往往前去烧香膜拜，祈求佛神保佑，许之为其披红、重塑金身、维修寺观或捐一笔功德钱、打醮和办善事等。此后，如灾难消除或事物发展实现了预定的目标，许愿者便需实践自己对佛神许下的“诺言”，这叫作“还愿”。

服饰：清代，渣江市民大多穿棉麻土布、手工缝制的衣服，极少数富人、大商号老板着丝、皮、毛服装。上衣有大襟、对襟、长袍、马褂，下衣为大筒裤，女人穿罗裙。穷人非老年不穿长袍、棉裤。青壮年冬季穿夹衣、夹裤、棉背心，腰间系一青布腰带。头上，官吏、文人戴瓜皮红顶帽，穷人不戴帽或冬季裹青布长大帕子，女人戴平绒帽、围巾或绉纱包头，儿童戴和尚帽、莲花帽或狮头帽等。发式，男子留长辫子，女人留发髻。首饰，妇女戴耳环、簪子、手镯、戒指等。鞋袜，农民多穿草鞋，市民多穿棉布蚌壳鞋、棉布袜，雨天穿钉鞋、木屐，女子穿绣花鞋。民国时期，镇上市民、学生改穿中山装、学生装、工装，妇女着短衣裙、旗袍。衣服布料，平民多为白竹布、铁帆布、阴丹士林、学生蓝、直贡呢、龙头细布、灯芯绒，有钱人则为毛哔叽、华达呢、丝绸、香云纱。绅士戴礼帽。男子剪平头、西式头，乡下人多剃光头，女人留短发或单、双辫子，少数老年妇女留发髻。

时髦者夏天穿木板拖鞋，雨天穿平口胶鞋。纱袜逐渐普及，少数人穿丝袜。

住房：清代，渣江少数官僚、富商的建筑为堂室结构。堂室为一个房顶覆盖。堂在前，室在后。堂室间隔一堵墙。堂上不住人，是接待客人、议事和交际的地方。室为家庭成员就寝之处。一般富裕人家的住房建筑，堂屋居中，为祭祀和接待客人之处，堂屋两边为厢房，即家人的寝室。街上店铺建筑，基本上是一半坐北朝南，一半坐南朝北，中间是街。每栋店铺建筑布局绝大多数都是“一条龙”。即是说不管分两进或三进，都是穿堂屋。第一进是门面，做生意的地方，也是堂房。二进、三进存放商品和杂物。一般店主家人住楼上，学徒、帮工住楼下，堂屋不住人，厨房、厕所在后面。房屋结构，三柱的店铺全是青砖砌墙，其他则有土砖屋、土斗墙屋、木板屋、篾织墙屋等。屋面全盖青瓦。寺院、祠堂、官衙、仓场大多条石奠基，上砌青砖。旧时建房要请风水先生勘察地基，看风水，定朝向，并选定吉日良辰落脚，竖大门、上栋梁，届时主家放鞭炮，给工匠打红包，工匠唱赞词。新屋圆垛，主人要做圆垛酒，乔迁时要做搬家酒。

饮食：过去乡下农民吃糙米和红薯、荞麦、高粱等杂粮，一日两餐。街上市民主要吃大米，有时也夹杂一点杂粮。一天两餐，晚上吃点心。酒，多饮湖之湖，少数人饮米烧酒。街上人家普遍饮绿茶，农民家很少有饮茶习惯。菜，重油、盐，放辣椒，以麻、稍辣为特点。农村办酒席，以十碗菜为限，俗叫“十只碗”。渣江街周边，“十只碗”讲究“五干五汤”，即五碗干菜、五碗汤菜。干菜讲究质量、分量够不够吃。汤菜讲究色、香、味和菜的品质，以海参、墨鱼等为珍馐。农村办酒席，则以每桌平均有多少斤猪肉为标准，如每桌平均有七斤以上的猪肉，则认为酒席相当丰盛了。

平民禁忌：大年初一不杀生，不营业，不扫地，不向外倒垃圾或泼水。忌打碎碗或其他器皿，偶尔打烂了，要讲“打发了”。除夕和大年初一祭神、祭祖，不能以狗肉、野味为供品。团圆饭、年更饭不吃白豆腐，因为渣江地区办丧酒，菜中必须有一碗白豆腐，俗叫“吃豆腐饭”。平日清晨，不许讲鬼怪、龙蛇、老虎、猴子等，说了叫作“放快”，会招来一天之祸。正月不能搬家。走夜路不能回头，说回头会被鬼把“魂”捞去。播种时不许说话，说讲话会引来麻雀吃掉种子。女人的内裤不能当众晾晒，男人忌讳在女人的衣裤下通过。没有立春的年叫“寡年”，寡年不能结婚。出殡之前，妇女不能在家生孩子，生了会“血洗丧堂”，导致“家破人亡”。外地运回的尸棺不能停放在堂屋内。人死，不能让猫狗入房，据说猫狗会惊尸。中华人民共和国成立后，此等禁忌多已废除或消失。

第十一章 地方名产

渣江是富饶之地，鱼米之乡，物产丰富。它们有的曾在中央获奖，有的上了中央、省、市报刊和电视台，有的为民众交口称誉，也有的已成为绝唱。

一、米粉

渣江米粉历史悠久。相传，张飞在耒阳任县令时，曾暗地招兵买马，组织了一支军队。军队要驻扎、训练，必须选择一隐蔽之地，而这个地方就是四面群山环绕，中间为盆地的渣江。部队刚来，不服水土，消化不良。当地土著把米磨成浆，做成米粉给官兵食用，官兵们胃口大开，很快适应了当地的生活环境。从此，制米粉

渣江米粉

的技术就代代相传。到清代同治年间，渣江开有粉店十六家，以刘、胡、龙三姓为龙头。

制米粉的流程是这样：先选有浆水的上等粘米做原料，浸泡一晚，待米吸饱了水后用石磨将它磨成浆，再把米浆装入纱袋，压干，装入粉模。将木榨置于灶上（木榨形同绞车），装上粉模，粉模下面是一口生火烧开水的大锅，一绞，米粉就出来了，掉入锅内的沸水中。稍煮一下，便将米粉捞出来，放入盛满凉水的木盆中。食用时，到木盆中抓一把米粉放入竹篓中，置于开水中烫一下就倒入碗中，加上臊子就可吃了。

米粉要出味的另一个关键是臊子。各家粉店煮臊子是商业秘密，一般不让外人看。过去卖粉，只有两种臊子：一种是肉末，一种是鱼丁。煮臊子的汤多用肉汤，另外加什么调料就不得而知了。吃米粉也有讲究。先吃臊子，让米粉充分吸入臊子汤中的鲜味、油盐味、调料味，这样，米粉就会更鲜，更滑腻，更有味。

“渣江米粉盖草河”，这是衡州人的评语。清末编纂的《衡阳县志》也有记载，云：“渣江米粉色鲜而味美，食之者众多，为西乡一绝。”以前，只有渣江的米粉好吃，有味。中华人民共和国成立后，渣江做粉的技术传到了西渡，改革开放后，又传到了衡阳市。粗略估计，衡阳市现有渣江粉店数十家，演武坪“泉水鱼骨王粉店”、仙姬巷“渣江合康粉店”仍保留了渣江米粉的风味。不过，现在吃的米粉，都是机器压制的，木榨米粉已失传。

二、假羊肉

不知为什么，渣江少羊。平原地区少可以理解，山区也少就奇怪了。羊肉是美味，性补，但闻有膻气，吃有膻味。怎么样既吃到“羊肉”的美味，又没有膻气膻味呢？这大概就是发明假羊肉烹调法的初衷了。

假羊肉，重在一个“假”字上。渣江的假羊肉，实际上是用猪头肉做的。先把猪头去毛煮熟，然后用手把瘦肉一丝一丝地撕下来。选地道的荷折（红薯粉皮）折成1至2方寸大一块，用温开水泡一两个钟头，要完全泡“发”了才能用。把撕下来的猪头肉放入冷肉汤中，再放入桂皮、花椒、八角，用火稍微久炖一会儿，待出味了（可闻到类似羊肉的气味）再放入滤干了水的荷折片，加红辣椒粉、葱蒜、味精等调料，即可出锅上席。

假羊肉

煮得好的假羊肉，跟真羊肉一模一样，不仅能骗南方人，也能骗北方人。20世纪末，衡阳市召开全国性的王船山思想研讨会，我参与会务。有一天，在衡阳县委招待所吃中饭，甘肃兰州大学两位女教授问我：“你们的羊肉怎么煮得那么好，没有一点膻味？”我笑了一笑，把招待所的所长请出来。所长说：“这是我们县里的一道名菜，是用猪头肉做的假羊肉，因此没有膻味。”教授们大吃一惊，说：“你们的技术真好，连我们老吃羊肉的北方人都被骗了！”会后，她们把做假羊肉的方法带了回去。

假羊肉是渣江宴席中的名菜，几乎做酒席都少不了这道菜。当厨师的，手艺高低，往往也看这碗菜煮得怎么样。假羊肉的煮法，后来传到了西渡和其他地方，不过，在衡阳市要吃这道菜，好像还难找到餐馆。

三、土头碗

土头碗，是衡阳农村有名的乡土菜。无论做酒席还是过年过节，或者家里来了贵宾，上席的第一碗菜，即土头碗。它层层堆起，形同山丘，状似宝塔，故名宝塔香腰、堆子香腰、七层楼、九层楼等。相传，这道菜乃清末兵部尚书彭玉麟家筵时所创，故又名玉麟香腰。彭玉麟家的客人，多为军人或豪客，吃了这道菜，都感到很过瘾。

土头碗

土头碗制作用料非常讲究，做工精细，工序复杂。一般不少于七层，从下往上，层层码起。其顺次是：最下一层为红枣，二层为虎皮鸡蛋，三层为水果丸子，四层为黄雀肉，五层为蛋片，六层为鱼丸，最上面一层是盖码，即将木耳、红辣椒、葱花爆炒出香味，盖在上面。衡阳人将米粉、假羊肉、土头碗誉为“渣江三绝”，到渣江旅游的人，没吃到这三样，不算到过渣江。

四、湖之酒

湖之酒，古称酃酒。汉代、晋代衡阳称酃县，故址在今衡阳市东郊。《水经注》云：“酃县有酃湖，湖中有洲。洲上民居，彼人资以给酿，酒甚醇美，谓之酃酒，岁常贡之。”晋武帝平吴，曾荐酃酒于太庙。张载作《酃酒赋》云：“其为酒也，殊功绝伦。三事既节，五齐必均。造酿在秋，告成在春。备味滋和，体色淳清。宣神御志，导气养形，遗忧消患，适性顺情。言之者，嘉其美志味之者，弃事忘荣。于是纠

湖之酒

合同好，以遨以游。”鄗酒酿造法，明代传入渣江，谓之“湖之酒”。

渣江湖之酒，非常有名。20 世纪五十年代，渣江供销社自产的湖之酒，曾在全国获奖。渣江酿造湖之酒的秘诀，主要有“米、水、药、缸、日”五个字。所谓“米”，即非糯米不行。糯米最好是专供酿酒的中稻重阳糯。这种糯米产于山区，属单季稻，适宜用泉水灌溉，到重阳节时稻子成熟。没有重阳糯，也要挑选颗粒饱满、长白的上等糯米作原料。所谓“水”，以甘甜可口的山泉水为佳。渣江街上酿酒一般用小历河水，此水源头全系泉水，流程短，没有什么污染，水质清亮，镇上人多饮用此水。另，鳌鱼山河墈下有口井，水质甘洌可口，适于酿酒。所谓“药”，即酒曲，俗称酒药。各酒坊、酒家如何制酒药都是一个秘密，历来规矩只家传，不外传，家传也只传男，不传女。因此，外面人很难探听到其中的秘密。所谓“缸”，即酿酒的盛器，俗叫“荷叶缸”，形状像片荷叶，上部敞口，中部收缩，底部只碗口大。所谓“日”，即酿酒的日子，最好是重阳日。俗话说：“重阳酿酒，越呷越有。”意即重阳节这天酿酒，出酒量大，传说味道也好些，因此叫“重阳酒”，价格要贵五分之一。

酿酒时，米要淘洗干净，煮时火要大，出锅后要迅速把糯饭摊开，让它冷却。不冷，酿出的酒就酸。用手测糯饭的温度，冷了，就把约三十斤糯米的饭摊到一个荷叶缸内（渣江标准，三十斤米一缸酒），荷叶缸空间大，糯饭可充分摊开，继续冷却。完全冷了，再把捣碎成粉末的酒药均匀地撒到饭上，然后，用手将饭、药充分拌匀，再用冷开水调一点酒药抓洒到饭上。最后，把饭拍紧于缸底，面上加盖，用棉絮包紧。一般，三天就开始出酒，不过，冬天要慢些。据渣江酒坊的经验，完全成酒要一个月，一缸酒可出原汁湖之酒三十斤，水酒（即出了原汁酒后，用冷开水浸剩糟）六十斤。出售，每斤原汁湖之酒售价四斤大米，每斤水酒售价二斤大米。浸完了水酒的糟，还可喂猪或卖钱。所以，开酒坊较为赚钱。现在，在渣江还常常可以喝到真正的湖之酒。

五、冬椒夏笋

在古代，要想冬天吃到青辣椒，夏天吃到细嫩、新鲜的冬笋，除非梦中。渣江临蒸桥主杨文正先生，在20世纪五十年代初曾说，古代赤石寺能吃到这两种反季节菜。这不是传说故事，而是真有其事。

清咸丰元年（公元1851年）夏天，衡阳县丞王双福初到渣江，去赤石寺烧香，顺便拜会缘空方丈。缘空在湖南佛教界的地位很高，曾任南岳祝圣寺长老十年。下午，王县丞在赤石寺吃晚饭，缘空作陪。王县丞发现一碗用茶油炒的素菜，竟是细嫩的冬笋。他大惑不解，问道：“大师，此是何菜?”缘空答道：“县丞明知，何必故问?”两人相视一笑。饭后，缘空送王县丞回署。路过寺旁的竹林，缘空指着地上覆伏的几个小瓦缸说：“这就是今天吃的冬笋！当冬天笋尖刚冒出地面时，便把笋尖周围的泥土刨去，覆上一口小瓦缸，用泥土掩紧空隙，使笋与外界的空气、阳光隔离。笋在缸内疯长，直至长满一瓦缸。到夏、秋天你要吃了，只要翻开瓦缸，里面的笋就像冬笋一样，细嫩得很。”

这年十二月初八，王县丞又去赤石寺拜会缘空。这天是“腊八节”，寺里举行法会，僧人、香客都吃“腊八粥”。王县丞也要了一碗粥，还未吃，缘空来了，身后跟着一个小沙弥端来一碗油淋青椒放到了桌子上。王县丞又懵懂了一回。缘空请他用餐，他夹起一片油淋青椒放到嘴里，因为是第一次冬天吃新鲜青椒，竟说不出那味道有多好！他知道缘空会告诉其秘密，故意不问。过了一会儿，缘空告诉他，这是用活楠竹做成的。秋天，把新采集到的青椒晾干，然后把一株活楠竹锯断，留下七八尺高的桩子。再将楠竹桩子劈开，把青椒装放于竹内，再用黄泥稻草封死裂口，使之不通空气、阳光。因为楠竹是活的，它的生气全部灌到了青椒身上，因此，青椒不会枯萎。王县丞望着缘空，似乎要看穿这个和尚身上到底藏有多少秘密。

六、糯粑

糯粑是衡阳县民间的特产，更是渣江民间的特产。关于它的民间传说和历史故事甚多，尤其以彭玉麟带领的湘军水师与它的奇缘流传最广。相传，湘军水师由于长期居住水上，在水上训练，在水上作战，操劳过度，加上饮食失调，将士们经常拉肚子，对战斗力的影响很大。湘军水师统领彭玉麟突然想起家乡的糯粑，它能助消化、健脾胃，于是他让将士们食用糯粑，竟奇迹般地把大家的病治好了。将士们恢复了健康，个个生龙活虎，打了许多胜仗。

糄粑

做糄粑的过程可分为五步。第一步，制糄药。秋天采药，将金银花、桑叶、铺地锦、腊叶草、田皂角、海蚌含珠等药材洗净、晒干、磨成粉，与米粉拌匀做成糄药，发酵晒干备用。第二步，熬汤。将干药材放入锅中，以一斤药材放二十斤水的比例加水，大火熬开，待水成淡绿色时为止。第三步，磨粉。八斤优质糯米配二斤粳米，浸泡一小时，捞出沥干，加入糄药，用石磨带水磨成浆，然后用棉纱布包好沥干。第四步，做糄粑。将米粉放入盆内，加入适量的冷却了的药水，捏成糄粑。第五步，发酵。在糄粑上铺一层稻草，三五天后糄粑会长出霉，把长霉的糄粑拣出来，晾一两天后再放到太阳底下晒干。食用时，把糄粑用水泡发，待完全软化了，蒸十五分钟，再用油煎。

七、土布棉纱

中华人民共和国成立前，渣江的纺织业很发达。它是农村的主要副业。农村妇女主要靠纺纱织布获取经济收入，不仅平民家庭多有 1 至 2 台纺机、织布机，达官贵人家也置有机具，作为妇女参加劳动，贯彻勤俭治家的途径和手段。彭玉麟的母亲和夫人都织过布，他写信也要求新过门的媳妇不要养尊处优，要学会纺纱织布。过去渣江搞纺织很普遍，镇周围十里之内，到处可闻机杼声。据陈世阜撰写的《解放前衡阳县三大集镇的工商贸易》所载，估计渣江周围有纺织机具六千余部，织工达八千人以上，最高年产土布十多万匹，产品有白布、色布、印花布（俗称豆花布）、罗巾等。原以衡州运去的洋纱为原料，抗日战争爆发后，洋纱产量显著减少，土布生产者大多改用土纱。因此，原来渣江农村不甚重视的土纺机迅速发展起来。据估计，有手纺机一万台以上，月产土纱约三万斤，基本上可供土布生产需要。抗战初期，土布销路畅通，交贸活跃，除供本地需要外，剩余产品运销衡山、湘乡等地。随着抗战进入紧张阶段，原料（棉花、棉纱）价格暴涨，土布生产成本倍增，产品滞销，产户资金周转不灵，无利可图，歇业者居多，维持生产者不到 20%。抗战胜利后，机器生产的洋布迅速占领广大农村市场，土布棉纱纺织也就慢慢走向了衰亡。

第十二章　古今人物

渣江历史悠久，人杰地灵，才俊辈出，但明代以前，史籍志乘载记不详，有的连姓名都未留下。有的虽有姓名，比如刘巴（三国蜀尚书令），却缺失与渣江有关联的材料。因此，本书不予收录和评述。清代以来，渣江出了不少杰出人物，叱咤风云、名动天下者不乏其人。

一、石文成

生卒年月不详，字闻涿，安徽桐城人。出身名族，其父石闽荫在四川做官，文成跟随父亲览江峡，探胜迹，观诸葛阵图，慨然有千秋抱负。与朋友吟诗作赋，才颖秀发，往往比别人胜出一筹。父逝，文成扶柩回乡，贫不得志，游荡江湖，四海为家。扬州盐业鼎盛时，词客过身，往往招待周到，给资丰厚。一个官职为盐运使（秩正三品）的官员仰慕文成的才华，请他为上客。他去拜访，这个官员却皱着眉头说："哎呀！你看我这里，膻腥污秽，怎么能住人呢?"寒暄了几句，文成便辞了出来。一直到四十多岁，他用钱捐了个县丞，分配到湖南待命。乾隆二十一年（公元1756年）朝廷分衡阳置清泉县，移县丞驻渣江，遂以文成补衡阳县丞。文成驻渣江，曾作有《赴渣江新任诗》四首：

一

万叠青山一棹通，人栖小署听松风。
地偏只傍三家市，仕隐何妨一亩宫。
泛宅更来鸥影外，放衙常在鸟声中。
纷纷问字门前客，莫比前堂侍马融。

注：称渣江为“三家市”，并非只有三户人家，而是指三湖町的王姓，凌家町的凌姓，渣江街上的胡姓。

二

长沙回望是并州，十载飞鸿雪爪留。
宦久翻成强弩末，途长空梦大刀头。
每看兰芷生遥思，欲采茱萸起暮愁。
七十二峰应好在，秋风杖履共谁游？

三

年来霜雪鬓边添，暂脱尘劳趣自恬。
四野稻花香扑坐，一阶草色绿侵帘。
讼无鼠雀庭常静，市有鱼虾味可兼。
百里弦歌惭佐理，敢将疲蹇托宽廉。

四

应少高轩向此过，闲抛手版任婆娑。
窗因蔽月思删竹，田为当门改种荷。
卧听滩声东去急，坐看山色北来多。
平生结习耽诗句，不对双松亦啸歌。

文成喜欢咏诗。原说迁县丞署驻渣江，是因渣江凌、王二姓人多，恃强械斗，诉讼不断。他来一看，根本不是那回事，这样，他就更有时间作诗了。当时，陶易为衡阳知县，江恂为清泉知县，饶俭为衡州知府，皆儒雅风流之士。三人同住一城，空暇时则以文、酒会友，歌咏承平，周览名胜。而文成有时则以诗人居间，酬酢唱和，相得甚欢。风雅照耀，自清以来，论文吏令丞，无与伦比。然而，文成性喜恬淡娴静，虽处广筵喧嚣、丝竹骈罗之中，其诗作常若独弦哀歌，不求知音。彭玉麟云："乾隆中以诗名者，静淡冲和，殆莫及文成也。"文成三次与平江知县共事，一次与宁远、通道、溆浦知县共事，又曾受聘修《辰州府志》以及被别人推荐他就，但每去不过一年，仍回衡阳。当他再次回到渣江任县丞时，情不自禁随口吟出《咏怀诗》五首。云：

一

别后风光梦不忘，又随征雁到衡阳。
一囊满载金台月，两鬓新沾紫塞霜。
还似来时迎竹马，却惭去日少甘棠。
昔原非客今非主，聊把他乡作故乡。

二

髀肉蹉跎历苦辛，此闲随分且安身。
竹窗指点重糊纸，草榻安排未扫尘。
矮屋竟成长住宅，青山应笑再来人。
头颅几载仍如故，重照青溪感慨频。

三

自愧才疏位复卑，素餐越俎两非宜。
官闲且幸藏吾拙，民望何能慰尔思。

四境丰年喧节鼓，一番春意动梅枝。
歌谣间听浇风化，岁酒频斟醉不辞。

四

淡泊能甘转讳穷，升沉原不问天公。
数椽略似蜗连壳，三载翻成鸟出笼。
风景不殊人自老，乡心难遣岁将终。
到来一事差强意，瑞雪占年兆屡丰。

五

行役逶迟敢惮难，千回万折出桑干。
风涛回首魂犹悸，松径闲哦梦亦安。
眼看浮云频作态，心同古井不生澜。
偶从阡陌观农事，只作归田一老看。

文成曾三次驻渣江县丞署，因此，他说渣江为他的第二故乡。他为人随和，亲近民众，经常有人去衙门向他问字，乡人视他为朋友，而忘其为官。乾隆二十九年（公元1764年），署任他为衡阳县令（代理）。不久，知县邹健到任，他就以老告归。著有文集若干卷，在衡阳刻其诗集三卷，现已不存。

二、彭鸣九（公元1772—1833年）

字鹤皋，其先祖为吉安（今江西吉安市）太和人。明朝洪熙元年（公元1425年）有彭显明，字声扬，以进士官于衡阳而在此安家落户。成化（公元1465—1487年）、正德（公元1506—1521年）年间，彭氏家族出了好几个进士。鸣九的

彭鸣九

父亲启象家贫，教子很严。鸣九少通五经，工楷书、隶书，而不愿参加科举考试，劝他务农亦不乐意。父逝，乃游学江南，身无分文，以一顶斗笠一支笔游至镇江（今江苏镇江市），居北固书院为肄业生，有衣被供应。同室黄姓学友劝他去京师图发展，并且资助他的盘缠。到了京师，鸣九以自己贫寒、孤单而不去拜谒京师的同乡官，恰遇嘉庆元年（公元1796年）开实录馆，考选供事。供事虽然是小官，但太平时期得官很难，有朝官大臣子弟争欲得之。最后，鸣九还是取得了一个名次，得到了从九品的官衔，留居候选。此时，道州（今湖南道县）人何凌汉任户部尚书，尤善书法，好客爱士，特别器重鸣九。是时国内文士注重辞藻，粉饰盛世。而士大夫犹纯守经文，很少留意于诗词。而鸣九能作诗填词，文词绮丽，有江浙雅音，故凌汉常评说："此非乡曲人也!"过了十八年，选投三桥巡检。三桥，怀宁（今安徽怀宁县）的属地。鸣九在家时，梦有官人持牒出，自己的名字在牒中。至怀宁拜见县令，县令任世寿竟是梦中的持牒人，以此相得甚欢。鸣九这时已四十岁，尚未婚配，世寿为他做媒，娶王氏。职掌安徽一省之政的藩司，以鸣九熟悉京师事务，调他任合肥（今安徽合肥市）梁园镇巡检。鸣九勤于职事，介然自守，性刚直，疾谄佞，上官颇知其廉洁、能干，正欲提拔他时，藩司命他护茶贡入都，面许事成升他的官。可是，鸣九在途中闻母丧，遂携家回衡阳。鸣九任官时，十分廉洁，俸禄有剩就帮助胞弟。既久任，节用所蓄，就寄回来请亲戚帮助买田，按计算，买的田每年可收租百石谷。及归时问其田，亲戚不给，反说鸣九欠了他的钱。有人主张鸣九告官治之。鸣九为不能睦恤亲族而忧愁，为财利诉讼而忧虑，为丧母而忧伤，未满一年，卒，享年六十二岁。葬屋前祖山（今叫玉麟山）。有合肥县人李瀚章（李鸿章兄）巡抚湖南，为

玉麟山

之作传。

三、彭玉麟（公元1816—1890年）

字雪琴，别号退省山人，吟香外史，南岳七十二峰樵父。今湖南衡阳县渣江镇和睦村人。

一、生平简介

出生于安徽合肥外婆家。其父彭鸣九，官安徽合肥梁园巡检（职掌巡逻、捕盗、缉私、盘诘、消防等事，秩从九品）。玉麟幼时随父母回老家，十六岁父逝，被族人侵夺田产，避居衡州。为养母，投衡州府协标当书识（即书记员）。知府高人鉴见他字写得不错，招入石鼓书院读书，为附生。新宁县爆发李沅发起义，玉麟参与协标前去镇压，立功，拔补临武营外委，不受。至耒阳杨子春典铺当店员。咸丰三年（公元1853年），由衡阳常豫推荐，从曾国藩于衡州创办湘军水师。全军训练，制订规划、章程，各方筹措，多依赖玉麟。次年（公元1854年），曾国藩出师岳州（今岳阳），

彭玉麟画像

彭玉麟画的梅花

败退长沙。玉麟同杨岳斌率水军进攻湘潭，大获全胜，以知县选用。六月，进攻岳州。玉麟埋伏于君山，岳斌埋伏于雷公湖，派小船挑战诱敌，太平军水师尽出，湘军两翼包抄，击毁敌船百余艘，升同知。八月，太平军聚集田家镇（在湖北武穴市西南，长江北岸），夹江为营，以铁索拦江，用竹木编成大筏，安装大炮，筏外布置兵船，船后是辎重，俨然一座固若金汤的兵营。玉麟约同陆军同时进击，并派小舟载炉、斧、锤等工具乘夜顺流而下，至铁索下破坏锁具，并大喊："铁索开矣！"太平军官兵惊而逃奔，相践落水，湘军乘风而上，风起火烈，烧毁敌船四千余艘，以知府记名。五年（公元1855年），约同胡林翼攻汉口，玉麟击败太平军水师，而岸上陆军却被太平军打败。玉麟率众登岸截击，敌军败走。又进攻太平军水师营，焚敌船二百余艘，授浙江金华知府，留营。七月，自沙口移军沌口（今湖北汉阳西南），经过太平军要塞，炮如雨下，所乘船桅打断倾覆，玉麟落水，抓住一根横木漂流江中。适遇杨岳斌船过，搭救上岸，胡林翼上疏陈其忠勇，

彭玉麟故居

以道员记名。是时，曾国藩在江西水军屡败，迭召玉麟相助，玉麟已请假回长沙，急赴之。当时水陆交通关口均被太平军控制，玉麟化装成商人，徒步数百里达南昌，重整内湖水师十营，船六百艘。六年（公元1856年），擢广东惠湖嘉道，仍留营，败太平军于樟树镇（今江西樟树市）、临江（今江西清口县境）、吴城（今江苏宜兴市）等地。七年（公元1857年），国藩还老家治父丧，玉麟与杨岳斌同领其军，再克武汉，水陆并下围九江，冒死攻下湖口，救出被困于鄱阳湖内的水师，加按察使衔。八年（公元1858年），连破枞阳（今安徽枞阳县）、大通（在安徽铜陵市西南，面江）等敌营，攻克九江，晋布政使衔。九年（公元1859年），同岳斌等战于安徽池州（今安徽池州市），败退。十年（公元1860年），参与破东流（安徽东至县西北，长江南岸）战役。十一年（公元1861年），授广东按察使。会合陆军，攻克孝感、天门、应城、黄州、德安（均在湖北境内），擢安徽巡抚。要他上任，他说："久居战舰，草衣短笠，日与水勇舵工驰逐于巨风恶浪之中……从军八年，专带水师，弃舟而陆……必致偾事。”改职水师提督。同治元年（公元1862年），授兵部右侍郎。玉麟与杨岳斌威望一直并驾齐驱，一旦名位超过，而二人相处终始无间，这与玉麟苦心协和有关。曾国荃由安庆进攻江宁（今江苏南京），水师助其克铜城闸（安徽含山县东南）、巢县（今安徽巢湖市）、含山（今安徽含山县）等，破雍家镇、裕溪口（均在安徽和县境内），夺东西梁山（安徽当涂县及和县境内），进攻采石（安徽当涂县西北），又克金柱关（安徽当涂县西）。诸将冲锋，玉麟乘小船督战，以旗为识，或前或后，将士皆齐心协力。二年（公元1863年），与杨岳斌合攻九洑洲，太平军于洲作营垒数十座，外作大城，众舟环之，与江宁相掎角，而拦江矶（安徽贵池西）、草鞋峡（江苏南京北）等，皆为太平军占领。玉麟、岳斌、陆军三方冒死进击。玉麟下令曰：“洲不破不收队！”选死士从火丛登岸，大呼：“洲破矣！”诸军欢呼，腾踔而上，洲立破，功赐黄马褂。三年（公元1864年），参与陷天京，加太子少保。四年（公元1865年），命署漕运总督，力辞，允之，命筹商水师善后事宜。七年（公元1868年），会同曾国藩奏定水师营制。自荆州至崇明（长江入口处）五千余里，设提督一员，总兵五员，以六标分汛营哨官七百九十八员，兵丁一万二千人，岁饷六十余万两。然后，疏请回籍，补行终制。曰：“臣墨绖从戎，创立水师，治军十余年，未尝营一瓦之覆，一亩之殖，受伤积劳，未尝请一日之假，终年风涛矢石之中，未尝移居岸上求一日之安……恳请天恩，开臣兵部侍郎本缺，回籍补行终制。报国之日正长，断不敢永图安逸也。”八年（公元1869年）春，还衡阳。作草楼三重，布衣青鞋，时往母墓庐，居三年不出。十一年（公元1872年），奉命简阅长江水师，疏陈整顿事宜，推荐李成谋为长江水师提督。又奉命嗣后每年巡阅一次。光绪七年（公元1881年），命署两江总督，力辞，留督江海防如故。九年（公元1883年），擢兵部尚书，以衰病辞。中法战争中，命赴广东会筹防务。玉麟募四千人开赴前线，驻虎门，又遣部防钦州、灵山、沙角、大角。十一年（公元1885年）春，我军大捷于镇南关（今友谊关），玉麟上疏阻和言战。是年秋，以病乞休。在家乡，他尽力为民间做好事，为助建衡清试馆，出银一万两，为助建育婴堂，出银二千两，等等。十四年（公元1888年），扶病巡阅长江至安庆，病笃开缺回籍，仍留巡阅差使。十六年（公元1890年）卒，享年七十五岁，赠太子太保，谥刚直。好友王闿运作挽联云：“诗酒自名家，更兼勋业烂然，长增画苑梅花价。楼船欲横海，太息英雄老矣，忍说江南血战功。”

二、为家乡做善事

①迁建船山书院。清光绪（公元1875—1908年）初，衡阳县令张宪和创船山书院于衡州城南大码头，以崇祀乡贤王夫之。王夫之，字雨农，1619年生于回雁峰下王衙坪，因晚年隐居衡阳县曲兰石船山，世称“船山先生”。光绪八年（公元1882年）衡阳士绅秉承湖南学政朱逌然意旨，在书院择师主讲，授业生徒。李扬华首任山长，两江督臣曾国荃将家藏所刻《船山遗书》版片捐置书院。十一年（公元1885年），玉麟奏称“院地逼近城市，湫隘嚣尘，殊不足以安弦

位于东洲岛上的船山书院

诵”，建议将其迁建湘江河中的东洲。船山书院迁建所费一万二千两银子，全部由玉麟一人捐助，并选王闿运为书院山长。王闿运，湘潭人，曾入曾国藩幕，但始终不受官，此后专一从事教育，成为著名学者和教育家。迁建船山书院，王闿运有《记》。

②重修来雁塔。来雁塔位于衡州蒸、湘汇合口的下方矶头上，由明代万历年间（公元1573—1620年）礼部尚书、衡州人曾朝节倡议兴建。塔通高36米，下为须弥座，垒石而成。塔身砖砌，七层，八楞，空心。从第二层起，塔身递缩，愈往上收缩愈多，各层檐紧密相连。每层开两窗四门，可供远眺。塔建成后，成为衡州著名名胜和地标式建筑，塔经清嘉庆、道光年间两次修补，同治年间（公元1862—1874年），玉麟倡议重修，并书写“来雁塔”塔额。

来雁塔

③重修石鼓书院。书院位于衡州城北蒸、湘汇合口之石鼓山。山上茂林修竹，楼台隐现，江中湘清蒸浊，交界分明，风帆上下，渔歌互答，人登山瞰景，爽心悦目，人称“湖南第一胜地”。旧为寻真观，唐元和（公元806—820年）中邑秀才李宽（亦名李宽中）就读于此，遂改为书院。其时，衡州刺史吕温过访，作有《题寻真观李宽中秀才书院》诗。宋至道三年（公元997年），郡人李士真在其旧址建石鼓书院。景祐二年（公元1035年），宋仁宗赐“石鼓书院”额及田五顷，石鼓书院遂成为天下“四大书院”之一。之后屡废屡兴，清同治十年（公元1871年），彭玉麟首倡并捐资重修。

④主修同治《衡阳县志》。明代以前，没修过衡阳县志。清康熙四十三年（公元1704年）创修《衡阳县志》，衡阳人华士捷主撰。五十六年（公元1717年）续修，陕西秦天赐主撰。乾隆十三年（公元1748年）三修，衡阳人宋蓟龄主撰。乾隆二十四年（公元1759年）四修，衡阳人李德主撰。道光

元年（公元 1821 年）五修，衡阳人马倚元撰。这些县志，到同治年间（公元 1862—1874 年），多数只有名而不见书。道光《衡阳县志》无书，就有近百年无县志，因此续修县志势在必行。玉麟率候选知县殷家俊、知县罗庆芗、县丞万立镂、衡阳渣江汛右哨二司外委周洪吉等编撰了同治《衡阳县志》。该《志》列《疆域》《事纪》《赋役》《建置》《官师》《礼典》《人物》《山水》《艺文》《货殖》《序》共十二卷，内容详备，纪事翔实，为衡阳县最好的一部古代县志。为修这部县志，彭玉麟个人捐银五千两。

⑤为重修南岳福严寺出力。福严寺在南岳

石鼓书院

同治《衡阳县志》

南岳福严寺

掷钵峰下，初名般若寺，亦名般若台。南朝陈光大（公元 567—568 年）年间，慧思和尚率徒来南岳创建。唐代禅宗七祖怀让辟为道场。宋太平兴国（公元 976—984 年）中赐额“福严禅寺”。明末佛顶和尚重修。到清同治（公元 1862—1874 年）初，寺已颓，且寺的部分地基被南岳恶棍霸占，说是邺侯书院的地基。玉麟于八年（公元 1869 年）辞官回衡阳，到南岳为亡母烧香，在福严寺作诗两首：

一

水绕山环旧道场，六朝古佛殿荒凉。
优婆不假扶持力，忍看珠林割上方。

二

宿云楼已付沧桑，台上高明径更荒。
泉水悲鸣榛莽里，一方顽石上青苍。

跋云：“福严禅林乃七祖道场，旧时殿宇宏广，后有巨石，巍然屹立，上有宿云楼，下有高明台。诸胜年久倾颓，余基尚可谋兴复。迟之又久，遂为有力者割据，或指为邺侯书院地。方丈僧无如何也，不知邺侯书院在烟霞峰下，初名明道山房，此乃掷钵峰下，风牛马不相及，读书者何不考乃尔耶！”玉麟助方丈海岸打官司收回寺产，并捐资重建寺宇。九年（公元 1870 年）建成，又亲为题写“敕建福严寺”门额。

⑥为岣嵝峰重修禹王庙作《记》。岣嵝峰有禹王碑，古有传说。唐代韩愈《岣嵝山神禹碑》诗云：“蝌蚪拳身薤叶披，鸾飘凤泊拿虎螭。”好像看到了碑文字体的诡谲离奇。据说，大禹治水成功后，登山刻石记功，这就是禹王碑。人们为纪念大禹和禹王碑，在碑的旁边修了一座庙，即“禹王庙”。庙始建于何年，已不可考。清同治八年（公元 1869 年）重建，玉麟为其撰写了《重修禹王庙记》，并刻碑于庙内。

⑦为渣江彭氏宗祠、临蒸桥、渣江大桥的修建或重建捐巨款。彭氏宗祠与彭玉麟的故居相邻，近在咫尺。彭玉麟带领湘军水师的第二年，破田家镇，立大功，帅部奖他犒银四千两，他将全部银票交彭忠带回渣江，救济穷苦族人和百姓。族里趁机提出要重建彭氏宗祠（又名双槐古祠），征求他的意见，他对此大加赞赏，并主动提出如何建、如何管、如何用，并捐赠全部建祠费用。彭家村和整个三湖町的人，去渣江街上都要过柿竹水，河上无桥，彭玉麟又捐资兴建临蒸桥。渣江在蒸水上的老桥（永福桥），不仅狭窄矮小，而且已有近两百年的历史，老旧不堪。同治八年（公元 1869 年），彭玉麟辞官回家，见渣江民众拆旧桥建新桥，亦慷慨解囊捐助。

彭氏宗祠、临蒸桥、新桥三处工程，既没有修建的记事碑，也没有功德碑，也就是说，没有捐钱人的名字。这符合彭玉麟捐钱做善事不留名的行事风格，除了他，谁会捐巨款不留名呢?

三、退省庵

彭玉麟的“退省庵”有两处。一处在杭州西湖。同治十一年（公元1872年），彭玉麟受命简阅长江，遂另筑住宅于杭州西湖，曰“退省庵”，每巡阅下游事毕，就到那里去住。另一处在衡州江东唐家码头。它坐东朝西，面对湘江，占地约十亩，四周砌青砖围墙。整座建筑不像达官贵人的豪宅，不像威武严肃的衙门，也不像清冷静寂的庵堂，它的风格，

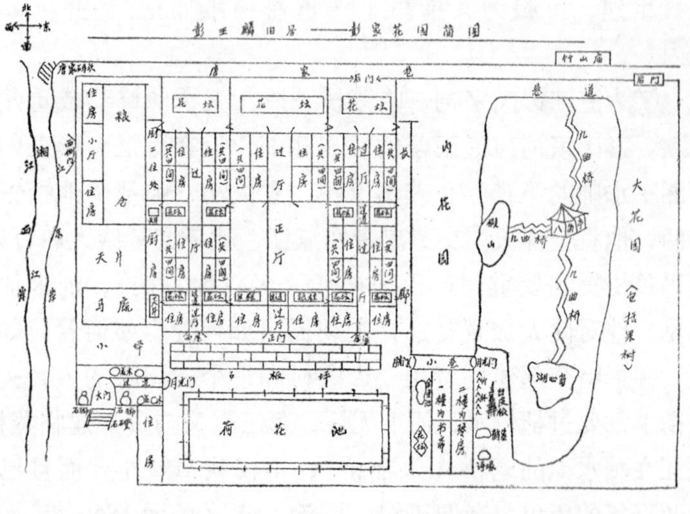

倒像苏州淡雅清秀的园林。因此，人们称之为“彭家花园”。

大门券形，开在院墙上，朝南。门外有石坪，门两侧有石狮、石鼓、盆景，门口有石磴。大门后有石坪，需从右边再进一道月光门，才到院内。院内大坪中间是长方形荷花池，西边是一栋住房，东边是书斋、琴房，南面是围墙，北面是一栋住房，中开正门，两边开侧门。进了正门，前面是一排花坛和天井，天井西为住房，东为大厅、住房，北为住房、粮仓、小厅。小厅前有西侧门通江岸。北面住房的背后是一排花坛，有门通后花园。园内有人工湖、假山、九曲桥、八角亭、湖心岛，有梅林、竹林、松林、果木等。总之，彭家花园富有诗情画意，达到了山水画所提倡的“竖画三寸当千

现位于衡阳市的退省庵

仞之高，横墨数尺体百里之回”所谓出神入化的境界。在一块狭小的境地里布置出千山万壑、深溪池沼，亭台楼阁，花圃林园，典雅绮丽，可谓鬼斧神功。

四、坟墓

彭玉麟的坟墓位于衡阳县樟木乡南塘村涂家组彭氏祖山半山腰。墓制宏伟，占地约100平方米，原有峨碑、华表、翁仲、石狮、石马、石羊等，均为汉白玉镂成。1969年被毁。现仅存封土堆及一对华表，华表顶为圆锥形，下为方柱形，高3米，状如古兵器中的矛。该墓1988年被盗，盗墓分子已处决。该墓现为县级文物保护单位。

五、对彭玉麟的粗略评价

由于历史的种种局限，彭玉麟协助曾国藩创办湘军水师，镇压太平军，挽救摇摇欲坠的清王朝统治，延缓了中国封建社会衰败、灭亡的时间和过程。坚持历史唯物主义，指出彭玉麟的这一污点，是正确的，完全必要的，并非苛求古人。

与此同时，也要强调，历史唯物主义的精髓在于，历史地、具体地、辩证地分析每个历史时代、历史事件的前因后果，系统地透析历史人物言论、活动在历史发展过程中的是非、得失、成败，较之先辈和同辈，有何贡献。从此立场出发，不难发现，彭玉麟身上还有许多光彩夺目的闪光点。

第一，彭玉麟是中国海军的缔造者、创始人。中国原来没有海军，彭玉麟把湘军水师变成了最早的中国海军。他把湘军变成了绿营兵，即把地方军变成了正规军、国防军。他把水师变成了海军，即水师只管河防、湖防、江防，而海军还要管海防。他把水师原始、简陋的装备变成了适时的、较为科学的先进设备，即把小舢板、木船变成了铁壳船、兵舰，把长矛、大刀、弓箭、鸟铳变成了洋枪、洋炮，把手划、帆动变成了蒸汽机驱动。他看到，中国落后挨打的一个重要原因就是没有海军、海防。中国海军的发展，始自湘军水师，在这一点上，彭玉麟可以称得上为“中国海军之父”。

第二，彭玉麟是民族英雄。中法战争爆发时，彭玉麟已年逾古稀，告退在家。当朝廷起用他时，他二话不说，募兵四千，立即奔赴前线。他排兵布阵，运筹帷幄，重用老将冯子材、老部下王之春等，大败法军于越南。事后，又多次上疏言战阻和，表现了崇高的民族气节和英雄气概。

第三，不迷恋权势。唐浩明先生写《曾国藩》对彭玉麟着墨不多，却是他笔下近乎完美的一个人物。彭玉麟不贪官，不贪财，不迷恋权势。论军功，升他为安徽巡抚，他说，从军八年，专带水师，弃舟而陆，必然坏事，力辞。命署漕运总督，这可是别人梦寐以求的肥缺，可他力辞不受。命署两江总督，依然不受。擢兵部尚书，以衰病辞。一句话，彭玉麟没有受到官场文化酱缸的熏染。他出身贫寒，心地宽厚，不投机、不钻营、不玩弄权术，光明磊落，淡泊名利，力求功成身退。在晚清的官场上，犹如一枝出水芙蓉，清秀超群。

第四，晚年注重反省。晚年彭玉麟建两处住宅都叫“退省庵”，取号“退省山人”。退是功成身退，省就是反省自己。他为什么要反省，反省什么，纵观彭玉麟的一生，他要反省的，绝不是像打破一只碗、拿错一样东西这样的生活琐事，而是关系国家、民族命运和前途，关系镇压太平天国、扶助爱新觉罗王朝是否符合民心天意的大事。《曾国藩》说，彭玉麟曾递给曾国藩一张小字条："东南半壁无人，先生有意否？"他完全是为了试探曾国藩，还是他也有这个意思？他是否曾想过，以一个比洪秀全更好的汉人政权来取代清王朝？彭玉麟究竟反省什么，反省是否得出了结论，他都没讲，守口如瓶。他把这个历史秘密带进了坟墓，让后人去推测，去猜想。也许，他在著作的字里行间，在画中，留下了蛛丝马迹，让后人去发掘。

四、谭上连（公元 1840—1890 年）

字云廷，今湖南衡阳县石市镇农田（或曰石狮村）人，生于清道光二十年农历五月二十日。是日，其父谭高照去塘里挑水，逢莲花盛开，喜摘一朵而归，刚抵内室，婴儿堕地，因之取名"上莲"（"上"为字辈），恐人误以为"莲"为女人之字，即改名曰"上连"。上连出身贫寒，全家十人，上无一片瓦，下无一寸地，佃耕车水塘稻田四十亩，包括庄屋一栋，正杂屋六间。其裔孙谭祖荫撰《先曾祖谭上连》一文云：咸丰六年（公元 1856 年）春，外地来一乞丐，年约半百，精神矍铄，人予则受，不予则不乞求。一天，终日无一饭进口，游荡至车水塘，上连送以饭菜。食后，对上连耳边说："夜三更，雷子岭相会。"上连准时赴约，那乞丐早在岭上的小庙前等候。他略施拳脚，便知是武林高手，上连便拜他为师。他先后传授上连三十六猴手、三十六扣手、三十六锁枪和轻功，一直到上连练得出神入化才飘然而去，未留姓名。

咸丰八年（公元1858年），上连在衡阳投湘军。九年，在宝庆（邵阳）攻打太平军战斗中，因有功，被湖南中丞骆秉璋奖给六品顶戴。两年后随军进攻湖北孝感、德安（今湖北孝感市、安陆市）两个太平军据点，背炮登城立首功，授把总，赏戴蓝翎。同治元年（公元1862年）以解颍州（今安徽阜阳市）之围和攻占霍邱（今安徽霍邱县）之功，授守备衔。二年，又因无为州（今安徽无为市）和巢县（今安徽巢湖市）之战功而擢都司，换花翎。三年，在攻太平天国首都天京（今南京）战役中，负伤率先登城，以功升为参将。

衡阳市江东风光带《衡阳历代名人长廊》立碑

同治五年（公元1866年），随刘松山（湖南湘乡人）镇压捻军升为总兵，交军机处记名。八年（公元1869年），又赴灵州（今宁夏灵武市）镇压回民起义，连战连捷，记名提督，实授汉中镇总兵（未赴任），赏穿黄马褂，诏命图形紫光阁。十二年（公元1873年）十月初四，奉左宗棠令，率兵攻克肃州（今甘肃酒泉市），并驻守于此。十三年（公元

1874 年），奉诏督修肃州城墙，准费银三万两，而实花仅三千两，只数月便竣工。之后，他招集流亡，安抚孤苦，开荒种地，发展生产，又捐俸修复酒泉书院，兴办义学。数年之间，境内安定，经济得到了恢复。谭上连还娶了回族姑娘买氏为妻，同他征战的谭族“上”字辈族兄弟有十人，跟他一样，娶回族姑娘为妻，后均回到衡阳落户，时称她们为“肃州十姊妹”，成为佳话。

光绪二年（公元 1876 年），左宗棠委刘锦棠（湖南湘乡人，刘松山侄）总理新疆行营，委谭上连为前锋，经肃州入疆。此前，新疆浩罕军事头目阿古柏，在英、俄帝国主义支持下，成立“哲得沙尔国”，妄图独立和分裂祖国。四月，上连出征，势同摧枯拉朽，叛敌溃不成军。闰五月，进驻古城（今新疆昌吉回族自治州奇台县），深入新疆腹地。七月，攻克军事要地古牧地（在新疆乌鲁木齐县东北）和迪化（今乌鲁木齐市），全歼叛匪六千人。行军沙漠，为防止迷路，条陈左宗棠令先头部队插柳为记，致使今天新疆存有千里“左公柳”。三年（公元 1877 年），谭上连率部进军新疆要地，攻占达坂（今新疆乌鲁木齐市达坂城区）、吐鲁番（今新疆吐鲁番市）、托克逊（今新疆吐鲁番市托克逊县）等多处重镇，杀敌数千，生俘一千余。敌帅买买提率数名亲兵潜逃，亦被击毙，无一漏网。《新疆图志·武功篇》记述收复新疆说：“一月之中行三千里，半年之内复七八城，战必胜，攻必取，于上连首屈一指焉。”谭上连作战勇猛，带头冲锋，多次负伤，致使旧病并发，回衡调养。五年（公元 1879 年），复出，奉左宗棠令赴新疆换防。六年驻军喀什噶尔（今新疆喀什市疏勒县、疏附县）。八年（公元1882年）调西宁镇（今青海西宁市）总兵，仍留驻玛纳斯（今新疆昌吉回族自治州玛纳斯县）。十年（公元1884年），新疆建省。十一年谭上连任新疆最高军事长官——乌鲁木齐提督。十二年（公元1886年），巡抚刘锦棠以“喀什逼近强邻，非精兵良将不足镇”，谭上连“谋勇兼备，声望素孚”，奏请移提督署于南疆喀什。光绪十六年三月初三日（公元1890年4月21日），谭上连因枪伤发作逝于喀什提督府。归葬家乡旁边的醒狮乡。今衡阳市江东风光带衡阳历代名人长廊有其简介。

五、曾熙（公元1861—1930年）

曾熙生卒年，姜丹书稿作公元1859—1929年，艺术年鉴作公元1860—1930年，不确。原名荣甲，字子缉，初字嗣元，一字俟园，晚年号农髯，今湖南衡阳县石市镇石狮村人，或云衡阳西乡农田人。

曾熙幼小丧父，由母刘氏抚养长大，自幼聪明，尤爱书法，曾博得学使张亨嘉的赞赏。他在校、经堂学习时，成绩优异，二十岁（公元1880年）中秀才。三十一岁（1891年）中举人，供职兵部，力挺抗日图强。光绪二十年（公元1894年）爆发中日甲午战争，曾熙投笔从戎，为督师山海关的湖南刘坤一作军务襄赞。《马关条约》签订前，参加“公车上书”，要求政府拒和、变法。二十六年（公元1900年），八国联军攻陷北京，烧杀淫掠，曾熙奉母回湘。应地方政府之请，先任衡阳石鼓书院山长，后任汉寿龙池书院山长。二十九年

曾熙画像

（公元 1903 年）中进士，升兵部武选司主事。三十一年（公元 1905 年），回衡任衡清师范学堂校长，南路学务办公处监督，南路优质师范学堂首任监督，并主持留学生选派工作。值国内新学初创之时，无现成的模式和经验可供借鉴，曾熙摸索创新，自己亲自讲课，为开创湖南新学贡献甚多，因此名满江南。清宣统元年（公元 1909 年），湖南成立咨议局，他当选议员、副议长，同时任教育会会长、自治局局长。民国四年（公元 1915 年），袁世凯复辟帝制，他应好友李瑞清之邀去上海。李瑞清与曾熙皆为进士，在京为官时，相交甚密。两人同居上海，鬻书卖画。之后，除民国十四（公元 1925 年）至十六年（公元 1927 年）曾担任衡阳船山国学院院长、船山文科大学校长外，一直居住上海，直至去世。

曾熙是一流的书法大师。篆、隶、真、行、草，各体皆精。原学秦汉篆隶，后学六朝碑体。早年习魏碑，参以行书笔法，得力于习“华山碑”“史晨碑”，尤其是“夏承碑”。李瑞清跋曾熙所临夏承碑云：“农髯先生今之蔡中郎也。中郎为书学祖，农髯既通蔡书，复下极钟（钟繇）王（王羲之），以尽其变。所临夏承碑，左右倚伏，明阖阳开，奇姿谲诞，穹隆恢廓，即使中郎操觚，未必胜之。魏晋以来，能传中郎之绝学，惟髯一人。”康有为将曾熙的八分书与书法大师道州何绍基并提，说：“道州体竣而公体逸，体竣者见气骨，体逸者见性情，所谓阴阳刚柔，各见其妙者也。”曾熙的书法在近代书法史上，享有“南曾北李”称誉，地位很高，备受推崇。而在当代书坛上却受冷落，原因何在？衡阳市著名作家、书法家林下的看法颇有代表性。他说，其主要原因：“一是以鬻书为生，应酬之作，流传作品良莠混杂。二是各种书体兼备，但鬻书之作大多为篆、隶、楷，而恰恰这几种字体并不是他的强项，而最擅长的行草小字反而被淹没。三是曾熙书法重内功，外表个性不强，难学，后学者未能形成气候。四是曾熙弟子中成就最大的张大千早年移居海外，国内弟子中缺乏传宗接代的领军人物，尤其再传弟子出现断层，故未形成嫡系流派。五是研究不够，就笔者所知，至今没有一篇有分量的

曾熙、李瑞清的书法

论文面世，偶有论述却并不客观，有的甚至失之公允。六是现代书法强调形式构成，书法研究偏爱那些外表个性突出的书家，而重内容的书法，不容易读懂，同时也容易被人忽视。”（林下：《曾熙其书》，2004 年 2 月 3 日《衡阳晚报》）

曾熙六十岁始作画，自谓作画师万物。题材多山、水、松、梅、牡丹，枯笔湿笔互用，亦间设色。他上师黄公望，下师石涛、石溪，其作品博采历代大师之长而有所创新，吸取大自然之美而能超脱尘俗。他学石涛，几可乱真。一天，著名诗人陈三立来访，看到了曾熙画的一幅泼墨山水与石涛、石溪的画挂在一起，赞不绝口，曾熙笑指那幅泼墨山水说："区区戏墨，也能乱真了。”曾熙与齐白石亦是朋友，他居上海，齐白石居北京，对二人画作的评价，画坛誉称为“南曾北齐”。晚年，他所作的泼墨山水和墨梅，尤为妙绝。20 世纪三十年代一幅墨画被推选参加柏林中国名人画展，为刘海粟收入《中国名画辑》中。

曾熙还是著名的教育家。他不仅擅长书画，而且对国文、经济亦有很深的研究。他在南路优质师范学堂任监督，参照日本的教学体制建造校舍，开设课程，招聘名师，购买设备，制定教学、教务、教师管理条例。他还亲自讲课，既教国文、经学，又教书法、国画，还教读书、治学方法。他常说：“学问之道以自得为真，宜作切实功夫，不可光影玩弄。”在他的熏陶下，学堂风气务实，学生成绩优异，不少人后来成为湖南教育界、文化界的名人学士。如民国有名的书法家姚尊、向荣，即是南路师范优级选科班的学生。现代全国有名的文字学家马宗霍，就是南路师范预科班的学生。著名的国画家戴子骏也曾深受他学术思想的影响。曾熙在湖南、衡阳主教过的学堂，以后都成为了名校。南路优级师范学堂成为有名的湖南三师。他在省城开设的南路公孟学堂，后来发展为有名的岳云中学。他在衡阳城西西湖馆开设的师范速成科，即为道南中学的前身。

曾熙门生甚多，可谓桃李满天下。民国二十年（公元1931年）在上海参加曾（熙）李（瑞青）同门会的会员就有数十人，如张大千、马宗霍、张善孙、江一平等，皆一时俊彦。他一再教导学生："未学书法，先学为人。南园先生正直不阿，海内钦仰。学其书，并学其人，则书虽艺事，可进于道矣！"他的入室弟子张大千回忆说："曾师的道德文章，治学态度和侠骨仁风，对我一生影响非常深远。"

民国十九年（公元1930年），曾熙病逝上海，归葬衡阳县界牌岘塘冲。张大千扶柩至墓地，并守墓一月方去。曾熙一生著作及书画作品极富，主要有《左氏问难》《春秋大事表》二卷、《历代帝王年表》二卷、《书画录》《和陶诗》《曾熙文集》等，还有不详数量的书画墨迹、石刻传世。

六、陈墨西（公元1869—1960年）

名贞瑞，号潜斋。今湖南衡阳县三湖镇兴隆村人。祖父陈维之，曾任江西九江知州。幼时受业官埠陈祠经馆，老师为太学生陈卓卿。光绪十六年（公元1890年），乡试授廪贡生。光绪二十九年（公元1903年）考入两江师范学堂，四年后毕业。宣统元年（公元1909年），受革命党人思想影响，

陈墨西像

东渡日本留学，结识了黄兴。通过黄兴介绍，接触孙中山，加入了同盟会。

民国元年（公元1912年）初，陈墨西随孙中山回国。随即应湖南革命党人黄钺邀请，赴甘肃秦州（今甘肃天水市）共商起义大计。3月11日，起义成功，被任命为临时军政府教育司司长。袁世凯背叛革命后，他与黄钺南下广州，投入孙中山领导的讨袁斗争。民国三年（公元1914年），因受到排挤，回衡在南路优级师范学堂任教。民国十二年（公元1923年），孙中山在广州建立革命政府，被简任为大元帅府咨议。次年，孙中山病逝，陈墨西由北京重返广州。民国十四年（公元1925年），随军东征，收复广东惠阳（今广东惠州市），任惠阳县县长。民国十五年（公元1926年），任北伐军总司令部政治顾问，随军北上，任宁远县（湖南宁远县）县长。“四·一二”反革命政变后，陈墨西不满国民党当局，毅然退出政界。民国十七年（公元1928年）再赴北京，在仁甫大学任教多年。民国三十二年（公元1943年）回到衡阳，先后在省立高中、省立衡阳女子中学师范部、衡阳南岳女子中学高中部任教。

民国三十三年（公元1944年），衡阳县沦陷，陈墨西避居渣江老家。他命长孙陈继佛在堂屋墙上画一幅4米×3米的中国地图，大书“此乃中国大好河山，凡我黄胄须誓死捍卫之”于其上。数日后，日军闯入其家，用刺刀将大门刺穿数个洞，陈又大书“此扉可作巴黎油画观”于门上。日寇投降后，他告诫后人要永远保存此门，勿忘国耻。民国三十八年（公元1949年）初，聘为衡阳县志编撰委员会主任委员。

中华人民共和国成立前夕，陈墨西不同儿子去台湾，留居老家。建国后，聘为湖南省文化管理委员会委员、文史馆馆员、省人民政府参事室参事，并先后被选为湖南省第一、二届人民代表大会代表。1951年，塘坳刘祠完小由县人民政府接管，大家建议改名为“墨西完小”。陈老知悉此事，婉言谢绝，不同意以“墨西”命名，并建议定名为“文峰完小”。因为学校对面有一山峰，树林葱郁，挺拔清秀，为南岳余峰，名叫“文峰”。另外，它象征全国解放，万业俱兴，文化高峰必将到来。这就是“文峰”校名的由来。他善文史，对船山学术深有研究，著有《关于王船山学术思想之探讨》。1954年12月，先后两次前往船山故居湘西草堂、船山墓等地考察，写出《船山故居沿革及坟墓》的调查考察报告。1960年，陈墨西91岁时在故居兰芝堂逝世，葬于本村虎泥冲虎形山。他是台湾著名女作家琼瑶的祖父，1988年，琼瑶出资为祖父修墓。墓占地56平方米，水泥墓坪，花岗石墓圈，圈内并排二冢。陈墨西冢长2米，高0.44米，宽0.9米，由精加工的花岗石板嵌成，墓碑也为花岗石，高1.55米，宽0.8米，厚0.22米，中嵌汉白玉，上刻“先考陈公墨西之墓”，碑四周刻有二龙戏珠浮雕。冢左有汉白玉刻镂的《重修陈公墨西墓记》。

七、琼瑶

本名陈喆，小名凤凰，琼瑶乃笔名。祖籍今湖南衡阳县三湖镇兴隆村，乃陈墨西先生的孙女。琼瑶为中国当代著名言情小说作家、剧作家，代表作有《窗外》《花非花雾非雾》《还珠格格》《庭院深深》等。其小说，印数多达数千万册，拥有众多的读者。

琼瑶的著作

琼瑶1938年农历七月初四出生。1940年为避日寇锋芒，随父母从北京回衡阳老家，住兰芝别墅。1946年，琼瑶姐弟到衡阳市刚直小学（今人民路小学）念书。年底，姐弟俩随父母去上海，继续念书。1947 年，她在《大公报》上发表第一篇小说《可怜的小青》。次年，又回衡阳祖居地。1949 年，上海同济大学部分迁台，姐弟俩随父母迁居台湾台北市。1957 年在台北第二女子中学读高中，高考落榜。次年高考，又落榜。年 20 岁时，由家人做主，嫁给一个不认识的男人，婚后发现丈夫竟是个赌徒，只好离婚。她带着儿子陈中维艰难地生活，坚定地走文学创作之路。1961 年后，她陆续在《皇冠》杂志上发表《情人谷》《黑茧》《幸运草》等中短篇小说。之后，收到《皇冠》杂志社社长平鑫涛的约稿信。1963 年，琼瑶以自身经历为素材，完成了长篇小说《窗外》，并在《皇冠》杂志上一次刊出。之后，平鑫涛成了她的第二个丈夫，从此，她找到了“所有女人都憧憬的幸福婚姻”。1964 年，她创作了长篇小说《几度夕阳红》《烟雨蒙蒙》。1965 年，台湾电影公司根据琼瑶小说《六个梦》改编的电影《婉君表妹》，同名小说改编的电影《窗外》上映，获得成功。1968 年拍摄了电影《月满西楼》和《陌生人》。1971 年和 1975 年，由琼瑶小说改编的电影《庭院深深》《女朋友》分别获得第九届、第十二届台湾金马奖优等剧情片奖。1976 年改编拍摄电影《我是一片云》。1985 年，出版小说《冰儿》。次年，推出三十集电视连续剧《几度夕阳红》，引起了巨大反响。1988 年，第一次回大陆探亲，游历了北京、湖北、四川、云南等地，第二年 5 月，回老家湖南衡阳鼓峰乡祭祖。家乡人情深意重，给她留下了深刻的印象，她也经常想起这个可爱的故乡，她曾写有一首《念我故乡》诗，云：

“回首衡阳，遥望湘江。白云深处，是我故乡。寄语白云，归我故乡。告我亲人，未曾相忘。浪迹天涯，怀我故乡。眉间心上，皆我故乡。我欲归去，山高水长。我不归去，最断人肠。”1990年拍摄电视剧《婉君》，并出版第一部历史题材长篇小说《雪珂》。1996年出版了《琼瑶全集》。1998年—1999年创作、拍摄了电视剧《还珠格格1》《还珠格格2》。该剧第一部全国平均收视率47%，最高62.8%。第二部全国平均收视率突破54%，最高65.95%，收视率创造中国电视剧有数据统计后的最高收视纪录，同时，让赵薇、林心如、周杰、范冰冰等一举成名。2001年，她将《烟雨蒙蒙》改编拍成电视连续剧《情深深雨蒙蒙》，该剧创下了韩国中文引进剧最高的收视率。2003年创作、拍摄《还珠格格》第三部《天上人间》。2006年改编、拍摄《又见一帘幽梦》。2011年，推出翻拍剧《新还珠格格》，获得优酷大剧盛典年度十大电视剧优秀奖等奖项。

琼瑶创作的小说、电视剧，其特点是描写三角恋，情节跌宕起伏，扣人心弦。人称她为中国世界纪录协会言情小说第一人。

第十三章　传说故事

渣江是文化之乡，有讲夜话、寓教于乐的传统。讲夜话，夏季在桥头，在屋后，在空坪，冬天在屋里，在火炉旁。许多神话传说，通过夜话世代相传，也有许多新的故事趣闻应时而生，丰富了夜话的内容。渣江民间口头文学，就以这样一种独特的方式，推动乡间文化的发展，促进人们思想更新和社会移风易俗。当然，它也是男女老少喜闻乐见的一种娱乐形式。

一、天马饮江的传说

在渣江凌家町东面的蒸水（又称蒸江）河边，耸立着一座高山。说它高，垂直高度也只有百多米，不过，在渣江四周的群山中，它犹如鹤立鸡群，显得高峻而峥嵘。这座山，人们称它为“马头山”，其形状如一匹马，奔到蒸水河边，伸着头，想喝河中的水。相传，它原是天上御马苑中的一匹御驹，一天能跑一万里，玉帝乘坐它到天上各处巡视。天上它已跑遍了，可人间从没来过，它很想来人间看一看。一天，它趁管御马苑的弼马翁在打瞌睡，偷偷来到了人间。它在人间自由自在地巡游，东看海上日出，西观西山日落，南览江南春花，北赏北国冰雪，心情很是舒畅。听人说“上有天堂，下有苏杭”，正想去苏杭转转，不料，在路上撞见了弼马翁和托塔李天王。他俩是奉旨前来捉拿它的。它欲反抗，托塔李天王祭起黄金塔，“唿”的一道金光打到它身上，顿时，它就变成了一座光溜溜的石山，蹲在蒸水河边，动弹不得。弼马翁说，要等它把这条河的水喝干了，它才能复原，回到天上。

马山庙

不知过了多少年。不觉到了明初，山上长满了一丛丛青翠的毛竹，山下住了一户姓符的人家。家主名叫福瑞，五十来岁，家境殷实，但未有儿女。他在家门前立个马王庙，祈求马神赐给他一个孩子，能传宗接代。洪武四年四月初四，天昏地暗，狂风大作，突然一声炸雷，把大地都震跳了，暴雨倾盆而下。这天，他夫人分娩了，生了一个男孩，取名叫元沛。说也奇怪，元沛长到一岁，就能和大人一样说话、走路，身子也有三尺来高。元沛常絮叨“要坐金××”，家人听不懂，也就随他说去。不过尔后家内外常出现一些怪现象，家里似乎隐约有人在搬运兵器。马王庙顶上，常升起一股紫气，直冲云霄。山后的竹子也在风中“噼啪”作响，好像无数兵马在厮杀。听人讲，附近的杨木寨、小寨等十八寨，都聚集了反抗明王朝的义军。不料，马头山地区的这股杀气，竟惊动了京城金銮殿里的皇帝朱元璋。他突然觉得坐下的九龙椅晃动了一下，他慌了，忙叫国师张天师卜上一卦。张天师审视卦象，掐了几下手指，奏道：“皇上，卦象主兵，应在南方。贫道夜观天象，发现正南方有一股煞气，直冲紫微星座，对皇上不利。”朱元璋听了，勃然大怒，凶神恶煞地说：“这岂不是要造反！朕派你和徐达速去剿灭。遇有反抗，格杀勿论，不留后患。以后，那个地方，就叫‘永伏乡’。”

张天师和徐达领旨，带领一万多精兵来到了衡阳县西乡，血洗了十八寨。然后，屯兵凌家町，见老年人、妇女就抓，见壮丁就杀，把符福瑞一家全杀了，还灭了他九族，那个惨状，可谓尸首遍野，血流成河。搞完了，兵马大元帅徐达正欲班师回朝，张天师却连连摇头，指着马头山说：“这个山，是天马饮江的风水宝地，要出皇帝，必须把它破掉！”他指挥士兵到山上挑土，要把马脖子挑断。可没想到，白天千个士兵挑，晚上万个阴兵填，第二天到山上看，一担土都未挑走，气得张天师七孔冒烟。张天师没了办法，只好把他的最后一件法宝请出来，就是下江西龙虎山时师父送给他的一个小罗盘。他用手指在地上画个八卦图，把罗盘放到图的中央，然后，披散头发，双膝跪地，朝龙虎山方向九叩首，口中念念有词。不一会儿，那罗盘的指针竟然动了，直指伸在江水中的马嘴。张天师一看，这下可明白了，急忙指挥士兵，凿断马嘴，使马饮不了河中的水。这招可真毒，没过多久，山上的树木死了，竹子枯了，爆裂的竹节中，都有一兵一马的图形附在干枯的竹膜上。从此，这个地方就叫“永伏乡”。

二、吴三桂立皇城

吴三桂，字长白，高邮（今江苏高邮）人，祖籍辽东。明崇祯时以武举官至辽东总兵，封平西伯，镇守山海关。李自成攻陷北京，掳去吴三桂的爱妾陈园园，吴遂引清兵入关。吴三桂降清，为打败李自成，建立清王朝立下了汗马功劳，被封为平西王，镇守云南。康熙皇帝统一全国后，为加强中央集权，下令削藩，降旨令吴三桂归老辽东。当时，吴三桂在云南，兵精将广，财力充裕，俨然边陲小朝廷，他不甘心失去既得的权力，便打起“反清复明”的旗号，自称“天下都招讨兵马大元帅”。以康熙十三年（公元1674年）为“周王”元年，并联合福建靖南王耿精忠、广东平南王尚可喜之子尚之信和各地反清势力起事，迅速拥有云南、贵州、四川、湖南、广西等地。

康熙十五年（公元1676年）十一月初五日，吴三桂率兵经湘潭至衡阳。他站到石鼓山上一看，衡阳竟然是“三江锁山城，一岛控三湘”的大福地，就在此驻扎下来，以衡州知府衙门（原衡南县政府所在地）为“行辕”，指挥各路兵马。同时，他开始做起了皇帝梦。跟随他身边的幕僚摸准了他的心思，就趁机拍马屁，纷纷上奏，劝他在此建国称帝。一个姓孙的术士启奏：“王爷有帝王之相，又找到了固锁江山的皇城宝地，此时不称帝，有违天意。”四川青城山下来的刘道人也赶忙上奏：“衡阳古代建有钟武、重安两国，将皇城立此，符合天象瑞兆，也合乎历史惯例。”吴三桂一听，觉得有道理，就封刘道人为国卿，前往各地测量土壤，看哪里土重适合建皇都。刘道人先来到渣江三湖町钟武国遗址，在旧城墙夯土堆上取了一合土，称得重量为八斤五两。然后，到衡州城河间套明桂王府后花园取一合土，称得重量为八斤三两，遂上奏吴三桂。孙术士对刘道人很为不满，恨这个牛鼻子阻了自己的仕途和财路，于是就启奏说刘道士在明桂王府后花园取土不准，那里原来是沼泽地，后蒸、湘发洪水带来的泥渣长期停滞于此，就变成了河间套，那里的土是虚土，不能作数。吴三桂准奏，让孙术士重测。孙术士来到回雁峰下的漫驼岭取了土，然后将盐渗进去，这样，一合土的重量竟然达到了罕见的九斤一两。他上奏吴三

吴三桂在衡州铸“昭武”钱

桂，吴三桂大喜，便封孙术士为国师。于康熙十七年（公元1678年）闰三月初二日筑坛漫驼岭，举行称帝加冕典礼，自称“大周皇帝”，国号为“周”，改元“昭武”。改衡州为“应天府”，改钟鼓楼为“五凤楼”，回雁门为“正阳门”，大街为“棋盘街”，西北的一条街为“后宰门”，等等，一切都用京城的名称，并加封了文武百官。八月开科取士，录取了60人。开炉铸“昭武”钱，后有少量的“昭武”铜钱传世（衡州在宋代曾铸过“熙宁元宝（背衡）”钱，这是第二次铸钱，因此，市内至今还有钱局巷这个地名）。吴三桂称帝后，还准备大兴土木造宫殿，然而，好景不长，吴三桂忽患重病，于八月十七日深夜死去，只做了五个多月的皇帝，遗命皇孙吴世璠继位。第二年正月初，臣属们抬着吴三桂的棺材，拥着吴世璠离开衡阳，经宝庆（今邵阳）入贵州（据称，吴三桂葬贵州东南某偏僻山村，守墓人繁衍至今已有数百人。该村人都姓吴。陈园园逝后也葬于此）。留守衡阳的是兵马大元帅马宝。康熙二十一年（公元1682年）九月，清军克复衡阳，结束了衡阳作为皇城的历史。

三、雷打祠堂角

相传，曾国藩的祖先在元代时为衡阳县人，住衡阳县与湘乡市交界的九峰山南麓，即今衡阳县金溪庙附近。到了明代，这个地方称为“永伏乡”。曾氏后裔知书达礼，迷恋于考科举，可是，任凭文章写得再好，主考官一看其籍贯是“永伏乡”，就觉得犯了朝廷的大忌，把名字勾掉了。曾家一连五十多年未有人中过秀才，因而，也就无人做过官。曾国藩的太祖下决心搬家，把家从九峰山的南面搬到山的北面，即从衡阳县金溪庙搬到湘乡荷叶塘（现属双峰县），实际上，两地相距不过十多里。曾家子弟读书仍然要到衡阳县来，因为湘乡那边文化不发达，没有较好的经馆；曾家所属的祠堂依然在衡阳县三湖町，每年，祠堂春秋二祭，曾家都会派人参祭，从不缺席。

清嘉庆十六年（公元 1811 年），曾国藩出生于荷叶塘曾家老屋。据说，他出生时霞光满屋，有人见到有巨蟒缠绕堂屋立柱，两目射光如电。这一天，衡阳县三湖町风雨大作，雷电交加，从未见过的瓢泼大雨把天光都遮蔽了，白天伸手不见五指。突然，一道闪电划过，接着一个惊天响雷，把人的耳朵都差点震聋了。雨停后，曾家族人发现，祠堂的右角被雷炸塌了一块。大家非常惶恐，议论纷纷，不知道曾氏要发生什么不幸的事情。过一会儿，族长来了。族长七十多岁，久经风霜，饱读诗书，且谙习地理风水。他踏看被雷打毁的祠堂角，不但不惊慌，反而，嘴角上浮现了一丝难得见到的微笑。他走到祠堂的台子上，要大家不要惊慌，细声说："这是上天顾怜我们衡阳西乡曾家，是好事，大好事！《天经方术》说：'雷打祠堂角，不出皇帝也要出爵。'这是大吉兆！此事只能族里晓得，不准外传，谁外传，就沉谁的塘。"族人生怕给全族带来血光之灾，都对此守口如瓶。

清道光五年（公元 1825 年），曾国藩就读金溪双桂书院，这是附近百里有名的经院。之后，他求学、科考、仕途皆十分顺利，进岳麓书院，中进士，官内阁学士兼礼部侍郎。曾家来祠堂参加春秋二祭，祭银也逐年增加，由一两增至五两以至十两，族人都猜测，雷打祠堂角应兆的人可能就是曾国藩。咸丰二年（公元 1852 年），曾国藩回乡办团练，次年于衡州训练水师，邀请渣江人彭玉麟当统领。这年曾氏祠堂秋祭，曾国藩带十多人乘快舟沿蒸水溯流而上，直达三湖町，因不懂地理方位，随便找处地方停船就往曾氏祠堂赶。来到一处，乡里新建了一座凉亭，正在为亭子取啥名发愁。乡人请曾国藩一行入亭休息，并请为亭子题名。曾国藩略加思索，便给取名为“咸欣亭”，并作一联：“为名忙，为利忙，忙里偷闲，大家且来坐坐。劳心苦，劳力苦，苦中作乐，齐场打个呵呵。”曾国藩来到曾氏宗祠，恭敬地给列祖列宗牌位下了跪，叩了头，然后捐祭银五十两，还特地请族长带他察看了当年被雷打坏了的祠堂角，满意地笑了。这一切，后来都没有瞒住彭玉麟。彭玉麟在其主修的《衡阳县志》中，把雷打曾氏祠堂角的事作了记载，而且，还做了一个奇特的安排，那就是，在全县境介绍中，把属“永伏乡”的十七都给删掉了。这个都，即是曾国藩祖先居住过的地方。曾国藩同治年间封了侯爵，以后要升什么官，做什么，大家都不知道。彭玉麟这样安排，是“为大人隐”，防止别人说曾国藩的祖先曾居“永伏乡”，影响他谋事的前程。

四、莲花宝地

传说渣江寿佛殿前面，原来是一口很大的塘，塘中种植莲藕。每年，农历五、六、七月，塘中的荷叶长得像雨伞大，莲花开得像海碗大，人们都感到很惊奇，以为荷塘与蒸水相通，这是河神显灵。

清道光年间，塘边单独住着一户人家，家中只有一个老婆婆，带着一个不到两岁的小孙子。听说，老婆婆的丈夫姓屈，家境还比较富实，不知什么原因，他与儿子、媳妇都先后染病死了。剩下祖孙俩，住一栋大屋，显得孤独，也有些冷清。因此，老婆婆就把空余的房子租出去给人住，租金多少也不计较。恰好这时来了一个宝庆人。此人姓刘，四十来岁，看上去是个挑罐子卖的穷苦人，其实，他是宝庆有名的风水师。他租老婆婆的房子住，白天到街上卖罐子，早晨、晚上总围着荷塘转，好像荷塘里藏了什么秘密。

他每年都是夏初来，住三四个月就回去，然后，第二年又来。这样，他在这里住了三个夏天，对周围的环境、地理情况已了然于胸，而且跟小孙子也玩熟了。第四年的六月初，塘里的水有时自作漩涡，且隐约隆隆作响，荷花也比往年开得更多、更大，散发出一股清香，令人心旷神怡。他知道期望的时候到了，心里禁不住一阵阵暗喜，心想，他家三代都是风水师，他爷爷、父亲都未找到风水宝地，只有他找到了这处莲花宝地。据风水秘籍《地理宝典》载，莲花宝地的莲花要三百年才开一次，竟然让他等到了，这岂不是天遂人愿！这月的十五晚，月亮刚从东边升起，他就在屋前摆好了香案，案上置有香炉、八卦罗盘、桃木剑。这夜，月亮很大，照得周围如同白昼。不久，塘里现出一个漩涡，而且愈旋愈快，响声也愈来愈大，好像有件东西要冲出来一样。当月亮升到中天时，“轰”的一声巨响，塘中的水往两边涌，中间徐徐升起一朵直径七八尺大的莲花，莲花中间有一个直径尺余大的金黄色的莲蓬，金光四射。清风吹来，花叶翩翩起舞，散发出一股奇特的香气。

莲花宝地的莲花已现！风水师抑制不住心里的狂喜，慌忙从案上托起八卦罗盘，抓起桃木剑就往塘边赶。当他快要赶到时，发现有个人正在伸手摘那朵莲花。这个人不是别人，就是老婆婆。本来她早已睡了，可睡到半夜，突然想起孙子的脏衣服还未洗，就爬起来，看外面月亮很大，就到塘边去洗衣服。刚一蹲下，她突然看到塘里开了这么大的一朵莲花，感到很奇怪，就伸手去摘。可手不够长，她再往前探一点，莲花在风中也向她靠了一点。只差一点点就够着了，老婆婆再往前探一点，够着了，可身子已稳不住，倒向花蕊中。一声响，莲花收缩了，老婆婆也消失了，塘中恢复了平静。风水师在塘边目睹了这一切，心想，这是天意，非人力可以改变，也就不十分懊恼。第二天，他带着小孙子回到了宝庆，将小孙子改名叫刘长佑，对别人说，这是他的儿子。不过，从此以后，他家堂屋的神台总是用布遮起来，说是防灰尘。二十多年后，刘长佑成了国内知名的巡抚。有一次，他回来祭祖，他父亲把神台上的布撩开，原来，台中的祖先牌位上竟写着两个姓，右边为“屈”，左边为“刘”，右边的屈字比左边的刘字还要大。

五、渣江戏台水蛮深

渣江喜欢唱戏。过去，每年“赶八”都要唱戏，一来是为寿佛祝寿，祈求寿佛给渣江及四邻带来平安和昌盛，二来是为了娱人，发展和繁荣庙会交易。唱戏由镇公会承头，起码唱六天，即六柱街每柱街唱一天。之后，由各行会唱，如船运工会、码头运输工会、五金工会、烧纸行、屠宰行等等，大大小小有三十多个行会。大的行会单独唱一天，小的行会几个合起来唱一天。特别不同的是屠宰行和烧纸行，它们财大势粗，又喜欢出风头，往往要比拼，论高下，定输赢。因此，有时一个戏台还不够，要另搭个戏台唱“对台戏”，一唱就是十天半个月，甚至一两个月。

渣江人喜欢看戏。戏台前的看戏坪很大，且全部用石板铺成，可容纳三千人以上。街上、街前、街后不少人都有看戏的习惯，只要戏台上一响锣，他们就会来看戏。这样，久而久之，就形成了一群戏迷。特别是一些绅士、好佬、富商和退居家乡的官僚，即所谓“斗佬”，他们追求儒雅，常以看戏、议戏、评戏作为身份显贵的象征。别人看戏，是站着看，要坐需自带凳子，他们看戏，有斗佬区，戏台前面有两三平方丈的地方，事先摆好了凳子和茶几，等他们来。尽管看戏坪里人山人海，可斗佬区很宽松，有的座位无人坐。他们占据了最好的看戏位置，边看、边议、边评，评定演出水平，确定第二天的演出剧目，决定这个剧团是否继续演，预定的报酬是否合适，等等。他们虽然都是业余评论者，可评论十分恰当，在某些方面并不逊于专家。他们中有的人，对常演剧目的人物脸谱、服饰、台词、唱腔、台步甚至音乐都烂熟于胸，演出中，有的鼓点敲得不准，他们也能听出来。这样的人，在街上受人尊敬，而对剧团来说，却是难缠的角色或克星。

听说民国二十一年（公元1932年），就发生了一件事。当时，是请衡山贺家班唱戏。戏唱得很精彩，一连唱了五天，大家都满意，斗佬们也不吝鼓掌喝彩。可唱到第六天就出了问题。这天演出的剧目是《平贵回窑》，演出中，斗佬们不鼓掌喝彩，表情严肃，演出后，他们要戏团第二天重演这个剧目。第二天，剧团重演了，可还不行，要剧团第三天继续演这个节目。贺家班班主感到不对头，但不知道问题出在哪里。于是，就到渣江最好的馆子逸仙楼订了一桌摆理酒，请镇公会派人赴宴。按规矩，赴宴的人必须把问题摆出来，谁理亏，谁付酒席钱。镇公会推出了三位斗佬赴宴，开宴前，一个姓曾的斗佬对贺家班主说："贵团演出水平很高，没说的，可是，《平贵回窑》中的王宝钏手上竟戴着金戒指，这怎么说?"贺班主顿时明白了，王宝钏在寒窑中等丈夫回来，日子过得非常艰苦，缺吃少穿，可班里女主角"一枝梅"在演王宝钏时，两天手上都戴着金戒指。贺家班主即抱拳致歉，说："惭愧！贺家班抱歉！我们犯这样低等错误，实在不应该。承教了，我们认输。"他付了酒席费五块光洋。翌日开演，一出台就是王宝钏，她和前两天的装扮一样，只是手指上没有了金戒指，才绕台走一圈，台下就响起了雷鸣般的掌声，喝彩声此起彼伏。贺班主走到台前，向台下，特别是斗佬区，鞠躬认错，说："贺家班在渣江戏台上跌了跤，喝了水，我们会记住这个教训。请渣江的父老兄弟见谅。"接着，台下曾斗佬站到凳上，大声对场内观众说："贺家班知错能改，善莫大焉！大家欢迎剧团演下一个剧目《醉打山门》，好不好！”场内齐声大叫：“好！”

听说，贺家班这次共在渣江演出了二十一天，结账时，不仅报酬从优，连摆理酒五块光洋也算给了剧团。事后，贺班主深有感触地说：“我贺家班走南闯北，见过诸多世面，可没想到，渣江戏台的水这么深！”

六、思梅图

清朝咸丰初，彭玉麟入读衡山文定书院，接受忠君爱国思想、经世致用学风和博采众长学习方法的教育。一天，他突然收到五舅来信，说他母亲染小疾，身体不适。玉麟性孝，闻母生病，家中又无僮丫侍奉，心急如焚，赶忙办理退学手续，搭船到衡州，然后转船回家。第四天下午，他在渣江港下了船，背起简便行李，穿过渣江老街，便来到柿竹古渡。他家就在对河约一里路的何隆甸，时近隆冬，码头上空无一人，渡船停在对岸，要等坐满了人才会划过来，看样子一时过不了河。一阵北风刮过，玉麟感到身上有点冷，他就到古渡旁边的一家酒家要了半壶酒、一碟小菜，想暖暖身子。他先未注意这家小酒店，当认真审视一番以后，便觉得它清雅不俗，其北门约一丈宽，对着繁华的街道，西门宽二丈有余，对着古渡码头。门口有一株三抱围的樟树，树荫下飘着一面“酒”字旗，店内几张酒桌摆得错落有致，桌上一尘不染。他想这家老板，一定是个有文化的人。正想着，突然，身后响起了一串清脆似银铃的声音：“客官，请用酒。”他回头一看，身后正站着一位端庄秀丽、文雅娴静的小姑娘，用小托盘端着一壶酒、一碟菜。她将酒、菜放到桌上，屈身向玉麟行个礼，轻声说："客官慢用。"转身就回内屋去了，可身后却留下了一股梅花的清香。

之后，玉麟在家一边侍奉母亲，一边读书。他隔几天就需上街抓药，有时等船，也到酒店坐一坐。时间一久，他与酒店也就混熟了。酒家老板姓梅，原来乃书香殷实之家，不料，一场百年一遇的洪水将其家夷为了平地，从此，就落身古渡码头，开一间小酒店谋生。梅老板夫人已逝，只有一个女儿叫梅姑，知书达礼，聪颖明慧，与父亲相依为命，帮助父亲维持这小酒店的生意。玉麟与梅姑见面多了，两人情投意合，彼此产生了爱慕之心。虽未达到私订终身的程度，但相互心照不宣，都以对方为自己未来的终身伴侣。

不久，玉麟的母亲驾鹤西去。梅姑从酒客和等船过河的人中得知了这一噩耗。这天晚上，她到河边烧了钱纸，据说，流水能把焚烧的钱币，带给阴间的亡魂。不觉冬去春来，又过去了一年。一天，玉麟突然打店门前经过，他要脚夫将行李挑去渣江港候船室等他，自己进了酒店。梅姑满脸含笑迎接他，问："公子重装，可要远行？"玉麟在家守孝，已有一年多未上街，觉得她又长高了，身材更加窈窕，好像初放的一朵梅花。他便告诉她，自己守孝未满三年，湘乡曾大人在衡州办湘军，来函召他去训练水师。国家有难，匹夫有责。他决定应召，等平定贼寇后，再回来守孝。梅姑欣然赞同，说："大丈夫当力挽国难，祝君此去，一路顺风，平步青云。待衣锦还乡日，奴家定于渡头为君摆酒接风。"玉麟谢她美言。

彭玉麟投军不久，就官至湘军水师统领。第二年，在攻打太平军重镇田家村战役中，他的功劳最大，帅营奖给他犒银四千两。他将四千两银子的银票，全部交义仆彭忠带回渣江，交叔父救济家乡的穷苦百姓，其中，指定五十两救济古渡码头的梅家。一月后，彭忠回营述职，说梅家已人亡楼空。据邻居讲，半年前，梅家独女不幸染病身亡，按她的遗愿，葬对河去何隆甸路边的小山上。其父受此打击，不久也死了，还是四邻帮他办的丧事。彭玉麟闻言，两眼含泪，悲痛万分，悔恨未能早点照顾这一家。当晚，彭玉麟通宵达旦作成一幅巨画，宽三尺六寸，高一丈二尺，题名为《思梅图》。画中，梅树枝干横斜，梅花盛开，但设色较为黯淡，隐隐透出一丝思念。之后，他要彭忠将此画带回渣江，挂在双槐古祠（即彭氏宗祠）阁楼的正墙上，其方向正对着梅姑的坟头。

据说，这幅《思梅图》，民国五年时还挂在阁楼的墙上。

七、孙坚破区星

东汉末年，吴地出了一个青年，姓孙名坚（三国吴孙权之父）。他足智多谋，个子高大，臂力过人，打架几个人都不是他的对手。一次，越地一个著名武师向他挑战，两人打了二百回合，不分胜负，最后，孙坚用黑煞掌破了武师的铁头功，从此，孙坚在长江以南地区出了名，号称“打遍江南无敌手”。建安九年（公元 204 年），孙坚投军，很快受到重用，提升为总兵，翌年，又被任命为长沙太守。

长沙位于湘中平原，湘江之滨，其地处平野，城垣矮小，易攻难守。不久，区星率三万兵马包围了长沙，誓言十天踏平长沙城，斩获孙坚头。区星何许人也？据称，他乃燕国人。生逢乱世，战事频仍，早年就跟鬼谷子的徒孙学武功和兵法，稍有成就。年近三十，就拉起一支队伍，攻城略地，打家劫舍，纵横千里，无人敢阻，人称“区星贼”。他攻陷了湘东郡以后，率兵直驱长沙，要和孙坚一决高下。相较之下，孙坚只有八千精兵，比区星三分之一的兵力还少，但孙坚在长沙励精图治，清明廉洁，人们都拥护他，这样，也就增加了众多的人力、财力资源。

区星来到长沙对河的湘江岸边，心生一计。他把大部队部署到长沙城的东面和北面。长沙东边一坦平川，城墙不甚坚固，易攻难守，这是一个突破口。北边有天堑捞刀河，料定孙坚不会布多少兵力防守，这又是一个突破口。照常理，孙坚兵力不够，不可能渡江作战，因此，区星明目张胆地把大本营安扎于河西的银盆岭，将守大本营的士兵都调去河边造势，摆出要从此渡河攻打长沙城的样子，诱使孙坚派重兵防守湘江河岸。这一计，就叫“明修栈道，暗度陈仓”。

孙坚通过斥候（即探子），得知了区星的兵力部署，决定采用“出其不意，攻其不备”和“釜底抽薪”的连环计破敌。连夜派两千精兵在船家、渔民的帮助下，悄悄从猴子石渡江，绕过岳麓山，突然对区星大本营后面的辎重营发起猛攻，将其粮草、装备烧个精光。然后，迅速撤回江东。区星气急败坏，急忙下令东、北两面攻城，可是，城上早已做好准备。长沙城的居民，青壮年都上了城墙，老人、妇女自动为部队烧水、做饭、照顾伤员。区星部队攻了一波又一波，刚一攻到城下，就被城上的滚木、礌石和飞箭所击退，士兵死伤无数。区星的部队本由数十个山寨的兵马鸠合而成，一旦伤亡惨重就心生退意。这时，城内意外传来了号角声、鞭炮声和锣鼓声，不一会儿，几支民众队伍从不同地方上了城墙，箪食壶浆犒劳守城官兵，他们展开一幅横幅：“庆祝歼区匪辎重营大捷。”区星的士兵看了，心生疑惑。突然，大本营飞马传令，命各营自即日起，自筹粮草。部队一下子就炸开了锅，军心大乱。原来辎重营被歼是真的！燕赵十四个寨的寨主，审度了一下眼前的形势，决定撤兵回寨，自谋生路。顷刻，区星在河东的大部队如鸟兽散，各自打着旗号走了，剩下几个空营盘。区星没了办法，只好带着残余部队向南撤退，他突然想起，《湘境山径图》载，长沙南面约三百里有钟武国，那里田畴平整，人口密集，物产丰富，可以作为休整之地。

区星带着残部，忍饥挨饿向钟武国进发。而孙坚带着部队，士气高昂地在后面紧追不舍。走了三天三夜，区星的残部才走到蒸水与柿竹水汇合之处，不待区星命令，士兵们就从百姓家中抢了粮食，埋锅造饭，他们中许多人已两天粒米未进。可是，造饭的炊烟刚刚升起，孙坚的精锐部队就已赶到。这不是一场战斗，而是一场名副其实的屠杀。区星疲惫的士兵还没抓起武器，就被砍了脑壳。区星也不例外，他与孙坚只打了十多个回合，就因气力不足，被孙坚一刀砍中，跌落马下。这一役，孙坚共斩获首级三千余，在中国古代战争史上较为有名。

因此，清同治《衡阳县志》在说到渣江时，特别带上一句："孙坚破区星于此。"

八、蛇精与雷公

相传，清代同治年间，彭玉麟首倡把渣江原旧桥——永福桥改建为新桥，其规模、工艺、造型，都堪称"草河第一"。桥长五拱六墩，桥面在第二拱第三墩的位置，修建了一座六边、攒尖顶、宝塔形的高大焚字炉，炉口朝西，炉下部为须弥座，石砌。从外面看，里面是实心的，而实际上，里面却是空的。这么大的一个空间，被潜伏桥下深潭中的一条大蛇看到了，它就钻入其内，潜心修炼，成了精。不知过了多少年，蛇精在里面已感到空间不够，就用法术将周围的石条挤开，扩大蛇窟，使桥身裂开一条手指宽的隙缝。为掩盖这个破绽，蛇精又施展法术，让桥墩上长出一丛灌木，树梢恰好把裂缝遮住了。

渣江是文化区，街上读书人、有文化的人甚多，常有人把写有字的废纸当垃圾扔掉。古人以为，写有字的废纸应该烧掉，不能乱扔，乱扔就是亵渎神圣的文化始祖孔夫子，不仅应受世人的指责，而且来世会变成瞎子或目不识丁的文盲。因此，渣江有专人拾字纸，送到焚字炉内烧掉。拾字纸者，多为有眼疾或是文盲的孤独老人。他们肩背竹篓，右手拿火钳，走街串巷，发现地上有废纸就钳起来，放入竹篓内，每天傍晚送到焚字炉内烧掉。他们通常只有一两个人，原住落剥亭，从光绪年间起，镇公会安排他们与打更的一起住戏台的侧楼，每人每年供给大米三百六十斤，给他们做口粮。他们也起早贪黑，尽职尽责，祈求来生眼睛明亮或成为有文化的人。这一年，拾字纸者为一个目力正常的老人。一次，他因故半夜才送字纸去烧，才走到桥上，就看见焚字炉上缠绕着一条大蛇。一只野狗打桥上走过，大蛇将头伸下来，一口就将狗吞入了腹内，吓得他魂飞魄散。第二天，他疯了，见人就叫："蛇！蛇！蛇！"可没有人理会他。不过，自此以后，街上陆续出现了一些怪事：市民家养的狗平白无故不见了，有的家庭半夜突然丢了小孩，有人白天从桥上经过，隐约听到桥身里面有"哧嚓""哧嚓"之声，似乎里面藏有怪物。

蛇精在渣江作恶，天上的玉帝知道了，便派雷公到人间来除妖灭怪。雷公变为一个清癯、睿智的老者，在人间巡查。一天，他走进渣江，发现新桥上空黑雾迷茫，妖气甚重，掐指一算，便知就里。这天晚上，他召来雨神行云布雨，自己乘雨走到桥头，盘腿正襟坐地。他抬头一看，见一条两丈来长的大蛇缠在焚字炉上，绿脑袋，红眼睛，伸着尺余长的舌头，在炉尖顶上吸收自然精华和人间的元气。蛇精看到桥头盘坐着一个老者，知道来者不善，头一歪，口里便喷出一团黑雾，直冲过去，想把他熏倒。雷公左手一抬，一个惊雷炸响，黑雾化为乌有。蛇精大吃一惊，知道遇上了对手，便聚精凝神，用力喷出毕生炼成的一团红色毒气，直奔雷公而去。雷公右手一抬，一个响雷炸响，又将毒气化了。蛇精已没有了更厉害的招式，便想溜回老巢躲避。正当它将身子的一半缩进蛇窟时，雷公双手一抬，一个惊天动地的炸雷直击蛇头，不仅将蛇头击得粉碎，连焚字炉和第二拱桥身都震塌了。天一亮，人们到桥上来看，空气中还弥漫着烟火味和臊腥气，而崩塌的桥身上却依稀有蛇窟的痕迹。

九、火烧衙门

据史载，渣江县丞署是清乾隆二十一年（公元 1756 年）从衡州城移建渣江的。渣江人称它为“衙门”。相传，这个衙门，曾被王甲、沈满领导的农民起义军焚毁过，过了好几年，朝廷才拨款重建。

王甲、沈满两人是渣江西北山里的山民。他们为什么起义？原因大概有三：一是反苛税。康熙皇帝统一全国后，为发展生产，繁衍人口，曾实行绥靖政策：凡新开垦的农田（包括因战争长期荒芜的农田），国家一律不收税。雍正皇帝沿袭此政策。可到乾隆皇帝手里就变了卦，他听从和珅的主意，对所有的农田都要征税。渣江西北山里的农田，大多都是用石头垒起来的梯田，造一亩田，比町里新垦一亩田的功夫要多十倍以上，且山高林密日照少，土质贫瘠泉水冷，农田产量比町里要少一半。而县丞吴荣升，对农田不分等级，一律按町田标准征税，因而激起了山民极大的愤懑。二是反清复明思想的影响。明末清初，王船山发动方广起义，曾于渣江西北山里组织了何田营。起义失败后，何田营的数百士兵，大多疏散于此山中耕田和开发山林，时间虽已过去了很多年，可反清复明的思想却在山民中代代相传。参加农民起义军的人，大多是何田营人的后裔，对朝廷本来就十分反感。三是山民强悍。山里人吃苦耐劳，个性强悍，为反抗朝廷，往往一呼百应，不畏艰险。因此，王甲、沈满举事，很快就拉起了一支近三百人的队伍。

这支起义军，第一个要攻打的目标就是渣江的县丞署。县丞是管收税的，县丞署是管税收的衙门，不打它打哪个？起义军祭旗后，就浩浩荡荡向渣江开来。县丞吴荣升和署里的差役人员闻讯，早就开溜了，只留下一个老仆守大门。起义军没有为难这个老人，进入县丞署以后就贴出安民告示，声明起义军只反满清，反苛税，反贪官，不扰民，并且当天就到仓场开仓发粮救济穷苦百姓。部队也安扎于县丞署和仓场两地，不经允许，士兵不准上街，以免干扰市场经营。

渣江市场那时还只有一条长街，易守难攻。它的西面是柿竹水，南面是蒸水，东面和北面是一连串水塘，街上只有两个街口和中间四个小巷子与外面相通。一遇到土匪抢劫，四个巷子可以下闸，街口可以用原木筑城门，整个街市可谓固若金汤。一听说农民起义军要来渣江，街上早已做了安排，为防守护力量不足，还将周边乡村十三个武灯班子约二百多人请来做“卫队”。农民起义军到达后，用布告和行动证明了他们不是抢劫市场的土匪，市民安了心，纷纷要求镇公会送礼劳军。镇公会经过筹划，组织了如下犒劳物资：活猪两头，活羊三只，活鸡三十只，活鸭二十只，原坛湖之酒一担。由镇公会会长杨致远、临蒸经馆馆长胡德逸领头，一行数十人带着犒劳品，从辖神巷出街，鸣鞭炮、打锣鼓、吹抬号，直往县丞署。王甲、沈满出门迎接，抱拳行礼致谢。

农民起义军只在渣江待了五天。他们把仓场贮备的一千八百担稻谷（全县的储备救灾粮），全部发放给了贫苦民众，距渣江数十里的西北山村的山民，也成群结队来领了谷子。大家都称赞起义军是“劳苦人民的军队”。第六天清早，部队出发去洪罗庙。临行前，他们点了一把火，把县丞署烧了。

十、彭大人断案

清代同治十一年秋，彭玉麟奉旨巡视长江水师，船靠安徽铜陵港，既不放接官炮，又不挂官旗，连随行的一营水师船也安排在二里外停泊待命。天刚蒙蒙亮，船上舵手报，江上漂有一具尸体。彭玉麟命打捞上岸，一看，死者竟是一位二十多岁的青年，从穿着看，应是读书人，可衣袍沾有泥污，且被撕烂了，身上有伤痕。彭玉麟望了望江面，犹豫了一下。他想，这个案子应归地方管，自己虽曾被任命为知府、巡抚，但从没到任，一直在军中任职，这事不管也罢。可转念又想，命案发生在自己巡视的江上，俗话说，人命关天，这么严重的案子，自己不管，以后如何向朝廷和同僚交代？于是就下定决心，把官服脱了，穿上微服，带着孙昌凯等四个贴身保镖，坐上一只快舟，沿着长江左岸溯流而上。舟行两个时辰，到达老洲。老洲是铜陵上游有近三千人的一个集镇，天天赶集，商贸繁荣，且江边修有一座千年古刹广济寺，香火鼎盛，连铜陵城也常有人前来烧香。彭玉麟上了岸，也想去寺内拜佛，但走到寺前一家茶馆便停住了，进馆要了一杯茶。茶馆里有十多个喝茶的，坐了四五桌，正在谈论前天寺前发生的一件事。一个中年说：“被小王爷抓去的小两口，肯定是外地人。是老洲的，早就有消息传出来了。”一个老者说：“广济寺是佛门圣地，在寺前强抢民妇，是要遭报应的。”另一个老者说：“报应，小王爷怕什么报应？他看人家的娘子长得漂亮，就连丈夫也一起抓，谁敢报官？”彭玉麟听到这里，不禁插嘴问：“小王爷姓甚？”喝茶的人感到诧异，发现彭玉麟口音不对，都沉默了。只有坐在里面桌子的一个人气愤地说：“他姓王，与知府同姓，谁不怕？”彭玉麟又问：“他住哪？”这回再没有人答话了，大家都低头喝茶。彭玉麟出了茶馆，到寺里烧了香，然后到饭馆吃饭。他漫不经心地问饭馆老板：“你们这里的小王爷住哪？”老板看了彭玉麟一眼，觉得这人穿着朴素而整洁，两眼有神，一身正气，讲话带外地口音，而且有四个壮汉跟着，就知道非等闲之辈，便细声答道：“铜陵。”彭玉麟当晚就赶回了铜陵港。

第二天上午，彭玉麟等人来到铜陵闹市。这里人山人海，商店鳞次栉比，商品琳琅满目，十分热闹。在大街的十字路口，有一装饰华丽的酒家《醉仙楼》，他们上楼选了一间靠街的雅室，准备点菜喝酒。突然，一个酒店伙计神色慌张、气喘吁吁地跑来说：“小王爷今天要来，本店不对外营业。对不起，请客官另找酒家。”彭玉麟听了，眼睛一亮，便问：“小王爷府第在哪？”那伙计觉得好笑，这妇孺皆知的事也来问，便不假思索地说：“在府台衙门，他父亲是铜陵知府。”彭玉麟豁然明晓，原来这个小王爷竟是铜陵州知府王知义的儿子，他凭着父亲的权势，在铜陵作威作福，人称“小王爷”。彭玉麟即对伙计说：“我是小王爷的朋友，从未见过面，他要我等在此等他。”伙计觉得可信，谁敢讹称小王爷的朋友？于是就下楼去了。大约过了半个时辰，一群人拥着一个衣着华丽、颐指气使的年轻人进了店。店主在门口恭迎，禀告有朋友在楼上雅室等。他二话不说，就直奔楼上，见了彭玉麟等，劈面就问："尔等可是等我的朋友？"彭玉麟抱拳行礼，说："我等正是等小王爷的朋友。素昧平生，初来铜陵，今天的酒席，就由我长江帮敬奉。"小王爷一怔，问："长江帮？总舵在哪？"孙昌凯起身答道："在岳阳，这是我帮潘总舵主。"小王爷见彭玉麟是长江帮总舵主，嚣张气焰也就收敛了许多，即客套地说："潘总舵主驾临铜陵，小弟应尽地主之谊。今天就借此小酒楼，为总舵主接风，有不到之处，敬请见谅。"为不使小王爷起疑心，彭玉麟接受了他的宴请。宴后，彭玉麟邀请小王爷一行翌日到长江帮做客，并做了相应布置和安排。

翌日上午，小王爷带了十来个随从到铜陵港来，回访长江帮潘总舵主。一进入码头，就有两行青年勇士列队欢迎他们。江边，一字排开二十多号帆船，中间一艘为楼船，高大整洁，船舷两边，有人站岗警卫。好大的气派！小王爷自愧不如。上得船来，彭玉麟出舱相迎。寒暄落座后，便有丫鬟献上君山银尖茶。小王爷看那丫鬟，年仅十六七岁，有闭月羞花之貌，沉鱼落雁之容，清艳迷人，亭亭玉立，犹如一株带露的芙蓉。小王爷心里叫绝："好个艳丽绝顶的小妮子！"竟目不转睛地望着她出神。彭玉麟见他已中计，暗喜，忙说："小王爷如果喜欢，我就将她送给你，不知意下如何？"小王爷听了，心里乐开了花，连说"诺，诺"，遂放松了警惕。彭玉麟问："几天前，我到老洲，听说小王爷获得了一年轻美妇，不知可真？"小王爷连想也没想，就答道："是的！可没到家，就头撞舱壁死了，埋在江边上。”彭玉麟又问：“她的丈夫呢?”小王爷答：“那小子，性子好倔强，打死也不肯写休书将娘子让给我，结果投了江，尸体也未捞到。”彭玉麟点了点头，略带感慨地说：“倒也死得惨烈!”小王爷不知彭玉麟说的什么意思，心里只想如何早点把这个小妮子带回去，就提前打起了退堂鼓，说：“潘总舵主，承蒙你的好意，我就收下这个小丫鬟。饭局今天就心领了，我回去还有事。”说罢，抬腿就要走。彭玉麟突然变脸，说：“既然来了，还走得了吗?”把手一挥，一声炮响，顿时，所有的帆船上都升起了水师军旗，楼船的旗杆上挂的是一面斗大的“彭”字帅旗。彭玉麟到里面换了官服出来，孙昌凯等早已将小王爷一伙人拿下。小王爷偷眼一看，潘总舵主身穿的竟是朝廷正二品的官服，比他父亲正五品足足高了六级。他想，这个总舵主，莫不是大名鼎鼎的彭大人扮的？想到这，他惊出一身冷汗，瘫软在地，连说：“彭大人，饶命。”彭玉麟厉声说：“罪大恶极，决难轻饶。”命令拖出去重责三十军棍，然后押到岸上，当众砍了头。事毕，彭玉麟修书一封，命小王爷的随从用门板抬着尸体，一起送给铜陵府知府。信上说：“你的儿子在外作威作福，强抢民妇，残害人命，严重败坏朝廷的官声。我代你处理完毕了，省得你下不了手。”王知义看见儿子的尸体，捶胸顿足，号啕大哭。不久，他也被撤职查办，充军去了新疆伊犁。

十一、文德烈士公园

在渣江的东边，耸立着一座金字塔形的高山，叫招兵山。山麓有座烈士公园，埋葬着中国人民解放军第134师401团先遣连连长等36名烈士。连长姓刘，名文德，北方人，年约30岁。

1949年4月，解放军渡过长江后，乘胜追击，国民党军队节节败退。刘文德带领全连，从长江北岸一直打到湖南长沙，还未喘一口气，又奉命参加衡宝战役，任务是打穿插。10月2日深夜，刘文德率部进入渣江。这是湘南的一个临河小镇，人口约3000。月光下，街上空荡荡、静悄悄的，连一声狗叫都没有，黑灯瞎火，了无生气。为什么会这样？七天前，国民党数万部队撤去邵阳、贵州，途经渣江，勒令街上两边店铺要日夜供应茶水、熟鸡蛋、香烟、火柴，全镇每天要派2000斤大米、300斤猪肉、300斤塘鱼。

文德烈士纪念碑

几天过去，镇上好像遭到了一场洗劫，连狗也被当兵的吃了。为了不打扰市民休息，刘文德布置岗哨后，命令连队沿街露营。第二天清早，市民起来开店门，发现街两边都睡满了军人，他们没有解被包，仅坐地背靠墙壁或货柜台而睡，怀中还抱着大枪。市民大为惊讶，从未见过这么好的部队，纪律严明，宁愿露宿街头，也不肯惊扰民众。不久，就有人引部队去了仓场，那是历来安排过往部队住宿的地方。街上照常开门营业，军人上街买米、买菜、买柴和杂物，一律照市价付钱，他们讲北方话，称市民为“老乡”，待人和气，不像国民党兵那样凶狠横蛮，买东西不给钱。市民喜欢这支部队，希望他们能多住一些日子。不料，他们当晚就悄悄地走了，经凌家町去盐田桥方向。

当时，国、共双方的战斗部队经常遭遇。国民党一个加强团从长江南岸撤下来，4000 多人只剩下 500 来人。他们在衡阳北乡山里躲了好多天，不敢露面，怕碰上解放军。中秋节的前一天，他们从山里出来了，想从盐田桥经渣江去邵阳，然后撤往贵州。他们昼伏夜行，刚行进到招兵山时，就碰上了刘文德率领的连队。

遭遇战一打响，敌人凭借人多迅速抢占了山头制高点，并构筑工事。刘文德立即组织战士利用地形、地物往上攻。敌人装备明显优于解放军，敌人大多持的是美式装备，还有小钢炮，而解放军持的多是中正式、三八式步枪，全连只有两挺歪把子轻机枪。解放军一次又一次往上攻，当攻到距敌人工事只有 30 来米时，就投掷集束手榴弹，杀死了许多敌人。但在进攻中，解放军也伤亡不少。战斗一直持续到第二

文德公园

天，进驻周边地区的解放军闻讯赶来，一起消灭了这股敌军。战斗结束，清点人数，解放军共牺牲刘文德连长等 36 人。当地村民备了棺材，把烈士安葬于招兵山麓，并在坟上竖碑，上书“连长刘文德等三十六位烈士之墓”。

为纪念刘文德等烈士，1954 年，当地将光正乡改为“文德乡”（现为渣江镇文德村）。1989 年，烈士墓被公布为衡阳县文物保护单位。2012 年，对烈士墓地进行了扩建和提质改造，建成“文德烈士公园”。现在，每逢清明、节假日，都有人前来瞻仰、扫墓。

十二、吴小贵上交出土文物

1988 年 9 月的一天，正在衡阳市打工的吴小贵，突然接到他叔叔的电话，要他赶紧回去，帮忙做红砖，准备砌屋。吴小贵是衡阳县渣江区赤石乡赤石村人，家住大基坪小鸡岭。大基坪非常有名，它距渣江镇只有一公里，与有数千亩平整良田的东湖町相邻，是一片比平町仅高出约 20 米的平岭，面积宽达数平方公里。岭上盛产黄土，部分地方已开发为果木园，但有的地方仍然荒芜，杂草丛生。古代，这里是大坟场，因此，村民在取土做砖、砌屋挖地基时，偶尔会挖出一些印纹硬陶残片、残件。

吴小贵回家很方便。他家就在西渡至渣江公路的旁边，距衡阳县二中不到 200 米。他当天就回到了家里。第二天，他拿了一把锄头，到屋后的土堆挖土做砖。挖着，挖着，不意锄头挖到一件东西，“哐”地响了一下。他马上丢掉锄头，

大基坪

出土文物的土堆

扒开土一看，竟然是一片湿漉漉的金属，他马上意识到这是文物。于是，就用手把黄土扒开，把文物取出来。没想到，文物不止一件，而是五件，它们堆在一起。

吴小贵赶忙脱下身上的衣服，把文物包好，抱到屋里。叔叔、婶子们来了，他把文物摊开摆到地上。大家看这五件绿锈斑斑的东西，不知是铜的还是铁的，也不知是哪个朝代的，心里都是一团雾。其实，这五件文物已在土里埋了两千五百年以上，是春秋时期生活在渣江地区的越人首领，率领族人祭祀部落坟山时埋下的。这五件青铜器分别是：盛酒的卣一件，煮食物的鼎一件，蒸食物的甑一件，用以作战的钺两件。他们把这些祭品埋入地下，奉献给在黄泉下生活的祖先，希望能得到庇佑。对于这些价值连城的文物，怎么处理，众人的意见也不一致。有的主张交公家，有的主张自己收藏，有的主张高价卖给文物贩子，等等。吴小贵年纪不大，但见多识广，胸有成竹。他说：“我在城里打工，工地挖出的文物，一律交给国家，这是文物法规定的。今天挖出的这些东西，哪怕它是砣金子，也不能要。我不能违法。”说完，他就从家里找出一担小箩，把文物用破布包好，放到箩里，挑着去渣江派出所报案。

派出所的同志热情地接待了他，给他做了详细登记，并立即电告县文化局和县文物管理所。过了两天，市博物馆、市文化局、市公安局的同志来到了渣江，对文物做了认真、细致的鉴定，确定这些文物为珍贵文物，决定征集入馆收藏，当天就将文物带回了市博物馆。

当年 11 月的一天，湖南省人民政府、衡阳市人民政府在衡阳市老干活动中心召开电视表彰大会，由湖南省文物事业管理局代表湖南省人民政府对吴小贵颁发了二等功立功证书，衡阳市有关部门此前对他颁发了奖金。由此，吴小贵成了全省爱护文物、保护文物的模范和标兵，民众都十分敬佩他。

第十四章　玉麟家书（选校注）

一、禀母

（告与高明经论学事）

梅花深处，夜读弥[1]欢。天降雪，几迷人境。乃有洛川高明经翩其莅止[2]，空山謦咳[3]，相见恨晚。明经问科名已售[4]否？曰：潦倒一生，愧无寸进。彼乃痛诋科场帘官之丑[5]，专以迎合己意为进退，而无真是非。且谓以君雄迈荦卓[6]之文，犹作韫椟之璧[7]，沉渊之珠，使人生憾。男闻言，第觉汗流之浃背耳。自陈[8]不敢效庸俗之有傲气，一衿未青便骂试官，宁反求诸己[9]，力戒自满焉。明经深许吾言，但谓禄仕不远而退。此人来得奇特，男窃[10]疑之。

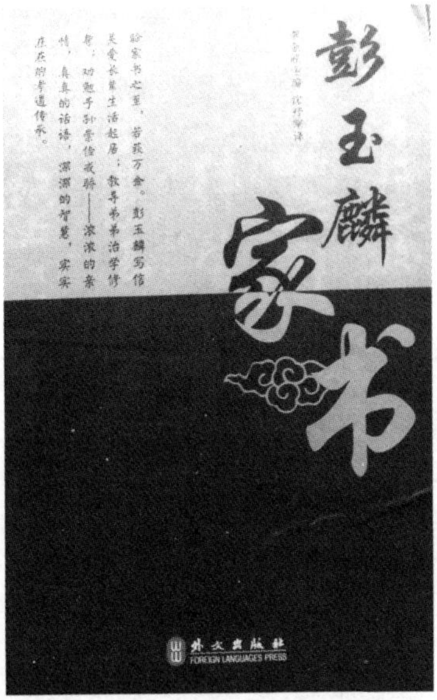

注解：

①弥：更加。

②洛川：今陕西洛川县。翩其莅止：翩翩来到。

③空山謦咳（qǐngkài）：在空寂的山中听到人的谈笑声，比喻难得的音信、言论。謦咳，比喻谈笑。

④售：实现。

⑤彼：他。痛诋：极力诋毁。科场帘官：科场官员。

⑥荦（luò）卓：超绝。

⑦韫（yùn）：蕴藏。椟（dú）：木柜，木匣。璧：平而圆，中心有孔的玉。

⑧陈：叙述，说明。

⑨反求诸己：意为从自身寻找原因，或对自己提出要求。语出《孟子·公孙丑上》。

⑩窃：私下。谦词。

二、致弟

（述学诗法）

闻弟酷爱吟咏，诗才清逸，笔与元遗山[1]近似。但不可乱翻各家集，汩没性灵[2]。须先学一体，不可各体同学。兄学诗，五古则规摩《文选》[3]，七古则祖述昌黎[4]。五七律喜读杜作[⑤]，兼求苏、黄[⑥]。自不敢谓功夫深，门径捷，要亦求吾之所嗜，随性之所近耳。对于选本，万不敢读，以其不专，看之，反无把握耳。所寄近作，迩来以事极繁冗[⑦]，只批十之二三。然弟之旨趣，已为兄窥测[⑧]，愿再勉于暗然尚絅[⑨]之意，少年人大忌牢骚也。

注解：

①元遗山：本名元好问（公元 1190—1257 年），字裕之，号遗山。太原秀容（今山西忻州市）人。在中国文学批评史上占有一定地位，有《遗山先生全集》。

②汩没性灵：埋葬个性和灵感。

③规摩：切磋揣摩。《文选》：南北朝梁代文学家萧统编选的一部诗文总集，又称《昭明文选》。

④祖述：尊崇和效法。昌黎：唐韩愈（公元 768—824 年），世居颍川，常据先世郡望，自称昌黎人，门人李汉编韩愈诗文，因题名为《昌黎先生集》。

⑤杜作：唐代杜甫（公元 712—770 年）的诗作，《杜工部集》。

⑥苏、黄：苏轼（公元 1037—1101 年），我国文学史上杰出作家。黄庭坚（公元 1045—1105 年），宋代著名作家。

⑦迩来：近来。繁冗：繁杂。

⑧窥测：窥探推测。

⑨暗然尚絅（jiǒng）：淡泊名利，过布衣生活之意。絅，罩在外面的单衣。

三、致蛟弟

（论学书之法）

近阅来书，字体苍劲，似柳州[①]，可见致力已深。但兄谓弟之笔意，苍劲处太觉瘦削，宜将颜真卿[2]书郭家庙参入，魄力雄浑，似较沉着。朴盦[3]近鬻书自活，临池（拨）〔泼〕墨，求者踵接[4]，其所书直抚《云麾碑》项背[5]，超卓可喜。离弟家甚近，盍[6]访之？作师作友，都有裨益。兄近日托渠[7]挥洒一幅，悬之中堂，朋从多激赏之。谓渠笔意孤高，百世后必与笼鹅[8]争誉也。吾家旧拓庙碑，圭角峭厉[9]，存东厢笥[10]中。此数十幅，为我赠渠二页，以喻钦敬耳。

注解：

①柳州：柳宗元（公元773—819年），唐书法家，字子厚。曾任柳州刺史，故又称柳州。

②颜真卿（公元708—784年）：字清臣，唐代书法家。善正、草书，笔力遒婉，为百世之宗。《郭家庙碑》为其所书。

③朴盦（ān）：彭玉麟之友，书法家，以鬻书卖字为生。

④踵接：即接踵，后面人的脚尖接着前面人的脚跟，形容人多。

⑤直抚《云麾碑》项背：得到了《云麾碑》的精髓。

⑥盍（hé）：何。

⑦渠：他。

⑧笼鹅：代指晋代书法家王羲之。王爱养鹅。

⑨圭角：圭的棱角，比喻锋芒。峭厉：形容笔锋刚劲。

⑩笥（sì）：一种盛饭食或衣物的竹器。

四、谕子

（诫有恒）

余近日以军务倥偬[1]，寝食不安，幸得汝[2]母贤能，可无内顾忧。尝谓士贵立志，何患令名之不彰[③]，何患家运之不兴？曩昔[④]风灯夜读，齑粥自励[⑤]，何尝忘怀。汝勿邀承余荫[⑥]，便而骄纵。读书当有恒心，切勿得新厌故。可将每月功课，写明告我，作诗几首，作文几首，点经几卷，点史几卷，须要详细勿漏，则我心欢喜也。写字每晨至少须临帖[⑦]百字。自五月初一起，天气渐热，早起为佳，早起一小时，便多学一分。晨气清，神志亦清，此时作事，处处易得天籁[⑧]。吾家本诗礼门阀[⑨]，岂容有不肖之子？勤与朴，为余处世立身之道，有恒又为勤朴之根源。余虽在军中，尚日日写字十页，看书二十页，看后，用朱笔圈批，日必了此功课为佳。偶遇事冗，虽明日补书补看亦不欢，故必忙里偷闲而为之。然此策尚下[⑩]，故必早起数时以为之，决不肯今日耽搁，谓有明日可补，亦不肯以明日有事，今日预为。如是者[⑪]数年，未尝间断，亦无所苦。要汝将余方法试习之，牢记“有恒”两字，则陶侃运甓[⑫]何为？可以悟。望汝刻刻留心。

注解：

①余：我。倥偬（kǒngzǒng）：事多，繁忙。

②汝：你，你的。

③令：善，美。彰：显著，显扬。

④曩（nǎng）昔：以往，以前。

⑤齑（jī）：切碎的姜、葱、蒜等。励：勉励、激励。

⑥邀：迎候。承：继承。荫：庇荫，指封建时代子孙因先代官爵而受到封赏。

⑦临帖：照着字帖练习写字。

⑧天籁（lài）：自然的声音，如风声、鸟声、流水声等。此处指自然

的妙趣。

⑨门阀：旧指在社会上有权有势的家族、家庭。

⑩尚下：尚且为下策。

⑪如是者：像这样。

⑫陶侃运甓（pì）：陶侃（公元259—334年），晋浔阳（今江西九江市）人。封长沙郡公，都督八州军事。在广州任刺史时，曾朝运百砖于房外，暮运于房内，以励志勤力。

五、谕子

（谕学宜刻苦）

弓待檠而后能调[①]，剑待砥[②]而后能利。玉坚无敌，镂[③]以为兽。木直中绳[④]，揉[⑤]以为轮。此《淮南》之谕[⑥]学，汝须牢记。汝天分本低，譬之钝锋，必施磨砺。譬之珷玞[⑦]，必加雕琢。慎勿求其速，速则刃角折觖[⑧]，良工[⑨]致憾。旷功疲神而美不彰[⑩]。

注解：

①檠（qíng）：矫正弓弩的器具。调：调整，协调。

②砥（dǐ）：磨。

③镂（lòu）：雕刻。

④中绳：木材直得合乎拉直的墨线。

⑤揉（róu）：这里指用火烘木使弯曲。

⑥谕：教诲。

⑦珷玞（wǔfū）：像玉的石块，亦作碔砆。

⑧觖（jué）：本意为不满足。此处当作“缺”，破损。

⑨良工：技艺高超的匠人。

⑩旷功疲神：荒废功夫，疲劳精神。美不彰：美显示不出来。

六、谕玉孙

（劝力学为通儒）

汝父以不羁[①]之性，误军令而论斩，吾宗有后，血胤在尔[②]。汝父少不学，督率过严，辄跅弛[③]，余切诫之。以其凶终恐覆吾祚[④]，今幸老朽可保首领，而令名未为渠伤，足可慰已。汝年虽稚，有跨灶[⑤]之誉，接尔安禀[⑥]，觉字体骨秀得之天，文法高迈疑素习。吾祖孙间，何不可曲致其情[⑦]，乃类孔氏，道不垂伯鲤而及子思耶[⑧]？今后但求汝不应科举，不习刀马，隐于穷荒，读破万卷书为通儒，于愿已奢。噫！缅怀杀戒，令吾悾忡[⑨]。

注解：

①不羁：不受拘束，放荡。

②血胤（yìn）：血统。胤，后代。尔：你。

③跅弛（tuòchí）：放荡，无拘束。

④终恐覆吾祚（zuò）：最终可能倾覆我们家族。

⑤跨灶：谓子胜于父。

⑥接尔安禀：收到你的来信。

⑦曲致其情：委婉地表达情感。

⑧不垂：不传。伯鲤：孔子子，字伯鱼。年五十，先孔子卒。子思：名孔伋，孔鲤子，受学于曾子，独传孔门心法，作《中庸》以述父师之意，后世称为述圣。

⑨悾忡（kōngchōng）：忧心忡忡。

七、谕玉孙

（诫骄奢）

富不学奢而奢，贫不学俭而俭，习于常也。吾家素[①]清贫，今虽致高爵，而余未能忘情于敝袍。跨马巡行，芒鞋[②]一双辄相随。每见世家子弟，骄奢淫佚，恨不一一擒而置之法。乃读《老子》运夷云："富贵而骄，自遗其咎。"则又付之浩叹而已。汝来书，不愿锦衣玉食，良足与语俭德[③]。然颐指气使，饱食暖衣而无所事者，犹觉奢。小婢一人，用供汝祖母驱使，老仆司[④]门户。彼亦人子，以贫而来依，不宜妄加呼叱。犯过温喻[⑤]之，蒲鞭示责[⑥]，仁者为之，能如是，彼未必不乐为之用，尔其慎守[⑦]余言。

注解：

①素：向来，一向。

②芒鞋：草鞋。

③良足与语俭德：值得与你讲讲节俭的美德了。

④司：掌管，看守。

⑤温喻：温和地教导。喻，告诉，使人知道。

⑥蒲鞭：用蒲草当鞭子。示责：表示责罚。

⑦慎守：小心翼翼地守持。

八、谕玉孙

（论为学之道）

为学之道，须克己[①]，尽心养性[②]，保全天之所以赋于我者，黾勉[3]求之，事半功倍。切不可轻率评讥古人。尝见朋侪[4]中有恃才傲物者，动辄以人不如己而骄恣[5]，到底潦倒一生，没齿而无闻[6]。其讲理学者，动好评贬汉士。其讲汉学者，动好评贬宋儒。自识者[7]观之，彼其所造[8]，曾无几何[9]。故吾人力学，当除傲气，当戒自满，庶几[10]有进步。于古人书，一一虚心涵泳[11]，而不妄加评骘[12]。则沽名钓誉之念可以息，徇外为人之私[13]可以消。

注解：

①克己：克制自己。

②养性：保养性情。

③黾（mǐn）勉：努力，勉力。

④朋侪（chái）：朋友，同事。

⑤骄恣：骄傲放纵。

⑥没（mò）齿而无闻：终身未出名。没齿，终身。

⑦自识者：有见识的人。

⑧所造：所创立的东西。

⑨曾无几何：也没有什么。

⑩庶几：差不多，也许。

⑪涵泳：包容领会。

⑫评骘（zhì）：批评褒扬，即褒贬。

⑬徇外为人之私：向外人炫耀的私心。

九、致弟

（读《汉书》法）

玉孙读书，大有进境，近闻喜阅《史》《汉》，老怀弥觉欣慰。但看《汉书》，须通小学训诂之书[①]，则假借奇字，可以识得，又必须略看段氏《说文》[②]，入门较易。吾弟对于小学、《说文》，两者素多心得，敢烦从中指点。王念孙先生《汉书训诂》极详博，著有《读书杂志》，可嘱玉孙常置案头参考之。每日圈点二十页，二十页后勿再贪。读时设身处地，如与古人坐一室中，酬酢[③]笑语，冥思默索[④]，与目今时势相参照，穷其事理，庶得读《汉》之能事矣[⑤]。

注解：

①小学：指研究文字、训诂、音韵的学问，古时小学先教六书，所以有此名。训诂：对古书字句做解释。

②段氏《说文》：段玉裁的《说文解字注》。

③酬酢（zuò）：宾主互相敬酒。

④冥思默索：深思默想。

⑤庶得：也许能够得到。能事：最擅长的本领。

十、致蛰蛟弟

（戒恃才傲物且嘱求学有恒）

闻钊侄今春入泮[①]，大佳。犹忆数年前，同乡罗子俊与钊侄同读，当时钊侄嶷然[②]露头角，老辈先生交口称誉。子俊见誉不及己，背后出丑语。此人至今，尚未青一衿[③]，究竟恃才傲物是大忌，可嘱钊侄得勿自满。帖括[④]外，当一志从事于前辈大家之文，科名尚不及文章，文章不朽，传之久而学之难，则当有恒。婺源[⑤]汪双池先生，三十年前为人佣，三十年后发奋读书，卒成本朝有数名儒，亦不过有恒立志而已。况侄辈有良师可问难，有益友可规摹[⑥]，读书无成，愧对婺源矣。

注解：

①入泮（pàn）：科举时代称生员入学为入泮。

②嶷（yí）然：高耸貌。

③尚未青一衿：此处指尚未考取功名。青衿，古代学子的服饰，明清科举时代专指秀才。

④帖括：科举考试文体之名。

⑤婺（wù）源：今江西婺源县。

⑥规摹：意为效仿。

十一、谕玉孙

（告学诗之法）

做诗须从心坎[①]中发出，风花雪月[②]，一味胡诌[③]，是小家气派。《太平御览》中有几句话，很切做诗之法：虚无之谈，尚其华藻[④]，无异春蛙秋蝉[⑤]，聒耳[⑥]而已，便是无病而呻[⑦]之概例。诗者言志[⑧]，古人已经说及。袁子才[⑨]先生亦云，“骨里无诗莫浪吟”[⑩]，都是一般意思。汝来书说近日文会风流[⑪]，颇形萧索[⑫]，正可及时自读，学杜学韩[⑬]，总是学不坏。发为音声，句句要有着落方好，万不可看选本，杂言[⑭]最害正理也。余近来体气虚弱，看书写字，便觉耳鸣手颤，军务之余，尚不肯偷懒。自知老境[⑮]弥增，恐怕古人尚有许多好书好句，此生看不到也。

注解：

①心坎：内心深处。

②风花雪月：转指堆砌辞藻而内容空虚的诗文。

③胡诌：随口瞎说。

④尚其华藻：推崇华丽的辞藻。

⑤无异春蛙秋蝉：与春天嚷叫的青蛙、秋天鸣呼的蝉没什么两样。

⑥聒（guō）耳：杂乱刺耳。

⑦无病而呻：无病呻吟。

⑧诗者言志：意为诗歌是表达思想感情的。

⑨袁子才：即袁枚，清乾隆时著名诗人、文学评论家。

⑩骨里无诗莫浪吟：心里没有要表达的思想感情，就不要作诗。

⑪文会：以文会友。风流：指有才学不拘礼法的人。

⑫颇形萧索：表现缺乏生机，很不热闹。

⑬杜：杜甫。韩：韩愈。

⑭杂言：杂乱的文句。

⑮老境：指老年时期。

十二、禀叔

（告赈灾事）

人民遭疮痛[①]之深，归无庐舍[②]，食无糗[③]粮，衣薄而天寒，鸿嗷遍野[④]，触景生悲。朝廷虽有赈恤[⑤]，然远水不救近火，待受皇恩，民早冻馁毙沟壑中[⑥]矣。侄尝闻仁者言，济急须济急时无[⑦]，所以将官囊所得[⑧]，随缘先行布施。见一家之中，被匪杀害数口者，或流离转徙[⑨]归来房屋被焚者，或房屋尚存、无衣无食者，概畀[⑩]数金，俾[⑪]得苟延残喘。其余造册散赈诸事[⑫]，深恐挂一漏万，常督率属吏，谨慎将事，如此办理，于心稍觉安泰。然独恨吾非豪富，倾家以泛爱博施，拯民水火，登诸衽席也[13]。

注解：

①疮痛：创伤，痛苦。

②庐舍：房屋。

③糗（qiǔ）：干粮。

④鸿嗷遍野：比喻到处都是呻吟呼号、流离失所的灾民。鸿嗷，哀鸣的大雁。

⑤赈恤：赈济抚恤。

⑥冻馁毙（bì）沟壑中：冻饿死在沟渠中。

⑦济急须济急时无：救急须救急那些最困难的人。

⑧官囊所得：朝廷给的俸禄。

⑨流离转徙（xǐ）：流转离散。

⑩概畀（bì）：一概给予。

⑪俾（bǐ）：使。

⑫造册：编制名册。散赈诸事：赈灾等事项。

⑬登诸衽（rèn）席也：过上太平安居的生活。衽席，睡觉用的席子。

十三、禀叔

（周济穷亲并办小学事）

前寄白银四千两，乃攻克田镇[1]时，帅营所犒赏。侄思此银，都从头颅血肉丛中取得来，于心不安，想家乡多苦百姓、苦亲戚，正好将此银子行些方便，亦一乐也。彭城[2]老伯母，苦节五十年，族中无贤子侄可以靠傍，侄意按月赡养之。五舅年老，穷守村塾，虽是乐天知命，无求于人，做小辈理宜孝敬。可惜守敬叔和王、丁两家遭匪难，路途杳远，音问莫从，侄意派人四处寻访，馈金酬报曩昔知遇之恩，省得来世变犬变马。其余可以偿清旧债。渠等见侄做官，不敢来索，适以增吾罪恶，吾必还清，便是夜来睡眠，也觉安宁。吾觉乡里间，唯侄显达，人皆穷苦，是天之待侄独厚，或者天非待侄独厚，把许多人福命完全归我，要我去代他方便。所以想村中塾师，多是冬烘头脑[③]，没个博学鸿儒来启蒙牖俗[④]。想请五舅屈尊，把一般孩子，好好教导，替吾乡造就几个人才，便是替国家增若干元气。可从四千两银子中分拨若干，作为兴学之用。至于家祠春祀之奉[⑤]，侄已着彭忠带呈。

注解：

①田镇：亦名田家镇，位于湖北省武穴市西北，长江北岸。历来为兵家必争之地。清咸丰四年（公元 1854 年）秋，陈玉成于田镇半壁山以铁索拦江，以阻舟师，曾国藩会同彭玉麟等力攻破之，由是湖北肃清，湘军水师名扬天下。

②彭城：今江苏省徐州市。

③冬烘头脑：思想迂腐，知识浅陋。

④启蒙牖（yǒu）俗：启蒙教育。“牖”通“诱”，诱导。

⑤奉：给，献给（钱物）。

十四、禀叔

（述不敢苟取）

从来带兵之官，辄多克扣军粮，私肥囊橐[①]。近世何尝免得？侄深愧不能禁人之不取，但求我身勿犯。部下虽皆听命，一军欢洽，奈僚属中似不少内疚者，辄以意风示[②]之，谓仰答圣恩，俯蓄士勇，要本良心做事。军中有时因官俸艰窘[③]者，焦思苦虑，形槁神瘠[④]，辄惄[⑤]焉忧之，僭以私禄赡彼家中[⑥]。若向民间筹饷，当大乱后疮痍未平，怎能说得出口，以重苦百姓，有丝毫妄取，便增极大罪过。近来不寄家用，即为此故。

注解：

①私肥囊橐（nánggāo）：即中饱私囊。

②风示：晓谕、教诲、告诫。

③官俸艰窘（jiǒng）：官员俸禄缺乏。窘，生活困迫。

④形槁（gǎo）神瘠（jí）：形容枯槁。

⑤惄（nì）：忧郁、伤痛。

⑥僭：僭越。私禄：自己的俸禄。赡：供养。

十五、致弟

（述节用济众）

守财不施，谓之钱奴。为人一世中，不过衣食住三者最不可少，然而衣求温暖，食求果腹，夜眠六尺地，入梦便似死人然，何必衣必锦绣，食必膏粱，起造高大房屋，美轮美奂矣，亦享受微几[①]？况夫象以齿焚，麝以香殒，多藏诲盗[②]一语，切当之至[③]。处兹乱世，钱愈多则患愈大，一年足敷[④]温饱，便是大福分，大富贵。要钱多何用？心劳日拙，最可鄙。从来富人有几辈留存齿颊，标名青史？倒不及穷酸力学，一篇文章，不覆瓿[⑤]，便笼纱，流传来得永久。即是要钱多，养得不肖子孙，狂嫖滥赌，挥霍无度，纵有铜山亦可倾。所以吾但望子孙贤能，不望金钱富饶。子孙不肖，积衣、积谷、积银、积钱、积产、积书，都无用处。彼见钱多，不知艰难撙节[⑥]，游荡骄轶，反而害渠一生。每见富家子弟读书，但求虚饰而不知实际，造就者少。唯贫窭者吃得苦中苦，孜孜兀兀[⑦]，反多成就。故对子弟，切戒奢侈。要钱用，必须自己筹划，勿为分利而为生利者。对于穷困之士，理宜周恤。余在军中不茹荤[⑧]，但嚼菜根，觉得甜蜜有谏果[⑨]回味之妙，力自节省。想朱轼[⑩]尝云：省一酒食之费，可活几人。省一交际之费，可活几人。少一簪珥衣被之费，可活几人。省一布施僧道礼拜神像纸钱牲牢之费，可活几人。当此世乱年荒，每思节用以利民生。俸禄所入，除奉甘旨[⑪]外，每移赈民间，非如冯谖市义[⑫]，但求吾心所安而已。

注解：

①微几：多少。

②多藏诲盗：意为财物收藏多了，等于诱人偷盗。

③切当之至：贴切恰当极了。

④敷：足、够。

⑤覆瓿（bù）：谦词，比喻自己的著作价值不高，只能用来盖酱罐。

⑥撙（zǔn）节：节制，节约。

⑦孜孜：勤勉，努力不懈。兀（wù）兀：勤勉不止貌。

⑧不茹荤：不吃荤腥。

⑨谏果：橄榄，因果味虽涩，但食后回甘，犹忠言逆耳，故名谏果。

⑩朱轼（shì）：清康熙进士，官至文华殿大学士，兼吏部尚书。

⑪甘旨：美味，后多用作奉养父母之词。

⑫冯谖（xuān）市义：战国时，齐国孟尝君使冯谖收债于薛，冯谖焚债契而归。后因以为典故，谓收买民心。

十六、禀叔

（诫子骄纵及寄家用银两）

闻不肖子在乡党[①]间作威作福，坏吾官声不少。渠本不识艰苦，生享父荫，眼孔大，口气大，安富尊荣，颐指气使，骄傲之心，入放膏肓而不可救药。尊长呼叱，不知改过趋善，自省自惕，吾深以为虑。这总是侄久离家庭，少教诲所致。近饬[②]彭忠奉上家书，并附白银百两，请以半数拨五舅塾中，作膏火[③]之资。且恳五舅，将不肖子严加约束，吾心庶慰。若再怙恶不悛[④]，当调彼来营服务，使尝午夜星霜，五更刁斗之苦。

注解：

①乡党：指乡里、家乡。古代居民以五百家为一党，一万二千五百家为乡，合而称乡党。

②饬（chì）：命令。

③膏火：灯火。膏，灯油。借指求学的费用。

④怙恶不悛：坚持作恶，不肯悔改。

十七、谕子

（诫浮华逸乐）

汝性日疏懒[①]，乃不知作家书，骨肉之情何其疏[②]！忆余少年时，盼家书之至，若获万金。汝祖母书不来，则惊甚于风鹤[③]，不敢云孝，第[④]觉挚爱之心盎然也。处境略优，即当思来处不易。朱伯庐先生《治家格言》，汝岂未之见耶？乃厌粗（砺）〔粝〕而饫肥甘[⑤]，御锦绣而弃杼轴[⑥]，此即趋凶蠲[⑦]吉，自取堕落之道。君子固穷，穷者《剥》之境，而《复》之幾也[⑧]。小人则时时求逸乐，逸乐乃凶神恶煞之饵，所以杀庸俗者。吾起身贫窭，近跻[⑨]高位，但知守缺而不敢求全，常引“日中则昃”“月盈则亏”之理以自警。奈何汝竟骄满，悖逆[⑩]其长上哉！曾帅尝名其所居曰“求缺斋”，诏其子孙曰：“宁求缺于一生，而求全于堂上[⑪]。”汝可将此语，时时反覆忆诵之。

注解：

①疏懒：懒散。

②疏：疏远。

③惊甚于风鹤：比风中的孤鹤还要害怕。

④第：但是。

⑤厌粗粝（lì）而饫（yù）肥甘：厌恶粗糙的食品而饱食精美的食品。

⑥御锦绣而弃杼（zhù）轴：穿锦绣衣服而抛弃土布衣服。

⑦蠲（juān）：免除，去掉。

⑧《剥》之境，而《复》之幾也：即剥复之机，意为盛衰、消长的时期。出自《周易》杂卦。

⑨跻（jī）：上升，登。

⑩悖（bèi）逆：违反正道，犯上作乱。

⑪堂上：指父母。

十八、致弟

（述藏书之难）

前日微行书肆[①]，购得《归震川文集》[②]四十卷，《后汉书》百卷，《诗经大全》二十卷，价银只数两。归而展读，都有朱笔圈点，眉批旁注。想见书主人从前一番好学之心，必有子孙不肖，盗窃出售。于是慨念子弟之贤顽，处处惹祖宗忧虑。莫说家藏黄白[③]，诲盗贻戚[④]，即此数卷心血，亦不能为之保存。吾今虽为之保存，又不知吾之子孙，能永世勿替[⑤]，代我保存否？古人诗“贫不卖书留教子”，亦难矣哉！

注解：

①微行：为隐蔽自己的身份，改穿便衣而出行。书肆：书店。

②《归震川文集》：作者归有光（公元1507—1571年），字熙甫，时称震川先生。官至南京太仆寺丞。

③黄白：指黄金白银。

④诲盗贻（yí）戚：即诱人盗窃，留下忧愁。贻，遗留。

⑤永世勿替：永远不会衰落。替，衰落、废败。

十九、谕玉孙

（论贫贱不足羞，在立言立行）

吕坤[①]语：贫不足羞，可羞是贫而无志。贱不足恶，可恶是贱而无能。是以立言立行之外，尚须立德立功。人有一技之长以自养，不求人以取辱，便是大丈夫。依赖成性，仰人鼻息，最可耻。童子鸿不肯因人而炊[2]，便可敬。寥寥此数语，在汝信中见之，使我欢喜。稚年已悟道，他日必能光吾门楣[3]。今特寄汝白银十两，作买书佐读之需。《昌黎文集》全部，每日须看二十页，勿间断。近来世道人心大变，深似《货殖传》[4]所云，富者土木被文锦，犬马余肉粟，而贫者短褐不完，嗆菽饮水。那得不乱！但是经此浩劫之后，贫者行素而易活，富者暴落而难生，嗷嗷之态，更觉可怜。汝必有所警惕矣。

注解：

①吕坤：号心吾，明万历进士，官至山西巡抚、刑部侍郎。著有《去伪斋文集》。

②童子鸿：东汉梁鸿不肯用别人的炊具做饭。

③门楣：指门第。

④《货殖传》：指《史记·货殖列传》。

二十、禀母

（告习静后之所得）

习静之后，颇有所得，觉万事空寂，此心转觉安定。外欲不侵，外魔不入，于一生罪过，历历不爽[1]，立意锐改，磨其垢污，而嚼然，而焕然。眼前境地，一例[2]清凉，如释重负然。窥事事理明，读书书义透，可谓洗心退藏[3]，极静中之真乐者矣。

注解：

①历历不爽：形容非常清楚准确，没有差错。历历，清楚、分明。不爽，没有差错。

②一例：一概、一律。

③洗心退藏：意即清心寡欲之意。

二十一、禀叔

（告近日治军之道）

吾初入营，性气自觉刚暴，少涵养，杀敌直前，勇则勇矣，较今多挫折。近乃悟木坚则摧，水柔可容，每出师力求稳当和变化，佐之以精到简捷，便觉破敌如拉朽。对僚属强制其锋芒，而示谦退，如服平肝降气散一剂。唯于统率各军，示以威信，不稍懈。盖军人如马，踬弛而民受其殃。当兹饷需匮乏，更注意裁汰冗员，免得虚糜国库。一一甄别，资遣归故里。日事操练，恐师老则疲，玩久生偷[①]，损江南水师昔日之威名也。

注解：

①偷：苟且，如偷生，偷安。

二十二、致弟

（述进德修业之可贵）

钊侄书来，以未入学为忧，余心窃[①]不以为然。吾人只有进德修业是分内事，“科名[②]”两字乃是身外事。分内事由我作主，得尺则我之尺也，得寸则我之寸也。进德至何等地步，便算我之地步。修业至何等光景，便算我之光景。至于科名，由命中注定，丝毫不能自主。便算得了科名，德可以不进、业可以不修否？抑“科名”两字，是进德修业之止境耶？若定要拘拘[3]于科名，则所修学业非为自己学，乃为科名学，吾未见其成。今侄年轻，迟早之数则可谈，终身无望即不可说，若以此次小试不售[4]遽发牢骚，骂主考，骂学院，即自认是才学好，有了限止便无进益。若以此次小试不售，遽生忧闷，则窃叹其所志者小，而所忧者不大也。君子先天下之忧而忧，乃忧不能继内圣外王[5]之业，乃忧不能尽修齐平治[6]之心。德不进，业不修，则足忧之。贪不廉，懦不立[7]，则足忧之。贤否[8]不明，仁惠不施，悲天命而悯人穷，此皆天下之隐忧。我宜独先其忧者也。若夫微名之得失，世俗之荣辱，君子固未暇[9]及此也。请弟将此意转谕之。

注解：

①窃：谦词，私下，私自。

②科名：科举制取士的名目。

③拘拘：拘泥于。

④售：成功，实现。

⑤内圣外王（wàng）：中国古代的一种理想人格。即内修圣人之德，外施王者之政或外务社会事功。

⑥修齐平治：即修身、齐家、治国、平天下。

⑦懦不立：懦弱不能自立。

⑧贤否（pǐ）：好坏。贤，有德行才能的人。否，坏人、恶人。

⑨未暇：谓没有时间顾及。

二十三、致弟

（告威信之宜立）

治家贵严，严父常多孝子，不严则子弟之习气日就佚惰[①]，而流弊[②]不可胜言矣。治军何独不然？威信不立，军心日弛。即弛矣，虽加鞭棰而不乐于就羁勒[③]，必损其群。故严父之于子，慎始克终[④]，主将之于勇，杜微防渐，其敬畏之道，又非以身作则不为功。余在九江，率水师剿匪，夜睡甚少而起独早，迨[⑤]余起而全营皆先余起矣。询之，曰："将军治事烦剧[⑥]，犹早起，勇可独晏[⑦]乎？"自入安徽抚署后，犹不敢求怡悦，恐失其威信也。

注解：

①佚惰：贪图安逸，懒惰。

②流弊：滋生或相沿而成的弊端。

③羁勒：管束。

④慎始克终：谨慎开始，获得最后成功。

⑤迨（dài）：等到。

⑥烦剧：繁重。

⑦晏：晚。

二十四、谕子

（示刚柔之道）

强凌弱，众暴寡，势利之天下，岂自今日始！唯有坚毅卓立[①]之精神足敌之。从古跻帝王卿相之尊者，有是精神，为圣贤豪杰者，有是精神。临难不畏，逢敌不惧，故能不亢不卑而成大事业。余性素刚强，每喜与京都名公巨卿之作威作福者寻仇，亦未尝无卓立坚毅之精神。不畏强御[②]，务使欲心敛迹而后已。近来入世稍深，觉天地间刚柔不可偏废，太刚则易折，太柔则易靡[③]。刚非暴戾恣睢[④]之谓也，强矫[⑤]可已。柔非卑弱懦下之谓也，谦退可已。创家业则刚，乐守成则柔。与名公巨卿论国事则刚，与兄弟父子论享受则柔。若名已立而功已成，广置田园，大兴土木，劳工而疲财，乃自满之象，非谦退之道也。其业易隳[⑥]，其名易裂，非吾所乐闻也。

注解：

①卓立：直立。

②强御：指豪强，即有权势的人。

③靡：倒下。

④暴戾（lì）恣睢（suī）：残暴凶狠，任意胡为。

⑤强矫：强力矫正。

⑥隳（huī）：毁坏。

二十五、致弟

（论慎勤）

前日与曾帅往复讨论行慊于心[①]之道，曾帅复函，谓欲求行慊于心，不外“清慎勤”三字。且谓壬戌[②]九月，尝就日记，将此三字引申其义。“清”字曰无贪无竞，省事清心，一介不苟[3]，鬼伏神钦。"慎"字曰战战兢兢，死而后已，行有不得，反求诸已。"勤"字曰手眼俱到，心力交瘁，困知勉行[4]，夜以继日。嘱垂训军中。余乃终身谨守，觉遇大忧患、大拂逆[5]，可免世俗不少尤悔[6]。吾弟来书，谓朝野间对我舆论翕然无微辞[7]，京中都道"彭玉麟处事明断"[8]，几句话或恐未实。唯余独冀学古人之居上位而不骄耳。

注解：

①行慊于心：使自己的行为满足于心。慊，满足、满意。

②壬戌：即同治元年（公元1862年）。

③一介不苟：形容廉洁守法，一介不取。

④困知勉行：遇到困难就寻求知识勉励实行。

⑤拂逆：违背，违反。

⑥尤悔：指过失和悔恨。

⑦舆论翕然无微辞：即言论一致，没有不好的评价。翕然，一致。

⑧明断：即明快果断。

二十六、谕玉孙

（诫用苦功）

夫子有言："上智与下愚不移[1]。"凡事皆然。前喻字体，生而笔姿秀挺者上智也，屡学而拙如姜芽者下愚也。此外皆相近之姿，视乎教者何如。教者钟王[2]，则家习于钟王矣。教者苏米[3]，则众习于苏米矣。推而至于作文、围棋亦然，打仗亦然，故在上必以身作则。身似碑帖，人则临写者也。身似棋谱，人则博弈者也。身似古文，人则雒诵[4]者也。身如利器，人则挥舞者也。作则有未善，下焉者未可与语也。作则而确为良碑帖、良棋谱、良古文、良利器，而有临写不工、博弈不佳、雒诵不熟、挥舞不精者，此犹非朽木之不可雕，乃乏良教者以导之也。汝非下愚，漫矜[⑤]上智，还须下一番苦功也。

注解：

①语见《论语·阳货》篇。

②钟王：钟繇、王羲之。

③苏米：苏轼、米芾。

④雒（luò）诵：反复诵读。

⑤矜：自夸。妄自尊大。

二十七、谕玉孙

（劝从静字用工夫）

连接两书，具论事理甚透辟，胸怀颇宽舒，心志颇谨慎，以后还须于“静”字工夫上着力。大程夫子[①]是三代以下人，能跻圣贤之域者，无他，只是“静”字工夫足。能静则心志不烦，省身处能自窥所病，见理处能剖析毫末而不惑。其省身不密，见理不明，类多浮躁轻狂，虽有偏见，溺[②]焉既深，忠告者辄逆耳矣。尔能静，则神明如日之升，业必有大进者矣。

注解：

①大程夫子：指北宋“二程”程颢、程颐，宋儒认为程颢继承了孔孟

的道统。

②溺：沉溺，沉迷不悟。

二十八、谕钊侄

（论交友）

前以习静居敬相勖[①]，乃余之经验谈也。近闻为论学事与仲麋、定庵发生龉龃[②]事，甚致如庸俗子攘臂[③]而争之情状，无乃不文[④]。交友一道，至今日趋肤泛，君子之淡如水者，以其能戒不饴[⑤]。鱼肉争逐，临难而卖友者，尤无耻之徒也。彼等心胸，只知己多是处，而友朋多不是处，于是今日管鲍[⑥]，明日秦越。仲麋、定庵以才傲人，闾阖[⑦]间每多讥论之，其顺气不肯服人之态，余亦素稔[⑧]，但汝不当自贬其人格，亦与之同趋叫嚣龉龁[⑨]之境。处处能怀柔，便能服远，不是甘居于懦，却是涵养冲淡之功也。能涵养则虚怀而有容，能冲淡则静止而明物。虽有邪魔而不惑，虽有便佞[⑩]而不迷。虽有诡谲而不陷，虽有龉悍而不畏。与人无争，于己则学锐进。格物致知[⑪]以明辨于秋毫，处处觉得自己有不是，而求人之是。处处觉得自己胸襟有不广，而力求其广，以诚信待人，以恒敬为则，无谓之争执可以免。汝亦能修其旧时之睚眦[⑫]，而互励进德修业之域也欤!

注解：

①勖（xù）：勉励。

②龉龃（yǔjǔ）：本指上下牙齿不相对应，比喻意见不合，相抵触。

③攘（rǎng）臂：捋起袖子（表示激奋或发怒）。

④不文：不文雅。

⑤不饴（yí）：指君子不受物质的诱惑。饴，用米、麦制成的糖浆。

⑥管鲍：管仲与鲍叔牙。二人相知很深，交谊极厚。人称“管鲍之交”，典出《史记·管晏列传》。

⑦闾阖（hé）：街坊邻居。

⑧素稔：向来熟悉。

⑨龁龁（yǐhé）：咬，毁伤。

⑩便佞（nìng）：花言巧语，阿谀奉迎。

⑪格物致知：探究事物的原理而获取知识。

⑫睚眦（yázì）：小怨小忿。

二十九、致弟

（劝知足）

人而谦退，便是载福之道，然而谦退者，历古来能有几人？不谦退则贪欲日炽，而常不知足。居堂厦矣，轮奂巍然，而尚思亭榭池台之胜。食肥甘矣，鼎鼐和调而尚思驼峰象白之嗜。衣必极锦绣之奇，饰必炫珠翠之珍。养尊而处优，骄纵不自敛束，皆覆亡之道也。方望溪先生谓汉文帝身为九五之尊，常念小民之疾苦，忧廑宵旰[①]，自奉俭约，此其所以为明君也。此亦知足不辱之象。人处家庭间，能以父母之待我过慈而愧对之，则不失其孝。能以兄弟之待我过爱者而愧对之，则不失其悌。处社会中，能以友朋之待我过惠者而愧对之，则不失其信。以君臣间之待我过厚者而愧对之，则不失其忠。孝悌忠信之道，亦何尝不从知足中得来？反是，则嫌父母之待我不慈，兄弟之待我太苛，于友朋则启衅隙[②]，于君臣则生怨望，自恃无愧无怍[③]，怨人太啬太薄[④]。德以满而损，福以骄而折，可不慎乎！吾自随戎幕而绾[⑤]兵符，位尊得君恩独优，日常以此自悚愧[⑥]，恐居高自危，处处谨慎，未知能免殒蹶[⑦]否也？特以此意告弟，请代约束子侄，居乡党中，诚勿借势逞骄，害我官声也。

注解：

①忧廑（qín）宵旰（gàn）：忧虑劳顿，日以继夜。廑，勤劳。宵旰，天不亮就穿衣起来，天黑了才吃饭。

②衅隙（xì）：裂缝，引申为意见不合，感情有裂痕。

③无愧无怍（zuò）：没有惭愧的。

④太啬太薄：太吝啬，太刻薄。

⑤绾（wǎn）：专管，控制。

⑥悚（sǒng）愧：惶恐有愧。

⑦殒蹶（yǔnjué）：丧失，跌倒。

三十、禀母

（告归家奉侍）

读书衡山，闻堂上[①]有小（极）〔疾〕，门无童侍，怅吾归心。乃来谕[②]阻男上道，讳莫如深，难道五舅来书诳我耶？男意将弃文字，奉侍左右。况今岁试，因事将延缓，谅科场之取黜，不足挽乌鸟之私情[③]，即归亦何尝不可向学哉？十月二十日左右，蒋弢厂将返棹衡阳，已求附舟同行。弢厂长者，且经济文章，为世所尊崇，归途杳远，旅次可以免岑寂[4]，而得观摩[5]之益者矣。大人闻之，必为欣慰，恐劳倚闾[6]之望，特此先禀。

注解：

①堂上：母亲。

②谕：信。

③乌鸟之私情：乌鸦反哺之深情。

④岑（cén）寂：冷清，寂寞。

⑤观摩：指观察别人长处而从中学习。

⑥闾：里巷的大门。

三十一、禀叔

（建祠兴学）

来谕以族中请修家祠，已拨款鸠工[1]，闻之大慰。吾族竟亦不忘其根本者矣！溯吾家自高曾[2]来，积德独厚，而子弟之举于乡者，罕所见，仕于朝者，更无所闻。耕稼务农者十之七，获于秋，藏之冬，饱暖不求诸人，于邻境之歉啬[3]，常施解衣推食之忱[4]。或天之报施。冥冥中已独垂呵护，异于常伦，或载之厚者将韫所珍。今也果然，有握邑篆[5]者矣，有拥旄纛[6]者矣，小焉者亦青一衿，以荣于里井。此岂后辈之秉异怀颖，莫非祖宗之积德造福也，是以子孙当无忝[7]尔祖，存孝思不匮之心。修祠一事不可缓，春秋享祀，亦尽心焉而已。唯侄意窃有所进者，不敢缄默。祠之左，堂庑[8]三椽，祭祀时供休憩之用，陈尊簋壶榼[9]，具香烛牲礼，杯酒以睦宗亲[10]，故非虚设也。但于平日，则加扃[11]键，蜘之网可以承尘，莫不呈萧索⑫之象。尊簋供案，整洁非时，亦于德行孝思有亏。计惟利用家祠余屋，创办义塾，择族中贫困者，强之受启迪。屋有人居，事有职守，乃遣侍西席先生者一人，执洒扫烹涤之劳役，于此事而两得裨益，谅蒙许诺。其教诲殷殷者，则五舅有不倦之誉，但不知肯视双槐古祠为杏坛⑬否耳？敬请图之。

注解：

①鸠工：纠集工匠。

②高曾：高、曾祖父。

③歉啬：庄稼歉收。

④解衣推食之忱：赠送衣服、食物之善举。

⑤握邑篆（zhuàn）：做地方官的。篆，印章。

⑥拥旄纛（máodào）：做武官。旄纛，古代军队中的旗。

⑦忝（tiǎn）：忝辱，有愧于。

⑧堂庑（wǔ）：大堂与厢房。

⑨尊：酒器。簋（guǐ）：古代盛食物的器具。榼（kē）：酒器。

⑩宗亲：同宗的亲属。

⑪扃（jiōng）：锁。

⑫萧索：荒凉、冷落。

⑬杏坛：孔子聚徒讲学的地方。

三十二、致弟

（劝矜恤亲友）

去岁闻二叔母穷困堪怜，特遣彭忠奉赠白银，以解贫厄。只以兄积蓄有限，又不肯妄动军款，所以数甚微薄。后以此事，推想及于三舅、五舅，觉两老年齿[①]就衰，光景甚形穷迫，乃将犒银[②]寄回，思作拯饥救冻之需。其在亲故[③]，如汪星屿、莫诵圭、李堂阴等，亦拟一例援引，曲加矜恤[④]。吾弟居乡，见有须救难济急之处，可代兄出力，缺少经济，吾必补偿，决不使吾弟为难也。

注解：

①年齿：年纪。

②犒银：旧时军队除了正饷之外的各种赏银。

③亲故：亲戚故旧。

④矜恤：怜悯抚恤。

三十三、致弟

（劝家居勿远行）

目下萑苻[①]不靖，行旅有戒心。闻胡靖涛前辈退仕归省，集妻孥[②]行李于一船，挟资颇丰厚，竟露匪目，行经乡僻，乃遭劫夺，宦囊所入，尽归子虚乌有之乡。来日大难，言之可惨！此人在官尚清廉，兄拟略行周恤。方在汇款接济，乃闻吾（況）〔弟〕亦思作皖游，不得不修书奉告。宁家居习静，慎勿于兹乱离之际，冒险出行。况弟又无健仆以自卫，素未经栉风沐雨之劳，道途中梗[③]，一旦逢进退维谷之危，将何以解脱耶？此兄之大不放心者，千万劝弟一动不如一静。

注解：

①萑苻（huánfú）：泽名，指盗贼水杨的别名，出自《左传·昭公二

十年》。

②妻孥（nú）：妻子和儿女。

③中梗：阻塞。

三十四、致弟

（劝务本）

人贵不忘其本[①]。守先人之旧业使勿替庶[②]可已。其享余荫者[③]，更宜习劳崇俭，慎勿[④]染半点官家子弟习气。出门不许坐轿，不许呼奴喝婢，事事须躬亲，甚至拾柴收粪甘为之，插田莳禾等事亦优为之，不忘吾世代半耕半读。能如是，渐务其本而不习于淫佚[⑤]。

注解：

①本：根本，指农业。

②替庶：废弃、替代。

③其享余荫者：那些享受祖宗福荫的人。

④慎勿：千万不要。

⑤淫佚：指行为放荡。

三十五、致弟

（劝勖子侄辈勤敬）

“勤敬”两字，为立身要道，为治家良法，甚至为国为民，莫不取是以作则。不分治乱，不分公私，其人能勤敬，则事业未有不兴者。不勤不敬，则人必唾弃之。天降以戾气，深致忏悔而譬之啮脐[1]，子侄辈有喻[2]此意者否？若处处和两字作对，则其家必中落，而不能延富贵气象。祈刻刻留心，以是勖勉[3]之。

注解：

①啮（niè）脐：后悔莫及。

②喻：明白。

③勖勉：勉励。

三十六、谕子

（诫惜名守朴）

彭忠回，嘱带三百金，除百金为周济亲友之用外，余可交汝母存储。军中款竭[1]，千万节省。余以山野而登廊庙[2]，惜名独甚于其他，望汝亦珍重爱惜此虚声，知祖宗积德、子孙享受之不易。吾家素又俭约，汝祖母、汝母均不愿以贵显，坐享尊荣，乃从廉俭处着想，对乡党叙齿[3]，从来不倚势骄人，望汝转语新妇，力以姑及祖姑为模范。须知居高势危，盛极必衰，享大名者，或且得奇祸也。曾帅位出余上，贵无人及，乃伊家妇女大小，皆纺纱织布，闻已成六七机。以勤俭忠厚，承先而启后，何尝夸耀里井，养身奢而待人啬哉！以后亲戚，有穷因来归，宜留养之，勿违余之初衷。

注解：

①竭：尽，完。

②廊庙：朝廷。

③叙齿：按年龄长幼定席次。

三十七、致弟

（办嫁须丰俭得宜）

家中一切，自经代谋，规模粗具矣。即宿志[①]如养鱼、种竹、栽蔬、牧畜等事，均达我意，可喜。侄女出阁，妆奁[②]勿太过奢。盖仕宦之家，办喜事每不惜浪费，以示豪华，吾所不取。望弟亦慎重于选弟之途，务必丰俭得中，唯于礼仪，则不可简率也。

注解：

①宿志：一向怀有的志愿。

②妆奁（lián）：嫁妆。

三十八、禀叔

（常恐诛戮无辜慎重讯鞠）

自统率水师，沿江剿贼，中心辄不宁。以不幸生逢乱世，而以杀人为事，恐诛戮无辜，则“爱民”两字不将等若狂吃[①]乎？是以每擒一匪，必令军法处慎重鞠讯[②]，且可察其状貌奸险良善，定主从之判。轻重有别，可以抚[③]者，则编之入伍，听候训练。刻刻存爱民若子之念，刻刻惧屈杀无辜之人，庶几枉死城中少个冤鬼，而自己名下少些罪戾[④]也。言之寒心。

注解：

①狂呓（yì）：怪诞的梦话。

②鞫（jū）讯：审问。

③抚：招抚，招降。

④罪戾：罪恶。

三十九、致弟

（约法五章作官箴）

李次青[①]赴徽州，帅[②]尝与之约法五章：曰戒浮，谓不用文人之大言[③]者。曰戒谦，谓退让逾恒，恐启宠纳侮[④]也。曰戒滥，谓银钱保举，宜有限制也。曰戒反复，谓朝令暮更之可鄙也。曰戒私，谓用人当为官择人，不为人择官也。吾弟荣膺宰令[⑤]，无所赠与，即借兹五约，用作官箴[⑥]。

注解：

①李次青：李元度，字次青，湖南平江县人。官至贵州布政使，著有《国朝先正事略》《南岳志》等。

②帅：指曾国藩。

③大言：说大话。

④启宠纳侮：指开宠端而招致侮慢。

⑤宰令：古代官名，如县宰、县令。

⑥官箴：做官的戒规。

四十、致弟

（论治夷之道）

夷夏[①]交通，治外者苦民间隔阂，每多衅隙，制之无方。

但为官吏者，切不可处处媚夷而压华，人民亦不可艳夷而鄙华。国家元气，为外夷所摧伤者多矣，耻辱亦层见叠出。忆我皇十年八月[②]，洋兵入京，尚不毁宗庙社稷，是其好处。现在上海、宁波等处，助我攻剿发匪，尚有功劳。非甘借外人势力以戕贼，终是保境安民不少。我谓对待外人，不宜生怨，当怨自己之政治不修，制造不良。以求贤才谋修政为急务，以学制枪炮、学造船舰为抵抗，取彼之所长而皆有之，即以彼之利器制彼可已。若两者无所得，则曲固罪也，直亦罪也。怨之罪也，德之亦罪也。其官民之媚夷，吾固无能制之，而仇夷亦非所愿闻也。

注解：

①夷夏：夷狄与华夏的并称。夷，古代指东方少数民族，此处指西方国家。

②我皇十年八月：指咸丰十年（公元 1860 年）八月，英法联军攻占北京。

四十一、致弟

（论委员之道）

委员[①]所以代吾之劳，衔命[②]视民，实同亲临。委员而不贤不能，是授以刃而戕民，罪不在委员，而在吾简[③]贤不贤，任能不能，无遴选甄别之才也。是以委员之时，须加审慎。委员之道，以四者为最要：一曰习劳苦以尽职，一曰崇俭约而养廉，一曰勤学问以广才，一曰戒傲惰[④]以正俗。有此四德，可以膺[5]重任。为政而得人，乐在其中矣。

注解：

①委员：旧时指委派担任特定任务的人。

②衔（xián）命：奉命，受命。

③简：选拔。

④傲惰：骄傲懒惰。

⑤膺：接受，承受。

四十二、禀叔

（告做官之谨慎）

忆自高曾来，累世积德，而显贵独及吾身。祖宗仁厚，子孙敢不勉之？乃入仕途，觉风波险恶，莫卜安危，即佐杂末秩[1]，下场鲜有好者。更环顾邑境，官声赫赫者，其昆季子孙，皆潦倒坎轲，无相继而起之人。此中或有因果，见之使侄畏悚[2]，深恐累世之德，于吾身而没。是以任职之后，一切谨慎。治事以经分纶合[3]，详思约守为本。用人以广收慎选，勤教严绳为主。尽力王事，鞠瘁以死亦所愿。抚爱子民，不使失所流离，不使饥嗷待哺，以求吾心之所安。

注解：

①佐杂：清代州县官署内助理官吏佐贰、首领、杂职的统称。末秩：低级官吏。

②畏悚（sǒng）：害怕恐惧。

③经分纶合：横向纵向的分析与综合。

四十三、禀叔

（述己之骨鲠[①]处）

满招损，谦受益。日中则昃，月盈则亏，此定理也。侄以戎马仓皇，膺圣上殊恩拔擢，可谓盛矣。每有章奏，倚宠而一吐骨鲠，则朝廷侧目。此虽尽忠报国，不敢习脂韦唯阿[②]之风，威仪棱棱[③]，不畏强伎，不顾身命之私，每得圣慈含容，适与大臣以难堪，深恐亢悔[④]，而无以对老母在天之灵。乃叔父来书，嘱我公而忘私，国而忘家，一心以戡乱为主，而勿以升擢为念，侄心安之。窃恐太刚则折，而太软犹忧其废也。希教诲之。

注解：

①骨鲠（gěng）：鲠直，刚直之气。

②脂韦唯阿：世故圆滑，阿谀逢迎。

③棱（léng）棱：威严貌。

④亢（kàng）悔：意为居高位的人应戒骄傲，否则会失败后悔。出自《周易·乾》亢龙有悔。

四十四、致弟

（为官需得顺信）

静极思动，潜久思飞。吾弟出山，蓄心本已数年，乃近得一官。得官不足为弟荣，治民无忤[①]乃足庆耳。今弟位处高卑之间，有滕薛之厄[②]，总祈不激不随[③]，使上下无不翕然而悦服，则前数年郁结抑塞之气，将畅然大舒，不为阴霾，而化甘霖，惹万民之渴望者矣。《易》曰："天之所助，顺也。人之所助，信也。"弟能得天之顺，履人之信，则士元[④]非百里才，蛟龙非池中物也。

注解：

①无忤（wǔ）：不抵触，不违逆。

②滕薛之厄：指滕薛争长。滕侯与薛侯争夺席位，出自《左传·隐公十一年》。后比喻争夺尊位或首位。

③不激不随：不过激，不附和。

④士元：指三国庞统，字士元。曾任耒阳令，不治，免官。鲁肃说："士元非百里才。"

四十五、致弟

（劝文官当乱世亦当讲求将略）

做武官难，做文官更难。当兹乱世，草莽崛兴，彼恃勇力奔走，本有耐劳茹苦之能，而县宰邑令，辄多文弱书生，未经戎马，临难则多仓皇失措者矣。唯为将不在勇而在智，务求讲将略，于讲求品行、讲求学术之外，练团卫保丁，练体格胆力。治政之暇，亦上场躬与点名看操等粗浅之事，然后施料敌如神等精微之技。湘乡[①]亦从此出身，为湖南出色之人。弟能鉴于兵戈扰攘之世，以治虐救民为念者，不当于武事藐视之。拼命报国即在此，练胆安民亦在此。

注解：

①湘乡：指曾国藩。曾为湖南湘乡县（今属双峰县）人，故称。

四十六、致弟

（述处高位之可惧）

名位太高，易惹人之嫉忌。兄默察古近，处高爵显官而权势炫赫[1]一时者，曾有几人能善其末路？而绾兵符、拥大纛者，又鲜克善终。吾当静处，心潮起伏，辄兢兢业业，思得机会而引退，庶几能保全曩昔之雄名，免佥壬[2]之倾陷，善始善终，以免蹈大戾者欤？或则谦退吐柔，取明哲保身之道。但军士气旺，恐其寓骄机而殒及吾身，则又悚然百思不得一妙策。

注解：

①炫赫（xuànhè）：名声很大，显赫。

②佥壬：指小人、奸人。

四十七、致弟

（以明强死忠自誓）

前函鉴于眉生之被人参劾，致杏南之死难，胆气遽馁，妄言一切，几自堕为不忠不孝之人。及今思之，眉生之抄没其家，妻孥饮泣零涕，见者惨然，惟于其事实而考求之，实因眉生之恃才，忿疑谤而悍然不顾，悠悠众口，乃谤日腾。苟能抑气自修，则何至若此？杏南以军旺见骄，而陷贼计。于是而知自信太盛者，处处伏危机。兄今自誓于明强[①]，当痛下工夫，担当国事。盖明强则到处坦途，死忠则万事不怕也。

注解：

①明强：精明强干。语出《新唐书·戴胄传》。

四十八、谕侄

（诫出仕勿意气用事）

吾衰，幸及见侄之奋翮[①]云霄。但少年初出仕，切忌意气用事，宦途风波恶，不浮则溺。又如荆棘丛中走，牵衣挂襟，有寸步难行之概。侄能想及此，便能畏天而敬人，不失职而爱民勤政者矣。吾家运气不能算佳，汝兄未能替吾得力，但看孙儿。吾恐于名位极盛时，不克善其始终，时时忧颠坠。又恐泄福泽太多，而累及子孙。乃今思之，或功过能相抵者欤？汝父育民得仁声，宜其有后也。

注解：

①奋翮（hé）：展翅、振羽飞翔。

四十九、谕侄

（居仕须时时惕于不胜不终）

居官须时时兢惕[①]，若己不胜，若己不终[②]。古人所谓懔[③]

乎若朽索之驭六马，栗栗危惧，若将陨于深渊。此皆惟恐其不胜任也。鼎折足，覆公餗[4]，其形渥凶，则吐铺握发[5]之勤，可以免矣夫！汉文帝为君，时时有谦让若不克居之意，其有感于不胜之义者乎！其于崄巇[6]之宦途，能渡险要之风波，而安然登岸者，鲜矣。是以古人乃所谓日慎一日，而恐其不终，居高思危，垂戒深切。孟子谓周公有不合者，抑而思之，夜以继日，其有得于惟恐不终之义者乎？其义可长体会。

注解：

①兢惕：戒惧。出自《南史·王融传》。

②终：善终。

③懔（lǐn）：戒惧，警惕。

④餗（sù）：鼎内的食物。

⑤吐铺握发：指殷勤待士。典出《史记·鲁周公世家》。

⑥崄巇（xiǎnxī）：险峻崎岖，喻人事艰险或人心险恶。

五十、禀叔

（告训练水师剿匪事）

恨发逆[1]之骚扰长江，兵戈遍野，庐舍成墟，乃愤而请缨。转战甫数月，幸带勇多忠于王事，服从命令，克敌攻城，有摧枯拉朽之功。近闻南昌城外，贼都连樯为寨[2]，以舟犯我军，历邑[3]告警。军机大臣忠源嵩焘，具疏请两湖、川、广各造战舰数十，其炮位之制造，则限广东制造厂按照洋式，于两月中造成。并奉钦谕，令曾帅带管部署，训练水师。创议之始，不料匪徒蠢集于衡、永、郴、桂，民心惶惑，载道流亡。乃移节衡州，遽命侄与杨载道各募水勇一营，迎头痛剿。自奉帅令以来，可恨贼多狡诈，奔窜无定，不知何日始得聚而歼灭之，以慰皇上之忧廑也。

注解：

①发逆：指太平军。

②连樯（qiáng）为寨：连接战船为寨。樯，船上桅杆。

③历邑：各县。

五十一、禀叔

（述破匪之难不敢懈怠）

胜败虽军家常事，便劳师糜饷[①]，窃有所未安。侄只知杀敌，费尽艰辛，万不料郴、桂之匪，不易剪除竟若斯。乃慨大乱之弭平，岂尽由人力，苍苍者实默主之。刻下佐理军务者，有王柏丞，此人尚和易，惟驭下太宽，不免多弊窦[②]。其他如冯翩汉、李次青等，亦时晤叙，谋破贼之计，耿耿此心，惟祈有补于国事，所谓做一日和尚撞一日钟也，安敢懈怠！

注解：

①糜（mí）饷：花费军饷。

②弊窦（dòu）：弊端。

五十二、禀叔

（告治军及水师近日情状）

治军尚乏全神贯注之力，实因发匪东奔西窜。探报迭至，甲言东路贼人数千来袭击，乙言西路贼人数千来窥伺，中心不靖，往往功败垂成。近乃从镇静上痛下苦功，便觉左右逢源，指挥如意，于是悟内心不坚，外魔易侵之理。水军一事，譬之掘井九仞而不及泉，乃者稍仿广东拖罟[①]快蟹长龙之式，增置桨座。诸、夏[②]亦已工竣，编之成军。帅邀长沙黄冕观之。冕言每营须添舢板十号，以张士气而厚防护，乃即日下令，改定营制。近且续募水师五千人，分员领管，赍[③]米、煤、盐及军火器械，载民船百数十号以西行，员弁勇夫共一万七千余人，军容于斯为盛矣。

注解：

①罟（gǔ）：网。

②诸、夏：指诸汝航、夏銮分，二人为广西同知，在湘潭设有造舰厂。

③赍（jī）：携带。

五十三、禀叔

（告治军之道）

治军之道，以善战为第一，以爱民为第二，以和协上下官绅为第三，此语帅[①]营常以垂示于僚属。侄近在军营，获得善战之虚誉。羊楼司[②]、崇阳县、咸宁等处，所向克敌如破竹，然不敢以是骄矜。盖七十二战，战无不胜如项王[③]，一朝被困，便隳其伟业。可见武功之难，须有到底不懈之心，始可免誉望一损，今古滋疑之憾。

注解：

①帅：指曾国藩。

②羊楼司：在今湖南省临湘市内。

③项王：指项羽。

五十四、致弟

（论主客取胜之道）

前次守城，贼来如骤雨，如狂蜂，如飞蛾，蔽天盈野，绕城数匝，屡屡扑我坚垒。我惟静以待之，惟日夜巡守，不令士卒之或懈。约三四日，贼伤亡相继，精力渐疲，我则未伤一卒。登雉堞[①]令勇作歌，故示优暇，贼恨甚，又来扑，多扑一次，则受创一次。待其疲不能复振，我乃乘夜出奇兵袭击之，贼大败，退走百里，此兵家之所谓以逸待劳，而明于主客奇正之术者也。守城者为主，攻城者为客。守营垒者为主，攻者为客。客者（致）〔制〕于人，主者不（致）〔制〕于人者也。

注解：

①雉堞（zhìdié）：城墙上的矮墙。

五十五、致弟

（述怀才者不甘雌伏）

天下有才智者，每不甘雌伏[1]，必思有所表见于世。此即好胜[2]好名，未能打破庸俗之见也。同一兵勇也，有思从兵勇中翘然脱颖者矣。同一将弁也，有思从将弁中翘然脱颖者矣。推而至于主帅，何尝无出类拔萃之想？惟才智有异同，不知足，不安分，则未有成功者也。

注解：

①雌伏：屈居下位。比喻退藏不进，无所作为。

②好胜：指要强，喜欢胜过别人。

五十六、禀叔

（告编练水师及造舰）

洪逆势焰益张，不可遏止。考其原因，乃夺湖南益阳之民船，编练水军，以佐陆战之不逮[1]，譬之虎而附翼，乃飞而食人。前巡抚常大淳，虽创议调集赣、楚、吴、越之炮舰以制洪逆，断绝其粮道，无奈所谓炮舰者，全托空名，不过于商船之上，载炮示威而已，安足以应敌？虽贼营之战舰，亦系商船载炮。总觉师出不威，放炮之时，动摇不已，未能射击命之中。近乃博采技能之士，贡造船术，想皇上福洪，天必生奇才以佐之哉！田家镇之捷，侄与有荣焉。大人居家，幸勿以为念。

注解：

①不逮：不足之处，过错。

五十七、禀叔

（靖港之计）

靖港之败，曾帅几溺[①]，此乃不肯从侄之计，险取覆亡也。当吾水师过洞庭，逼岳州，严阵于城下。适逢王珍溃走，贼都弃舟登陆，夺靖港而据之，遂陷湘潭。是时省城长沙亦陷于敌中。水师十营皆来援，众推侄定计，图恢复。侄乃昌言，愿率五营直趋湘潭，请曾帅率五营继之为声援。奈何约不履行，曾帅竟不趋湘潭，而攻靖港，一时令出不行，愤而投水。幸从者救出，得不死。既而吾军大捷于湘潭，曾帅见我，辄异于曩昔[②]，我反难乎其为情也。自田家镇告捷以后，两人之情感益密矣。祈大人时赐箴诲[③]，免侄殒蹶也可。

注解：

①几溺：几乎溺死。

②曩昔：从前。

③箴诲：规劝教导。语出汉徐干《中论·虚道》。

五十八、禀叔

（告田家镇大捷事）

逆英王陈玉成，铁索横江，以阻吾军，久不得破，乃奉令与杨军门顺流而下，令合陆军以破敌。贼由岸上发炮，伤我勇弁不少。幸侄冒险入塔齐布[1]之军，聚议，先截断江中之铁锁，然后率师痛剿之。备炉鞴椎斧炭剪之属，侄使刘国斌、孙昌凯领之，责成昌凯专其事于截锁。昌凯本冶工也，精锻锤术，将行，侄且重嘱昌凯，闻炮声，勿仰视，直趋贼之筏上，予当亲为防御敌舟。国斌近筏，推锁下之钳，钳落筏离。昌凯乃鼓鞴冶铁锁，锁断缆开。侄乃率师击之，筏上之贼咸溃走，纷纷落水溺无数。时杨军门载福，即率三队冲入，突进下流，至武穴，亟回船掷火烧之，贼营熊熊然光烛天空。侄又烧敌船而下，会东风，杨军乘风，据上游，侄则顺流，上下夹击之，贼势益不支，几覆其全军。翌日，前锋至九江，逐破田家镇。是役也，无异瑜、亮合谋以扼曹，东风助我，雄名等赤壁，快意属男儿。自出师来，以此差强人意耳。

注解：

①塔齐布：字智亭，满洲镶黄旗人，晚清湘军名将。

五十九、禀叔

（告不愿贪位）

忆侄亲丧未终，徒以受湘乡[①]知遇，出从戎旅，遽领水师三千人，连捷而积功，朝赏屡颁，数辞不获。窃不愿受朝廷之殊宠，待贼弭平[②]，当锐退[③]求为野民。若贼既灭而不归，非特违吾初衷，近于贪位，将无以对泉下之慈亲，罪在忘其丘墓[④]者矣。

注解：

①湘乡：指曾国藩。

②弭（mǐ）平：消除、平定。

③锐退：迅速退出。

④丘墓：坟墓。此处指母亲之墓。

六十、致弟

（告吴城获胜事）

自驻军吴城镇[①]后，专守一“静”字妙诀，乘机而动。不料五月初七日夜分，贼匪竟率快艘数百来袭我水寨。我军佯作不知，待其近，胡哨四起，伏兵尽出，凡港汊之中，莫非我军，贼乃大怯而逃。我初惧吾水师向本骄傲，自经数次胜仗，或矜情躁气而致败，今又获胜，其邀天之宠欤？况吴城一带，港汊纷歧，必先察其地形，熟悉情形，何处可扼守，何处可埋伏，调度有方，庶不为贼乘也。近闻杨军门亦率其精壮，由鄂东下，沿江毁贼船艇。贼之水师，经兹挫折，当亦稍戢[2]其锋矣。

注解：

①吴城镇：位于今江西南昌市新建区，地处赣江入鄱阳湖之口。

②戢（jí）：收敛、停止。

六十一、致弟

（论危急时当靠自己）

领兵数年，经大小战争者百余次，每逢军情危急之际，唯有立定意思，专靠自己，不靠他人。靠自己，则平日必审度[1]吾军之缺点而补救之，训练之，无懈无弛，而操胜利必矣。若心中常存一自己受挫，仰助他人之念，则军心必懈弛[2]而少训练。一旦危急，援军不至，或援军至而路途中梗，将奈之何哉？所以，练军带勇之人，不论攻守，总须以自己所领者主，不容稍存依靠盼援之心也。

注解：

①审度（duó）：认真察看并估量。

②懈弛：懈怠松弛。

六十二、致弟

（述辞安徽巡抚事）

薛敬轩曰："凡事当推功让能于人，不可有一毫自德自能之意。"我自带勇，管领水师，初捷于衡州，再捷于南康、樟树[①]、吴城，数遇大敌，幸经左右之谋划，将弁之忠勇，而得享虚名。新皇登极，进爵酬庸，竟谕为安徽巡抚。窃思习于圬者[②]，未尝不可为梓。习于染者，未尝不可为髹[③]。特心非所近，而艺非夙谙，恐有画虎之诮耳。盖我率水师者也，登陆则用违其长，且幼少读从政之书，实乏抚民之术，不敢轻于尝试，而负皇上付托之重也。是以一再疏辞，但冀发匪平定之后，卸职归田，与世无争。弟来书劝兄勿辞，非所以爱我也。钊侄近已委赴江宁[④]，谒见湘乡老帅，请佐戎幕机宜，会师攻贼时，便可晤面也。勿念。

注解：

①南康：即江西原星子县，现属庐山市。樟树：即今江西樟树市。

②圬（wū）者：泥瓦匠。

③髹（xiū）：将漆涂在器物上。

④江宁：即今南京市。

六十三、致弟

（论杀贼务尽）

国人皆曰可杀，则吾何独纵之？杀无辜，则不可。杀匪徒，何必悔。今我已统兵剿匪，即以杀匪为志。杀一匪，便救良民一命。杀十匪，便救良民十命。洪、杨党逆[①]，流毒南纪[②]，以焚掠淫杀，蹂躏吾人民，妄设天父、天兄之教，天燕、天豫之官，如此残民以逞之贼，安能使之蔓延，使之漏网？想周、孔复生，亦断无不力谋诛灭者矣。况我曹奉皇命，顺民心，职有专责者耶！

注解：

①洪、杨：指洪秀全、杨秀清。

②南纪：指南方。出自《诗·小雅·四月》。

六十四、致弟

（论行军当禁骚扰）

带勇者，当以禁止骚扰良民为第一义。王者之师，壶浆箪食以迎，乃以能行其仁，而万民归仁也。乃吾观近年军行之地，大无论城邑，小无论村舍，几无不毁之屋，不伐之树。富者箱箧倾之空，贫者环堵[①]，犹不免亡其破褐败屦[②]，掘地将三尺。此其受害于匪者，十之七八，受害于兵者，未尝无二三。民遭大劫，元气伤尽，行军之官，安可不力加申诫，严饬其部属之骚扰也耶！

注解：

①环堵：狭小简陋的居室，指贫穷人家。

②破褐（hè）败屦（jù）：破衣烂鞋。褐，粗布衣服。屦，古时用麻、葛等做成的鞋。

六十五、致弟

（述善用其才）

屠狗卖浆都英雄，惟在指挥之得当耳。孙昌凯，一铁工也。余异其状貌，劝入营伍。随余一年余，每善遇之，彼乃感激，愿效忠左右以随侍余身。彼之膂力，本异于常人，挥椎有魏禧[①]谈宋将军座下客之风。特攻战少韬略耳，方忧其埋没而名不彰。讵料[②]截断江中铁锁事，冒炮火之险，破发逆之筏，卒借以破田家镇数万之众，付之一炬，此其功不在小也。人有一技之能，何愁无风云际会时耶！近常面誉之，冀其从此发奋，为国家之梁栋也。

注解：

①魏禧：字冰叔，江西宁都人。与侯朝宗、汪婉合称明末清初散文三大家。“易堂九子”之一。著有《魏叔子文集》《诗集》等。

②讵（jù）料：岂料。

六十六、谕子

（劝学曾湘帅之廉朴）

湘乡位尊，犹不敢染仕宦之习气，其于饮食起居，日尚守寒素之家风。极俭亦可也，略丰亦可也，太丰我不敢也。此等处可见其廉，可见其朴，有君子之风，为中兴时有数之人物。愿吾子孙规摩前哲之言行，习劳习苦，则家未有不兴者也。汝欲传吾之家风，亦当淡于仕禄。富贵功名，皆前定，在乎天，惟希圣希贤[①]，乃由自主也。

注解：

①惟希圣希贤：希望成为圣人或贤人。

六十七、致弟

（述景仰诸人及辞官事）

中兴诸将之成功，都由磨炼得来。杨军门久与同事，攻守时相机行阵，得其指益不少。他如二李次青、迪庵[①]辈，均为景仰之人。润翁、罗翁[②]，功高望重，非所敢瞰其项背者矣。自吾屡辞任命后，有人谗于君侧，谓不逊者，幸朝廷未经听信，否则韩、蒯[③]之前车，言之实觉寒心也。今吾后无继者，含饴食蔗，事业已凭儿曹。族中昆季，惟弟而已。弟素知我，岂为矫揉沽钓[④]者流，特惜身惜命之念未除耳。

注解：

①迪庵：李续宾。

②润翁、罗翁：胡润之、罗泽南。

③韩、蒯：韩信、蒯通。

④矫揉沽钓：矫揉造作，沽名钓誉。

六十八、谕子

（勿占人便宜而便宜人）

我素不肯受人之周恤[①]，宁我之周恤人。受人之周恤者，一旦出仕得爵禄，其不思报者无论，而施人图报者，必意为有恩于我，而责我之报。于是请托也，炫恩也，踵相接，不应则忘恩负义之诮所不免，应则施一报十者，尚不足以满其欲。是以吾少贫窭，不敢妄受人之便益，视施情于者，皆甘饵耳。出仕至今，因是少却许多麻烦事。不过吾今已贵，辄思施恩于人。故旧之贫困者，拟时时周恤之。在我施惠不思报，未知故旧中，亦有嗔[②]为甘饵而拒绝我者耶！

注解：

①周恤：救济，抚恤。

②嗔：怒、生气。

六十九、谕子

（勿怙势而殉利）

闻汝于乡里中，喜受人之小便益，是忘余前言者也。取之在义，果无妨，取之而不义，以吾门第，人不讥为贪婪，亦必疑为苞苴[①]。交官场，是目今陋习，入署门而望见大堂者，出犹夸吾见某官某官，殊礼我。归乡里，则更颐指气使，谓官请我如何坐，谓官与我如何谈，谈则如何亲热，出则如何恭送，炎炎然听者动容，此鄙夫之行径耳。在吾门第，虽不入公门谒，彼且来候兴居，非出之诚，乃格于势，势交不可以恃久，况殉利[②]者耶！是以切戒见官，切戒受礼，宜闭门谢客，邑政不与闻，亦免议论祸患之一法耳。《史记·淮阴列传》曰："乘人之车者，载人之事。衣人之衣者，怀人之忧。

食人之食者，死人之事。”读此可以悟矣。

注解：

①苞苴（jū）：原指包裹鱼肉的蒲包，后转指赠送的礼物，引申为贿赂。

②殉利：舍身以求私利，谋求私利。

七十、致弟

（论刁民劣绅之可诛）

刁民可恶，劣绅更可恶。刁民之害小而劣绅之害大，纵之则政乱刑弛。弟初临政，当调理分明，必廉访事实，勿轻信左右之言，恐其为虎伥也。忆我从戎，杀人为本业，虚领知府，及后擢巡抚，从未一日居其任，乃以戎马仓皇，不愿享皋皮[1]之乐。然于军行所过，凡遇莠顽，如土豪、恶霸、淫棍、劣绅，未尝肯示以善颜，出之姑息。一本真实爱民之心，于渠等诚无所用其顾忌也。弟熟筹之。

注解：

①皋（gāo）皮：皋比，虎皮。《宋史·张载传》“尝坐虎皮讲《易》”。后以任教为“坐拥皋比”。亦指武将的座席。

七十一、致弟

（告不能行恕之愧）

治军者而欲上下交誉，军民咸服，颇不易。必树恩信，修敬恕。恩则愿为之用，信则有所畏，法令之必行。爱民本于诚，若敬恕者，则天德、王道、人功、事业，都可守之以彻始彻终。圣贤教人，亦不外此。余于恩、信、敬、恕，独于“恕”字未做到。老怀多忤，或出之本性倔强，不知不觉以盛气向人者耶！吾实愧赧[①]。

注解：

①愧赧（nǎn）：因惭愧而脸红。

七十二、致弟

（论友人无后之痛）

塔军门有母，年八十余。而吾独亲殁[①]不能守制，遽从军，庐墓三年，至今遗憾。前日，登军门之第，幸延见老母，无异见吾慈。老人之言多恺恻[②]，谓三儿咸丰四年死战事，二儿本年八月十三日殁于阵，家余孀鹄[③]，而无一男。军门又抱伯道[④]忧，亲房无可继者，情实可惨。归而慨念吾辈武人，除湘乡外，后嗣多希，天更何意厄塔而至于斯。

注解：

①殁（mò）：去世。

②恺（kǎi）恻：和乐恻隐。

③孀鹄：白发的寡妇。孀，寡妇。鹄，白发。

④伯道：晋邓攸，字伯道。战乱逃难失去儿子，后以“伯道无儿”作为他人无子的叹息。典出《晋书·邓攸传》。

七十三、致弟

（述一生崇俭不贪之益）

崇俭是我一生长处，非夸语。不贪亦是我一生长处，非夸语。忆余受不次之擢[①]，十余年来，任知府，擢巡抚，由提督补侍郎，未尝营一瓦之覆，一亩之殖，受伤积劳，未尝请一日之假，终年于风涛矢石之中，未尝移居岸上，以求一人之安。虽膺荣赏，自顾才秽[②]，未尝肯滥竽莅任，应领收之俸给及一切饷银，未尝侵蚀丝毫，未尝置一新袍。敝衣草履，御之而心气舒泰，中怀澄然无滓，可以明彻天地，俯仰无愧怍。是以历劝家中，幸以余为法，以戒奢侈、崇俭实、戒贪欲、崇廉义为要义，不可妄制一衣，妄用一钱也。

注解：

①不次之擢（zhuó）：犹超擢，破格提拔。

②才秽（huì）：比喻才疏学浅。此处“秽”当作荒芜解。

七十四、致弟

（述殊恩屡及决计退仕）

自承湘乡之约，出领水军，立誓二：曰不私财，曰不受朝廷之官。今杀贼之志成，贼灭而不归，近于贪位，正拟修疏申奏，告归故里，而上以克复南京，赏一等轻车都尉[①]世爵，加太子少保[②]衔。今且殊恩频至，益觉芒刺在背，盖漕运总督[3]之命又颁矣。兄之出处，本不贪恋于仕禄，近乃大违初心，固辞一再，世且责其矫揉而欺圣主，不亦冤哉！今欲毅然弃职，则尚有厘金[4]一项，盈余未结。清理后，则脱然无累矣。

注解：

①轻车都尉：清代爵位之一，在男爵之下，骑都尉之上。

②太子少保：清制对加衔较为重视，一品大臣初次加衔为太子少保，以后逐次递升。凡有太子少保衔者，人多尊称为宫保。

③漕运总督：简称总漕。漕指水运，沿江、沿海省份征收粮米，由水路运往京师称为“漕运”。漕运总督秩正二品，例兼兵部侍郎。

④厘金：清末于水陆关卡征收的货物通关税。大抵就货物原价抽收几厘，故名厘金或厘捐。

七十五、致弟

（云退处乃福）

昔与我共患难者，无论生死，皆得令名[1]。余以一儒生，而得虚名，最可愧。当今之世，退未必非福。阅历多年，见成功与名位，若由命焉！否则，如我者岂无人。

注解：

①令名：好名声，美名。

第十五章 拙作选刊

一、南岳旅游文化名品之一：秀冠五岳

古往今来，人们都喜欢游历名山，因为名山的自然风光秀丽，令人赏心悦目，流连忘返。古人云："天下名山，五岳称最。"在五岳中，南岳的定位是"秀冠五岳"，或"五岳独秀"。人们不禁要问："它秀在哪里？"

南岳康家垄门票处"三剑客"

第一，秀在绿丛如海。五岳中只有南岳在长江以南，其余四岳皆在华北一带。那里的气候条件不如江南，雨量较少，年平均气温低，夏季短，冬季长，植物生长季短，高山上的植被覆盖率受到影响。因此，泰山、华山多见大片裸露的巉岩，恒山因干旱而多见黄土，嵩山虽有植被，但多为杂

草或灌木。这四岳，山上很少有高大连片的参天乔木，几乎看不到常绿阔叶林。到了冬天，地表全为冰雪覆盖，银装素裹，呈现出北国风光的壮丽图景。

梵音谷

南岳则不一样。这里气候温和，雨量充沛，土地肥沃，植物生长季长，山上的植被覆盖率高达98%以上。即使是陡峭的山岩，岩缝间也常见耐旱的乔木和灌木。南岳夙有“植物王国”之称，据调查，山上有木本植物99科，342属，2389种。其中有全世界仅存的绒毛皂荚，有誉称“活化石”的水杉、红豆杉，世间罕见的伯乐树、古桉椤，湖南省最大的银杏、摇钱树，珍稀名贵的闽楠、金钱松、篦子三尖杉、榉树、喜树、毛红椿、花榈木、香果树等，是江南重要的植物基因库之一。

不仅如此，南岳四季常绿，森林覆盖率达90%，以松、杉、樟、柏、竹等常绿植物为主，百年乃至千年以上的古树多达数千株。在藏经殿、龙池、广济寺、方广寺、上封寺、水口山、常在庵、岣嵝峰等地，长有大片的原始次生林，包括原始次生常绿阔叶林。站在高峰，放眼望去，山上山下宛如一片绿色的海洋，让人心旷神怡，烦恼尽消。据医学资料称，空气中负离子浓度为700个/立方厘米以上时，有利于强身，达到10000个/立方厘米时，可以治病。而南岳森林中，空气负离子含量高达26000个/立方厘米，可谓“天然氧吧”。因而，南岳人长寿，全区百岁以上老人有四个，八十岁以上的老人数不胜数，可谓名副其实的“寿山”。

第二，秀在山形如飞。清代思想家、文学家魏源在《衡岳吟》诗中写道：“恒山如行，岱山如坐，华山如立，嵩山如卧，惟有南岳独如飞。”可谓形神兼备，道前人所未道。

游过五岳的人都知道，五岳的山形特点确实如此。恒山亦名太恒山、元岳、常山，又称北岳。位于晋北高原，连绵数百里，横亘塞上。主峰在山西浑源县城南，海拔2016.1米。分东西两峰，东为天峰岭，西为翠屏山，双峰对峙。峰前群山高差无几，像一道道栅栏拦在主峰前面，站在“北岳恒山”牌坊下，遥望那一道道山梁，俨如一群骏马在奔驰，故曰“恒山如行”。泰山古称岱山，又名岱宗，为我国东岳，坐落于山东中部，横亘济南市与泰安市之间，总面积426平方公里。主峰在泰安市城北，海拔1532.7米。从泰安看泰山，泰山犹如一座巨大的金字塔坐落在平地上，磅礴雄伟，故曰“泰山如坐”。华山因远望“若花状”而得名，古称西岳。位处陕南山地，华阴市南，海拔2154.9米，北瞰黄河，南连秦岭。主峰为落雁（南峰）、朝阳（东峰）、莲花（西峰），皆悬崖峭壁，突兀凌空。老君犁沟，是登山必经之路，东边是陡峭的石壁，西边是深邃莫测的幽壑，登山路开凿在不足三尺宽的山脊上，上下五百七十余级，犹如一条天路，故曰“华山如立”。嵩山古名嵩高、崇山、岳山，后称中岳。属伏牛山脉，主体在河南登封西北。主峰为太室山（高1491.7米）、少室山（高1512米），山体东西绵延六十余公里，形若人卧于榻，故曰“嵩山如卧”。“惟有南岳独如飞”，“如飞”是南岳的山形特点。为什么说它“如飞”呢？历来解说纷纭，主要有二：一是南岳山形似山徽。南岳的山徽为朱雀，朱雀乃神话中的巨鸟，南岳周环八百里，其整体山形似一只巨鸟。古代就有此传说，但无法证明其是否符实，因为无法从太空鸟瞰南岳七十二峰。而现在就可以做到了，卫星可以绘制南岳山形的平面图。中国道教协会副会长黄至杰在2011年南岳“国际道教论坛”上说：“根据现代卫星测绘，五岳真形图（即五岳的山徽）中描绘的山体外形与五岳相差无几。”可见南岳的山形似朱雀。二是南岳五峰在云雾中有时像只巨鸟。祝融峰、紫盖峰、云密峰、芙蓉峰、天柱峰古称南岳五峰，海拔高度均在千米以上，且相距不远。高山多云雾，五峰云遮雾掩，只“偶尔露峥嵘”。有时在南岳镇和107国道上，可以看到这样奇异的景象：从云缝中露出来的五峰，犹如一只在云雾中飞行的巨鸟，隐隐约约，时隐时现，叫人称绝。所以说，南岳“会飞”。现代文学家峻青在《飞吧，南岳》一文中就是这样描写的：“从远处向山上望去，那山势，那形态，那气派，确像一只展翅飞腾的大鸟。巨翼垂云天，搏击九万里。”

第三，秀在地貌如琢。南岳在地质上，以峰林状花岗岩断块中山为主体，群峰兀立，危崖罗列，怪石嵯峨，千岩万壑，加之气温宜人，雨量充足，溪泉遍布，从而，形成了众多如雕如琢的地貌景观。据记载，南岳除层峦叠嶂、群峰竞秀的七十二峰之外，知名的还有“二境”：白云峰之西青岭峰之东，其形九向，谓之圣境（朱陵宫一带）。朝日峰之北岣嵝峰之南，其形九背，谓之灵境（方广一带）。“五溪”：龙凤溪，于喜阳峰下。两岸石壁上，生长野生茶树、桂花等花木，金秋花开，形成十里香溪景观。玉版溪，位于半山亭下。溪中奇石密布，或瀑或潭，景色迷人。五岳溪，在龙凤乡红旗村。溪流遇天然石桥阻拦，形成瀑布，两岸峭壁矗立，怪石嶙峋，石间草木葱绿，一派生机。芷观溪，于南岳镇兴隆村。溪经安上峰下遇断层，水流从峭壁上飞泻而下，一路咆哮，至芷观桥，后注入龙荫河。旷家溪，在南岳镇光明村。溪水四季不涸，两岸高山夹峙，树木荫翳。“六潭”：黑龙潭，又名黑沙潭，在方广寺下狮子峰侧。白龙潭，在黄庭观右侧。石涧潭，在方广寺对面、石涧潭寺侧。络丝潭，在华严湖下。龙凤潭，在毗卢洞下的龙凤村。老龙潭，在红旗村。“六洞”：水帘洞，又名朱陵洞，在紫盖峰下。毗卢洞，亦作毗佛洞，其实不是一个洞，而是祝融、喜阳、紫盖诸峰夹抱的一条狭长谷地，形似洞，故名，亦称禹王城。圆名洞，在高台寺下。罗汉洞，在会仙桥对面的崖塛上。第一洞天，在观音桥下左边山崖塛下，有石刻门额，洞内面积约百平方米。原洞口被茅草藤萝封闭，被人遗忘，自明嘉靖辛酉（公元1561年）刘稳、刘尧诲（官至兵部尚书）等游览刻石留念后，四百余年无人问津。锡岩洞，“锡”一作“息”，在衡东县荣桓乡。洞深，虽昼夜不能穷其底。内有“二重天”“藏龙洞”“会仙桥”等景，怪石林立，玲珑剔透。东晋谢灵运题诗于岩壁上，经千余年墨迹如新。人称“楚南第一景”。“七泉”：太阳泉，在祝融峰，地势虽高，但水源充足，可供上千人饮用。虎跑泉，在福严寺侧，传说南朝慧思和尚建寺时，有虎跑地攫岩而得泉。懒残泉，在烟霞峰懒残岩畔。贯道泉，在湘南寺侧。娑罗泉，在方广寺后，上有娑罗树覆盖。白龟泉，在岳庙东八观的寿宁宫内，传说泉内有小白龟一只，故名。白鹤泉，在岳麓山半山腰，传说古时有一对仙鹤常飞至此，影留泉中，取水沏茶，蒸腾热气盘旋杯口，酷似白鹤。“八台”：望日台，在祝融峰侧的喜阳峰上，唐代韩愈有《登望日台》诗。望月台，在祝融殿后侧，相传舜南巡建月馆于此，以望夕月。磨镜台，在掷钵峰下，为唐代怀让和尚磨镜开悟马祖道一的地方。观景台，在南天门，古为亭，20 世纪八十年代扩建为台，可俯瞰前山近百里风光。拜经台，在天台峰，为天台宗实际创始人智觊和尚拜经之处。梳妆台，亦称梳妆亭，在藏经殿前山坡上，传说明桂王之母陈太妃曾于此梳妆。高明台，在福严寺后，山崖上有唐代宰相李泌题刻的“极高明”三个大字。补衲台，为方广寺前溪边的一块巨石，传说为南朝惠海和尚洗衲、补衲之处。“九岩”：黄帝岩，在金简峰，传说黄帝轩辕氏在此受戒经，又名讲经台。狮子岩，在南天门石坊上方，岩顶巨石屹立，像一只蹲着的狮子。观音岩，在高台寺下，亦称烟霞洞。圣灯岩，在祝融峰下，《湖广通志》记：“每阴晦之夜，灵光上下，如秉烛然，故名。”不语岩，在会仙桥侧，相传南台寺不语和尚常在此打坐。懒残岩，在烟霞峰半山腰，传说懒残和尚在此煨芋馈李泌。舍身岩，在祝融殿后，高数十丈，传旧时有人于此跳岩自尽，以身献佛。隐松岩，在湘南寺侧，岩内原长有一株松树，故名。灵岩，传说舜皇巡狩至此，岩犹有灵。这些地方，多为风景幽胜之处，常有游人到此寻幽探胜，刻石留念。

第四，秀在景色如画。南岳层峦叠嶂，巉岩幽壑，古树参天，溪涧潺流，风景秀美而诱人。其驰名景观，古有老“四绝”：“祝融峰之高，藏经殿之秀，方广寺之深，水帘洞之奇。”今有新“四绝”：“麻姑仙境之幽，穿岩诗林之镌，禹王石城之古，龙凤飞瀑之雄。”此外，南岳景色四季诱人，美不胜收。“春看花”：春山如笑，山里的奇卉异木，含苞怒放，姹紫嫣红。特别是红杜鹃，一簇簇，一片片，争妍斗艳，分外妖娆。空气中弥漫着百花的芬芳，山间清溪湍流，岩峰竞秀，有着闹市所没有的野趣。“夏观云”：南岳春冬以静取胜，如水墨画卷。夏秋以动见长，云海翻腾，瞬息万变，七十二峰如飞如旋，犹如仙境。“秋望日”：秋高气爽，天澄澈如洗，是观日的最佳季节。南岳日出雄伟而壮观。清代著名诗人袁枚有《登祝融峰观日出》诗：“万重山在下，一座殿当空。未祷云先散，初生日倍红。金轮桑影外，玉镜海光中。浴罢还疑湿，吹高似有风。黔天霞作彩，权火气成虹。”“冬赏雪”：高山区每年十二月初开始降雪，满天雪花，纷纷扬扬。白雪皑皑，银装素裹，但苍松、翠柏、香樟、修竹等常绿植物，依然挺立于风雪中，透出秀韵的本色。所以，南岳雪景是北国情调与南国风光的巧妙结合，集粗犷与娟秀于一体。

综上所述，南岳“秀冠五岳”或“五岳独秀”，秀就秀在绿丛如海，山形如飞，地貌如琢，景色如画。一句话，就是秀在山水。山水美，多属自然美，自然美为何属于旅游文化范畴？个中道理，看起来很玄奥，其实，说起来并不复杂。我们知道，自然美是纯自然的产物，未经人工雕琢，它的美，是纯自然物固有的某些属性的表现。但是，也不应忘记，纯自然物固有的这些属性，只有为人所反映，它才构成美。美是人创造的概念，审美本质上是一种文化现象。因此，凡是人们所看到的景观，无论是人文美或者自然美，都可纳入旅游文化的范畴。

二、南岳旅游文化名品之二：中华寿岳

我国的寿文化，起源于原始社会对自然和鬼神的崇拜。原始人通过祭祀、占卜等形式，祈求天、地、日、月、星辰、山岳及其他自然物和神灵不降灾，保佑作物丰收，人不生病，部落兴盛，其祈求内容包含了后代文明社会所说的福寿。但是，人类社会的这种早期文明，基本上已被历史的尘埃所淹没，没有留下多少可以佐证的实物。我们现在所说的中华寿岳文化，是一部以文字记载为主体的文明史。它始于春秋时期的寿习俗，继之，唐宋时将南岳称为寿岳，自宋起，又以南岳为“寿比南山”的南山，并沿袭至今。如今，南岳还保存有众多的祈求福寿的景观、文物和饶有风趣的社会习俗。

1. 发展过程

寿岳文化的发展，主要经历了这样几个阶段：

万寿鼎

第一，寿比南山。

我国祝人长寿的习俗，最早可以追溯到几千年以前。见诸文字，是成书于春秋（公元前770—前476年）中期的《诗经》，其《小雅·天保》云："如南山之寿，不骞不崩。"翻译成白话文就是："像南山一样永在，不亏损也不崩。"诗中的"南山"，有两解：一是指今陕西西安市南面的终南山，又名南山。二是泛指南面之山，四川人民出版社出版的《诗经词典》即采用此说。《天保》诗所说的"如南山之寿"，后来发展为一句通俗的成语："寿比南山。"

第二，纪星释星。

汉代纪星。寿岳文化的发展缘起于长沙。长沙作为地名始出现于西周初（约公元前11世纪），《逸周书·王会解》载，周成王时诸侯所献方物中，有"长沙鳖"。战国时为楚国长沙邑（亦说为青阳）。秦代设长沙郡，为郡治。西汉高祖五年（公元前202年）置长沙国，为治所。与此同时，战国以来以"天人感应"为哲学基础的星占术得到了长足的发展，到汉代基本形成了一套系统而完备的星占学理论。其成

江泽民同志的手迹

果为《史记·天官书》和《汉书·天文志》所记录，亦为后来唐宋人所编辑的《星经》（按，或托名《甘石星经》）所承袭。星占术认为，天上与人间万事万物都是对应的，人间有楚国、荆州，天上就有翼、轸，翼轸两星宿在天上的分星与楚国、荆州在地上的分野是相同的。长沙为楚南、荆南重镇，与之相对应，轸星旁也就有一星名长沙。故《史记·天官书》和《汉书·天文志》云：轸“旁有一小星曰长沙”。不过，当时长沙星的职守，还没有主寿、福方面的内容。

唐代释星。星占学也要跟着时代发展而发展，它涉及的星辰的数量、位置、职守及分野必须适应人间的变化，否则，其占卜、推测人事的吉凶福祸就不能使人相信。到了唐代，人间最大的一个变化，就是皇帝诏封江南衡山为南岳。南岳是国家在南方的巨镇，阴阳五行家和道教向来认为，南方属火，主长，即是说，南方是掌控万物生长的。因此，星占学的内容也就作了相应扩展。唐代地理学家张守节在《史记正义》中，引用星占学新成果为《史记·天官书》轸“旁有一小星曰长沙”句作注云：“长沙一星在轸中，主寿命。明，主长寿，子孙昌。”按：“子孙昌”古人视为有福。长沙星的这一职能，落实到长沙何地？张守节没有明说，其实不言自明，指的就是南岳衡山。因为南岳古镇及主峰，历史上秦、两汉，南朝宋、齐皆为长沙的辖地，唐代虽划归衡州衡阳郡，但衡州衡阳郡又为军政合一的潭州总管府（或潭州都督府）所领制。南岳又位于长沙的南面，与《诗经·天保》所讲的“南山”、成语“寿比南山”中的“南山”地理位置相符。所以，到了唐代，衡山不仅有了南岳之名，而且成了全国的主寿之山，前来求寿祈福的人渐渐多了起来。现存有详细文字记载，来岳求寿的首位显赫人物是唐玄宗，他于开元二十六年（公元738年）派遣道士孙智凉祭岳，将《投龙告文》投刺朱陵洞府，祈上苍保佑他“长生”。（注：所投金龙于清道光年间出土，现存贵州省博物馆，《告文》为光绪《南岳志·金石》篇全文收录。）为满足信众祈求福寿的需要，山上于福严寺之东兴建了“应天万寿禅寺”，寺额为唐懿宗（公元859—873年在位）赐书。这时，南岳还出了一位寿佛。其释名叫妙应，俗家姓周，湖南郴州人。唐肃宗（公元756—762年在位）时修道衡山，演法雁峰寺，活了一百三十二岁，圆寂后奉为“无量寿佛”，湘南多处建有“寿佛殿”，香火鼎盛。因此，民众逐渐将南岳称为“寿岳”。唐末诗僧齐己在《回雁峰》诗中云：“壮堪扶寿岳，灵合置仙坛。”（见《全唐诗》卷843）意思是说，回雁峰的挺拔伟岸能扶持寿岳高耸云天，充满灵秀的环境可以设立仙坛。

第三，钦定寿岳。

北宋时，称南岳为“寿岳”的人越来越多，以至上达朝廷。于是，宋徽宗钦定南岳为“寿岳”，并赐书“寿岳”二字给南岳。宋徽宗是何时钦定“寿岳”的，《宋史》和历代《岳志》没有记载，不过我们可以从黄庭坚游岳的时间及过程，大致推出这一时间。黄庭坚是北宋著名的诗人和书法家，宋徽宗即位（公元1100年），起用黄庭坚为监鄂州税，但不到三年，就遭人陷害被贬官宜州（今广西河池市宜州区）。在去宜州的路上，黄庭坚顺便游览了南岳和衡阳。他于崇宁三年（公元1104年）正月游岳，并作《礼思大禅师题名》。在衡州，他同晋陵（今江苏常州武进区）邹浩一同游览了花光寺（址在今衡阳市新建的营盘山公园内），对寺前的乔松十分赞赏，应本寺住持仲仁的请求，撰写了《天保松铭并序》。文曰：“衡州花光山，实衡岳之南麓，有松杰出盘礴云表。”邹浩问住持仲仁：“佛寺鼎新之时，他山之木尚伐做材料，为何寺前的松树不砍?”仲仁曰：“以适当天子寿山之前，故不敢运斤。”于是乎铭曰：“山有乔松，在南山之阳……勿伐勿败，祝圣人寿。”文中称南岳为“天子寿山”，在古代，这个话可是不能随便说的。皇帝为天之子，臣民见他要高呼“万岁”，其寿命长短为国家头等大事，其寿山只能由他钦定，没有钦定，臣民瞎编乱说，那就有杀头、灭族的危险。作为和尚的仲仁敢这么说，因言语不慎刚被贬官的黄庭坚敢这么写，说明此前宋徽宗已钦定南岳为“寿岳”。因为钦定的“寿岳”，理所当然也就是天子的寿山。由此，我们可以推出，宋徽宗钦定“寿岳”的时间为元符三年至崇宁二年（公元 1100—1103 年）。再往前推，宋徽宗尚未登基，他没有这个权力，如往后拉，则黄庭坚就不敢这样撰文了。在这里，还要指出的是，黄庭坚是最早把南岳称为“南山”的一个人。本来，《天保》诗中的“南山”就可释为南面之山，他这样解读，为后世人们把南岳称为“南山”开了先河。

第四，南山于兹。

宋徽宗以后，南岳为“寿岳”，一直为历代朝廷所认同。清康熙皇帝曾颁《御制重修南岳庙碑》，云：“南岳为天南巨镇，上应北斗玉衡，亦名寿岳……亿万臣民，以兹岳为主寿之山。”再一次予以确认。封建帝制被推翻后亦无改变。20 世纪，民国和新中国编修的《辞源》，均立有“寿岳”条。南岳为“寿岳”，不仅在国内，就是在大中华文化圈内亦无异议和分歧。

不过，很多人喜欢把南岳称为“南山”，即成语“寿比南山”的“南山”。这样称，最初盛行于南宋。这是由于，终南山这时已沦入敌国，再将国人比寿之山说是终南山，显然有悖于国情和时势。而南岳，又称寿岳，是天下公认的寿山，且又具有《天保》诗中“南山”的文化内涵，因此，一些饱学之士便雅称南岳为“南山”。湖湘学派创始人胡宏自渡江以来，一直在大南岳地区招徒授业，其《南山即事》诗云：“甘为稼圃南山下，长谢周公与孔丘。”他的学生、后任岳麓书院山长的张栻在《南岳倡酬序》中云："乾道丁亥（公元1167年）秋，新安朱熹元晦来访予于湘水之上，留再阅月，将道南山以归，乃始偕为此游。"朱熹《东归乱稿序》亦云："始予与择之陪敬夫（即张栻）为南山之游。"择之（即林用中）游山有诗云："人言南山巅，烟霞耸楼观。"胡宏、张栻、朱熹为南宋学术泰斗，他们这样称南岳，极大地影响了国内的文化人士以至僧道及平民。有潇湘子吟咏曰："我爱潇湘境，红尘隔岸除。南山七十二，惟喜洞真墟。"道士陈田夫《南岳总胜集》云："白龟泉，即南山第一泉也。""南山名泉，无逮此者。"等等，举不胜举。明、清两代，全国各省实行了统一，人们多沿用此称，南岳山上数十处"南山"碑刻、摩崖大多是这个时期镌刻的，称南岳为"南山"的诗文更不胜枚举。最重要的有这样几例：广济寺方丈智犂于康熙五十七年（公元1718年）撰写的《重修广济寺记》云："南岳乃天下五岳之一，世称为'寿比南山'者，即此岳也。"此后，乾隆帝三十七年（公元1772年）、嘉庆帝二十四年（公元1819年）、道光帝十六年（公元1836年）遣臣祭岳，其祝文对"南山"称颂备至。"南山"已成为南岳的雅号、别称，为人们所认同和广泛使用。至于终南山，人们似乎逐渐淡忘了，它没有"寿山""寿岳"之名，只是唐代律宗的圣山和陕西的旅游胜地。

2. 发展由来

包括南岳寿文化在内的中华寿文化的发展，原因是多方面的，略加梳理，主要有以下几个方面：

第一，封建帝王对长生的执迷追求及影响。古代的封建帝王，拥有至高无上的权力，过着奢华的宫廷生活，他们什么都不缺，唯一要追求的就是长生不死。秦始皇统一中国后，派琅琊方士徐市（或作徐福）带数千童男童女出海寻找不死药和仙人。始皇多次到沿海地区巡游，临碣石（今河北昌黎北），登成山（今山东成山头），游琅琊山（今山东诸诚东南）和之罘山（今山东烟台市北），皆为传说中的神仙登岸点。汉武帝亦梦想长生，遣方士寻不死药，巡幸碣石、成山、琅琊、之罘，欲见仙人。南朝梁武帝赐金给方士炼不死金丹。唐高宗迷信道教，召集上百道士为其炼丹。唐敬宗专召南岳道士刘元靖问长生之术。唐玄宗遣人持《金龙告文》祭南岳，祈求上苍赐给长生之法。宋徽宗登位不久，即封南岳为“寿岳”，表面上是为国人钦定主寿之山，实质上是祈天赐寿于他。古人云：“上好之，下必效之。”封建帝王对长生的执迷和追求，极大地影响了臣民及社会风气。秦汉以下，黄老道、神仙术、炼丹术、养生术、星卜等方术和宗教竞相发展，宣扬长生不老之术，人们求寿、求福蔚然成风，寿文化也就披上了浓厚的神秘外衣。

第二，佛道推波助澜。道教是在黄老道基础上产生的，追求的是长生不老，肉体成仙。其修炼方法主要有炼外丹，炼内丹。外丹指在炉鼎中烧炼矿石、药物以制长生不死丹药，亦称“金丹”。内丹指以人体拟作炉鼎，通过吐纳、服食等方式，锻炼自身内在的真气。南岳宋代摩崖《还丹赋》云，还丹可以“变凡为圣，返老还童”，“授之已死之尸，无魂不返，点在既枯之骨，是肉皆生”，服之“白日飞腾”，指的是外丹的神效。《新五代史·豆卢革传》云：“服丹砂炼气，以求长生。”指既服外丹，又炼内丹。道教宣称，通过炼丹，白日飞升成仙的高道成百上千，力劝民众信仰道教。佛教是从印度传入的，本来只讲轮回，不讲长生。即是说，信徒要通过累世修行，才可成佛。但传入中国后，受到道教的挑战和面对君臣、民众盼求长寿、长生的现实，也改变了教旨，变“累世成佛”为“当世成佛”，进而变为“顿悟成佛”。南朝南岳慧思乃天台宗二祖，他在《发愿文》中明确表示，要“成就五通神仙”，“为护法故，求长寿”，其途径是“借外丹力修内丹”。可见，佛教也讲长生、成仙和炼丹，在这方面与道教没有多少区别。封建社会是有神论占统治地位的社会，在“信者有福，不信有祸”的社会舆论下，被蒙蔽者哪个不想成仙、成佛，与天地一样长寿？

第三，星占术催生了寿岳文化。产生于远古的星占术到秦汉时期得到了迅速发展，且逐渐成为最高统治者掌控和利用的思想工具。统治阶级利用星卜术宣扬“君权神授”，用以维护和巩固自己的统治。又用天象的异动、变化来解释人间的旱灾、水灾、地震等自然灾害和战祸、饥荒、瘟疫等社会灾害，把这些灾害说成是“天对人间的惩罚”，只能忍受，不能怨恨。为了增强天上星辰与地上州县和事物的对应性，星占术不断增加星数、星职，长沙星就是在二十八宿基础上增加的，以对应属于荆州的长沙郡、长沙国。阴阳五行家认为南方属火，道教认为南方主长，随着南方开发程度提高和国家经济重心逐渐南移，唐朝把南岳定到了位于江南的衡山。星占术为适应这一变化，就给长沙星增加了“主寿长、子孙昌”的职守。天象总是要管人间的，皇帝是执掌天文的总管。

因而，宋徽宗根据长沙星的职守又把南岳定为寿岳。从此，源远流长的中国寿文化又增加了一股洪流——寿岳文化。

第四，寿岳人长寿。南岳人长寿，是千百年来不争的事实。山上自然环境好。自唐以来历代封建朝廷都颁有禁山碑，到处古木参天，绿荫竞秀，植被覆盖率高，空气新鲜。山泉、清溪水质优良，种植的粮食、蔬菜、水果均未受到污染。山上还出产灵芝、黄精、何首乌等数百种中草药材，山民较容易采到和食用。居住在山上的人十分勤劳，包括和尚也要参加劳动，开荒种田，锻炼体格。这正是南岳人长寿的奥秘。历史上，南岳百多岁的老寿星，代代皆有，九十多岁的人，不计其数。民间说："朝寿岳，得长寿。"事实上，来南岳进香和旅游，处在优美的自然环境中，体力得到了锻炼，精神得到了休息和放松，对于增强体格和长寿无疑会有很大的帮助。正如金庸先生所云："南岳天下秀，到此人增寿。"

3. 寿山多寿

昔人云："五福寿为先。"自南岳为寿岳以来，山上建有大量的福寿景观，进香和游山者留下了众多的求寿祈福石刻、摩崖，至今还保留有诸多祈求福寿的民风民俗。

南岳满山是寿。山上遍布的摩崖、石刻，许多都与"寿"字有关。在金简峰下，黄帝岩上有"寿岳"两个大字，字径四尺五寸，乃宋徽宗所书。南台寺下古游道旁，有一巨大"寿"字摩崖，字径达九尺，为宋代"三山黄桂"题书。兜率寺遗址后有两块相对的巨石，分别镌刻着"寿""福"二字，每字四尺五寸见方，为明嘉靖巡按广西监察御史李一经书。祝融峰圣帝殿北墙基下，舍身崖上有"南山"摩崖，楷书阴刻，每字三尺见方。百步云梯石上，有“南维拱寿”石刻，每字二尺五寸，为清乾隆时寄尘和尚所书。广济寺桥边石上，有三尺见方的“寿”字石刻，为清初广济寺和尚龙山书刻。“寿比兹岳”，刻于会仙桥石上，字径六寸。“福严为南山第一古刹，般若是老祖不二法门”，刻于福严寺五叶流芳堂檐下石柱上，每字五寸见方，传为古刻，等等，可谓举不胜举。不仅如此，山上的地名和建筑也多以“寿”字命名。据《南岳衡山八大怪》载，村有延寿村，路有延寿路，溪有寿涧溪，桥有寿涧桥，亭有延寿亭，寺有万寿寺、延寿寺、寿光寺，庵有长寿庵、福寿庵、万寿庵，观有寿宁观，宫有万寿宫、寿宁宫，阁有仁寿阁，殿有寿佛殿、寿星殿，等等。

南岳有两个以“寿”文化为主题的旅游广场。一个在驾鹤峰下。驾鹤峰为西晋名道尹道全驾鹤飞升之处。唐代建有福寿寺，自此高僧驻锡，信众如云，香火鼎盛，历来被誉为福寿之地。21世纪初，南岳区将福寿寺遗址和峰下一片隙地辟为万寿广场。广场为园林式建筑，峰上为祈寿坛，亦称中华寿坛，与北京的天坛、地坛遥相呼应。天坛为祭拜上天、祈求神恩赐惠之处。地坛为祭祀大地、祈求五谷丰登之所，而寿坛则为祈求健康长寿之地。体现了中国传统文化的“天、地、人”的和谐统一。峰顶的“万寿鼎”，乃世界上现存最大的铜鼎，高9.9米，重56吨，寓意九九归一，56个民族团结奋进，振兴中华，共创祖国更加美好的明天。鼎上铸有不同书法风格的“寿”字10000个，寓意中华民族江山永固，万寿无疆。广场上耸立一座高大的石牌坊，坊上嵌着一块泥金坊额“寿岳衡山”，乃2003年中央军委主席江泽民同志来岳时题书。另一处叫寿比南山广场，在南天门，为近年所建。地处高山之巅，北对祝融峰，西接祖师殿，南连观景台，东临毗卢洞。广场中耸立着一块数丈高的巨石，石上镌刻“寿比南山”四个大字，乃唐代大书法家怀素草书，字若游龙，气势磅礴。怀素和尚为长沙钱氏子，后为终南山律宗高僧，亦曾驻锡永州，所书“寿比南山”四字传为南岳旧刻，今为复制。

南岳的民风民俗，也是寿岳文化的一个亮点。进香者成群结队，身着统一的服装，打着“南岳进香”“祈寿”“祈福”的旗号，前往山上的寺庙烧香礼佛。每年农历二月初八，传说是寿佛的诞辰，各地善男信女纷纷前往雁峰寺、渣江寿佛殿进香，人群川流不息，寺内香火鼎盛，寺外形成集市，俗称“赶八”。南岳及附近的人过大生，都要做“寿酒”，堂上挂着大“寿”字和寿仙图，门上贴福寿联，来祝贺的亲朋戚友，都要送寿面、寿桃、寿酒和三牲，主家白天或晚上唱戏、演皮影戏招待客人，《五女拜寿》《麻姑献寿》是必演节目。

自2000年以来，南岳每年都举办“国际寿文化节”，吸引了众多的海内外华人和游客，有时多达数十万人，使南岳寿文化成了国内外一个知名的旅游品牌。

三、南岳旅游文化名品之三：宗教圣地

南岳为宗教圣山。它历来被称为道教渊薮。道教称颂的

黄庭圣境

三山五岳，南岳为一岳。道教的三十六洞天，南岳的衡山洞为第三洞天。道教的七十二福地，南岳就占了四处：第二十三洞真墟福地（岳麓山云麓宫），第二十四青玉坛福地（会仙桥），第二十五光天坛福地（上封寺），第二十六洞灵源福地（水帘洞）。据《南岳志》载，东汉五斗米道创始人张道陵曾游南岳，“谒青玉、光天二坛，礼祝融君祠”。晋代著名女道士魏存华被封为“南岳夫人”“南岳真人紫虚元君”，之后被道教上清派奉为第一代宗师。唐代司马承祯、薛季昌、王仙峤被封为天师，刘元靖被封银青光禄大夫，赐号广成先生。元末明初，具有传奇色彩的名道张三丰曾居南岳九仙观，撰有《游南岳》诗一首。南岳又为海内外知名的佛教圣地。佛教南禅，源出嵩山，法出曹溪，崛起于南岳。南禅五家七宗（或称五花七叶）皆缘出南岳。天台宗滥觞于光州，造就

南岳进香

于南岳，立宗于天台。二祖（或曰三祖）慧思居岳十年，精心培育弟子，为创宗准备了人才，创宗的三祖（或曰四祖）智顗就是从南岳走出去的。南岳净土宗高僧法照被封为国师，其师承远所居被皇帝两次赐额。等等。

南岳宗教的最大特点，是佛道共处一山，共居一庙，共敬一神，两教互尊共荣，和平共处，堪称名山一绝。2003 年 11 月，原国务院总理朱镕基视察南岳大庙时感慨而风趣地说："现在国外很多战争、恐怖事件，南岳宗教界都能和平共处，世界各地都要来学学南岳。"

1. 和平共处的历史表现

南岳佛道和平共处，经历了不同历史时期的考验，概括说来，主要有以下几种表现：

一是以和为善。自汉以来，南岳一直是道教的天下。南北朝早期，虽有高僧来岳驻锡，但皆无传承。南朝陈光大（公元567—568年）年间天台宗二祖慧思率徒众四十余人来岳安营扎寨，建寺传法。九仙观道士欧阳正则对众道说："吾见山有胜气，此气主佛盛而道衰。"乃埋兵器于山，诡奏朝廷慧思要造反。官司打到朝廷，陈宣帝对慧思高足、天台宗三祖智𫖮非常信奉，不问情由，就叫武士把欧阳正则推出去斩了。欧阳正则吓得魂飞魄散，双腿发抖。慧思忙替他求情，说："我佛慈悲，以和为善，望圣上开恩，免他死罪，放他回山，改过自新。"宣帝允之。回山后，佛教没有报复道教，恃强欺弱，为互尊共荣奠定了基础。此后，两教在山上各自修行、传法，互敬互让。

二是和平共处。唐代朝廷对佛道态度多变。唐初，李家王朝自称为道教祖师老子（李聃）的后裔，抑佛扬道。贞观十一年（公元637年）颁诏："道士于僧尼之前。"武则天因新译佛经《大云经》中有"女主威伏天下"的预言，即位后，大力弘扬此经。天授二年（公元691年）诏曰："今后释教宜在道法之上，缁服处黄冠之前。"万岁登封（后又改万岁通天）元年（公元696年），遣使赐慧能水精钵、摩纳衣、香茶等，敕韶州守臣安抚山门。唐睿宗对佛道一视同仁，景云二年（公元711年）复敕僧道斋行并进，不分先后。唐武宗会昌五年（公元845年）毁佛，拆天下佛寺四千六百余所，发送僧尼归俗二十六万五百余人。朝廷对佛道态度的这些变化，在南岳均未产生什么影响。这一时期，佛道在南岳都得到鼎盛发展，人才辈出。两教和平共处，互尊共荣，再未发生教与教之间的矛盾、贬抑和争斗。名道、名僧同为朝廷所信任，共同为南岳增光添彩，对争名夺利、损人利己等苟且行为不屑一顾。

三是共居大庙。南岳大庙的管理体制不同于其他四岳，是佛道共处一庙。东边置道观，西边置佛寺，佛道开门相见，香火相通，和尚、道士轮流值殿。这种管理体制形成于南宋。当时，四岳皆失，只有南岳在其境内。南岳亦称寿岳，乃天子寿山，故由皇帝敕封庙监。庙监为虚职，不需来岳理事，具体管理由地方负责。大庙既不属道教，也不属佛教，但它乃朝廷祭祀、民众进香重地，平时要维持香火、接待香客、打扫殿宇，便由佛道共同担任。其他四岳管理体制不同于此，只因它们不在南宋辖区内。之后元、明、清，南岳沿袭旧制。稍有改变的是，大庙两旁逐渐形成了东八观、西八寺的建筑格局。佛道共居一庙，共敬一神，为南岳所特有。

四是互助合作。解放初期，寺院全部土地收归国有，僧尼道姑按土地改革政策，每人都分得一份田地，但一些年纪大、身体差的人种不了。于是，1953 年南岳由佛教曼兹法师和道教钟智平道长首倡创办全国第一个佛道合作、共同劳动的农业生产组织，取名叫南宗互助组。曼兹任组长，钟智平任副组长，共三十余人，种植五谷蔬菜，搞运输，维持宗教人员的生活和寺院的修缮。1956 年，又与南台寺互助组、大庙互助组合并成立佛道农业生产合作社，曼兹法师和王信安道长率领佛道成员种田开荒，培植茶树果木，开办招待所、素食馆，彻底摆脱了过去依赖地租的寺院经济，还成立了敬老院安托老弱病残僧道。之后，他们又组织青年僧人道徒到终年云雾笼罩的毗卢洞开辟茶场，使高山植茶获得成功，创造了国内植茶史上的奇迹。

2. 缘由

南岳佛道和平共处、互尊共荣，成为国内外宗教史上的佳话。两教共处一山，共居一庙，共敬一神，长期以邻为友，同舟共济，其主要原因是：

第一，两教相通。佛教与道教虽属不同的宗教，但两教亦有相通之处。佛教刚传入中国时，被列入神仙方术类，与道教的前身黄老道属一类。道教产生后，道徒称为“道士”，僧人亦被称为“道士”。宗密《盂兰盆经疏》卷下：“佛教初传北方，呼僧为道士。”这是对佛道的早期认识，因为两者同是宗教。之后，随着佛经的大量翻译和道教体系的完善，使人觉得两教确实有许多相近之处。比如，佛教讲成佛，道教讲成仙，都是要人们忘记人生苦难，超越生死轮回之苦。佛教讲“普度众生”，道教亦讲“慈航普度，超证生天”。佛教讲“四大皆空”，与人为善，道教亦讲“忍性容人”，自然无为。佛教讲“十善”“十恶”，道教亦讲“十善”“十恶”。佛教讲“上品十恶”者，“堕于地狱道”，道教亦讲“见诸众生，造身、口、意恶业不善，坠入地狱”；等等。佛、道立教的目的有相近之处，其教义、教规、教理皆有相通之处，成为两教互容、互存、互让的思想基础。

第二，佛道相融。中国佛教在发展过程中，逐步与儒教、道教相融合，互相吸收，互为借鉴。道教借鉴佛教尤为明显。道教的神祇系统，就是借鉴佛教而创立的。有的神，如太乙救苦天尊，便是借佛教中“慈航”一词而创设的。道教所说的“道场”“十殿阎王”“入静”（佛教称为“入定”）“五戒”“善哉”等等，皆出自佛教。佛教亦借鉴了道教的仙人概念，如“三仙二天”，有的和尚也炼丹以求长生。南岳佛教仿照道教造神方式创造“关圣帝”，供奉于祝圣寺天王殿内。用四千斤铜铸造了岳神像，供奉于福严寺岳神殿内。南岳自唐代传下来的两首优美古曲《黄帝盐》《荔枝香》，从大庙到大型寺观都演奏。两教互相借鉴，相互融合，为其和平共处提供了文化基础。

第三，信佛信道。南岳古属楚地，楚地信鬼神，重“淫祀”，自然崇拜、祖先崇拜、鬼神崇拜十分盛行。宗教传入后，人们既信仰道教，又信仰佛教。人们去南岳进香，沿途以至到南岳山上，遇到寺、观、庙、宫、庵、院和供有神像、菩萨的洞窟、茅舍等地方，皆进去烧香祈愿，奉送功德钱、香火钱，唯恐有所遗漏。因而，南岳的佛教和道教，既不愁没有信众，又不愁没有香火收入，寺、观还有地租收入，除维持僧众、道众正常生活之外，大多都有节余。维修或重建寺、观，僧道出外化缘，一般人家会施以米、饭等食物，殷实人家还会施给钱，有的地方上的大户或官员会捐助较多钱财或为首倡建，因此，佛道不用为经济问题而争斗，这就为其和平相处、共同发展奠定了经济基础。

第四，以儒为主。我国儒、释、道三教融合的历史久远，但一直以儒为主。南岳自宋以来，进一步巩固了儒家思想的正统地位。南宋时，南岳大庙确立的以儒为主、释道协理的管理体制也说明了这点。这种领导权是朝廷确定的，佛道没有能力再去与儒家争。特别是道教，明代以后日渐衰微，加之正一派离山住到家里，道院的道徒减少，实力受到较大削弱，能受到佛教平等相待，也就心满意足了。这就是南岳佛道和平共处的社会基础。

四、南岳旅游文化名品之四：文明奥区

自古以来，湖南民众在湖湘大地上创造了独具地方特色的文化，即湖湘文化。它是我国传统文化中的一朵奇葩，对中国社会产生了极为深远的影响，哺育出了一大批在政治、思想、军事、文化、经济等领域光照神州的人物。湖湘文化的精髓，就是湖南人心怀天下、勇于献身的爱国情操，关注现实、体用结合的经世学风，兼收并蓄、博采众长的创新意识和自强不息、坚忍不拔的奋斗精神。

南岳位于湖南的母亲河湘江的中游，周回八百里，远古时期即为农耕区，文明程度较高。它是湖湘文化的滥觞之地、湖湘学派的摇篮和湖湘文化的辐射中心，古来便称为文明奥区。

1．南岳大庙：全国最早的炎帝庙

湖湘文化形成的最早源头，可追溯到华夏民族的始祖之一——炎帝。炎帝为我国远古时期姜族的首领，原居姜水（今陕西岐山县西）。后东迁，到达气候较温暖、土地肥沃的黄河以南的大平原，大力开发原始农业，并成了部落联盟的首领。后来，居于西北的黄帝氏族兴盛起来，通过战争，黄帝获胜，取得了部落联盟的领导权。炎帝只好率氏族南迁至江汉流域。他把先进的农业技术带到了江汉平原，很快又成了南方部落联盟的首领。因此，炎帝也就成了南方之神，南

南岳大庙·圣帝殿

方也就成了“炎天”。之后，黄帝部落的势力进一步增强，扩张至江汉间，炎帝氏族不得不继续南迁，到达今湖南境内。这里位于长江和洞庭湖以南，其土地肥沃，气候温暖，雨水充沛，河溪纵横，为炎帝提供了安定的环境和发展原始农业的条件。炎帝在这里大力推广中原先进的耕作技术和经验，改造和改进本地原有的落后原始农业，使境内的经济和文化得到了空前的发展。因此，古往今来，他被人们尊为中国农耕文化的开创者和始祖。

炎帝又称神农，曾长期生活在衡山与湘江中游地区。宜章县的骑田岭，即《管子·轻重》所说的“神农种五谷于淇田之阳”的淇田。嘉禾县即炎帝教人改良稻种之地，王应章《嘉禾县学记》云：“嘉禾，故禾仓也。炎帝之世，天降嘉种，神农拾之以教耕种，于其地为禾仓，后以置县，徇其实曰嘉禾县。”耒阳则神农创制农具耒耜之处，《衡湘传闻》载，神农命“赤制氏作耒耜于郴州之耒山”。明《一统志》云：“耒水出郴州耒山。”耒阳便因位于耒水之阳而得名。茶陵县有尝药亭，传说为神农氏采药捣药之处。炎帝又命臣郴夭作《扶持》之乐，郴夭是郴州人，郴州因郴夭而得名。《神仙传》说，赤松子是神农的雨师，《清泉县志》载，县内雨母山存有“赤松子坛”。《元丰九域志》载，衡阳有“炎帝庙及陵”“神农井”。据民间传说，炎帝为寻找粮种，鞭击口衔金穗的朱鸟，拾得金穗作为种子，朱鸟坠地化为有头有尾、有足有翼、其势如飞的南岳衡山。所以，《清泉县志》云：“衡湘为炎帝所都。”衡湘人民视炎帝为“一邑之光”，对其十分崇敬，修建许多祠庙来祭祀他、纪念他。衡州神农殿在原衡阳县丞署。清泉县有神农山，上有神农祠。明代工部尚书王诏为本地人，曾撰诗云：“我邑神农山，上有神农祠。”位于南岳赤帝峰下的南岳大庙（原在山上，隋唐时迁至今址），就是全国最早的炎帝庙。南岳庙祭祀的南岳圣帝，其化身为谁，历来众说纷纭，而一说就是炎帝。因为秦汉以前人们便奉炎帝为南方之神。《礼记・月令》云：“南方为炎天，其帝炎帝，其神祝融。”因为炎帝是掌管南方之神，因而他也就成了南岳的圣帝。唐代衡州刺史吕温《奉敕祭南岳》诗云“皇家祀赤帝”，“赤帝”即指炎帝。高诱注《淮南子・时则训》：“赤帝，炎帝。少典之子，号为神农，南方火德之帝也。”《洞渊集》云：“衡山洞名朱陵太虚之天，即神农为炎帝治南岳者。”《南岳总胜集》云：南岳诸神之“主者，炎帝”。宋代诗人戴复古《南岳》诗描写南岳庙：“凌空栋宇赤帝宅。”元代诗人傅若金在《登南岳》诗中云：“入树恐惊赤帝宅。”清代李元度更认为南岳主神化身之一为炎帝，南岳奉祀兼有祀祖的性质，他在主修的《南岳志》中将炎帝列为历史名人《前献》篇的第一人，并详述炎帝在衡湘间的活动、功绩及人民对他的崇敬。民国二十六年（公元1937年）程潜先生游祀祝融峰岳帝庙，他认为岳帝就是炎帝，故将岳帝庙直接称为“炎帝庙”，赋诗题为《祝融峰谒炎帝庙》，等等。由于衡阳乃至湖湘民众一直视炎帝为人文始祖，因而，炎帝文化也是湖湘文化最早的一个源头。

2．回雁峰下：濂溪幼居成长地

周敦颐（1017—1073）为道州营道（今湖南道县）人。北宋著名哲学家、思想家，本名敦实，字茂叔，号濂溪。谥元，故称元公。他以儒学为基础，融合佛道思想，阐发了性理之学，遂开宋代儒学（又称理学、道学）之先河。其主要学说是“无极而太极”的宇宙生成论。“无极”始见于《老子》二十八章：“复归于无极。”用于形容“道”无形无象，不可穷极。道家认为，“道”是宇宙的本原：“道生一，一生二，二生三，三生万物。”（《老子》四十二章）“无极”即指“道”。儒家认为“太极”是派生万物的本原，《周易·系辞上》：“易有太极，是生两仪，两仪生四象，四象生八卦。”周敦颐释道士陈抟《无极图》，著《太极图说》，提出“无极而太极”，以“无极”为宇宙万物的本原，以“太极”为阴阳未分之前混沌的元气，认为“太极”是从“无极”中产生出来的，“无极”是比“太极”更为根本的概念。这样，就把道家、儒家两种不相关的宇宙生成观，整合成了互相关联、相通的一种新的宇宙学说，以道家“天道”思想之长弥补了儒家宇宙学之不足。他在《通书》中则扬儒家“人道”思想之长，补道家伦理学之不足。他认为，宇宙起源于“无极”，道德起源于“诚”，“诚”与“无极”相对应。他说：“诚，五常之本，百行之源也。”形成了一种宇宙观与人生观紧密结合的哲学思想。周敦颐的儒家思想，成为湖湘学派产生发展的源泉。

据《清泉县志》《衡州府志》《衡阳县志》《南岳志》记载，周敦颐幼年丧父，随母投靠担任龙图阁直学士的舅舅郑向。郑为衡阳人，家居回雁峰下不远的西湖。周敦颐从小学于其家，郑视甥有远器，爱之如子，郑名子皆用“敦”字，因以敦名之。周敦颐幼年生活于衡阳，留有许多历史遗迹和记载。衡阳市中山北路至湘江河边一段今称司前街，此处原有敦颐外祖父郑灿（曾任成都左侍禁）故宅，周之母即出生于此，后改建为濂溪书院，自宋至中华人民共和国成立前此段街一直称为濂溪街。现衡阳市二中、市政协至市人大一带，原为凤凰山，山下为西湖，湖畔建有亭，湖中种植祁阳白莲。周常读书亭畔，郑于此为其讲学，明朝湖南学政习隽曾立《衡阳县爱莲亭记》碑于此。今高新开发区柘里村存有爱莲堂（又名周子祠），据衡阳《周氏族谱》载，此处原为郑向庄户房，周幼时逢夏常来此读书避暑。其三世孙周兴继（1140—1207）旅衡，作有《旅次衡阳游曾祖父西湖爱莲亭值雨》《再游爱莲亭步曾祖父濂溪书堂韵》诗，他“仰曾祖濂溪公遗迹在衡不忍离去”，遂定居于此，其后裔建周子祠保存至今。但是，周敦颐幼居衡阳一段历史，在《濂溪先生周元公年表》（按：成书于宋嘉定十四年，即公元1221年）和《宋史》（按：成书于元代）中都没有记载。其主要原因，是《年表》作者度正为蜀人，对周敦颐的一生经历了解并不十分详尽，正如《序》中所说："然其所载，于先生入蜀本末最详，其他亦不能保其无所遗误。"加之，成书时周已去世近一百五十年，古代交通不便，很难逐地去调查和核实史料，况且度正此时已年过古稀，《年表》为他口述，别人代记，有些错漏在所难免。而《宋史·周敦颐列传》，又是依据《年表》撰写的，这就导致了失误。

3. 南岳：湖湘学派的摇篮和湖湘文化的传播中心

湖湘文化的源头虽可追溯到秦汉以前，但真正奠定其基本规模的还是湖湘学派。南宋初，著名经学大师胡安国和他的儿子胡宏在衡山地区筑书院，著《春秋传》，招徒授业，两人共创湖湘学派。"东南三杰"之一的张栻曾就读胡宏门下，后任岳麓书院山长，使湖湘文化传遍三湘四水。湖湘学派是南宋理学中的一个核心学派，它直接影响和开启了南宋时期的其他三个学派，即以朱熹（东南三杰之一）为代表的五夷学派，以吕祖谦（东南三杰之一）为代表的金华学派，以薛季宣为代表的永嘉学派。张栻、朱熹不仅曾会讲于岳麓书院，而且还一同游览了南岳，辑有《南岳倡酬集》。从而，在学术上，唐宋以前相对落后的湖南一跃而成为"理学之邦"。明代著名理学家、宋明心学集大成者王守仁也来此讲过学，其高足邹守益主教石鼓书院，创东廓书院于南台寺侧。官至礼、吏、兵三部尚书的湛若水（甘泉），亦是一个很有名的理学家，他七十六岁以后三次来南岳游览，创甘泉书院、白沙书院于紫云峰下，并讲学其中。南岳遂成了湖湘文化的传播中心和学术交流中心。

碧泉书院是湖湘学派培训人才的基地。南宋建炎四年（公元1130年），胡宏创碧泉书院。碧泉位于湘潭县中部，泉宽半亩，从石隙中涌出，一日三变色，为湖湘名胜之一。此地属衡山七十二峰范围，故居住在碧泉附近的人往往称自己为衡山人。书院建立时，胡宏撰有《碧泉书院上梁文》。书院建成后，胡宏成为其首任山长。不久，其父胡安国从湖北荆门迁居到碧泉，帮助胡宏讲学授徒。《胡氏家谱》录有胡安国在碧泉的多首诗作，如《移居碧泉》《春夜命僮烧篱竹看泉》《木樨》《月下泉》等。胡宏掌教碧泉书院，名声远播，人称“衡山胡宏”，一大批学子就读于门下。魏国公张浚罢居永州时，命子张栻受学“衡山胡宏之门”，栻后来成为南宋著名学者。

紫云洞为胡安国撰写《春秋传》和讲学之处。紫云洞在紫云峰下，邻近南岳古镇。《衡湘胡氏族谱》载：“宋绍兴初，公由碧泉徙衡岳紫云峰下，筑室居之，取名碧泉书堂。”此处众峰盘纡蟠曲，两旁古树参天，幽深若洞，有“紫云洞”碑刻立于前，乃安国公手书。右侧筑小丘为台，曰祝圣台，为朔望之拜。台下有塘，仿濂溪爱莲，曰“种莲池”（后称春秋塘）。池中有楼（后称春秋楼），为胡安国藏书和撰写《春秋传》之处。碧泉书堂实为碧泉书院的别院，碧泉书院的学生也到碧泉书堂来听胡安国讲学，因而，韩璜、李椿、向沈、闾邱昕等皆称“受业胡文定之门”“从学碧泉书堂”。不过，胡安国在碧泉书堂主要是研究和撰写《春秋

宋胡安国碧泉书堂遗址·岳云中学校内

传》，他的《紫云峰下书怀》诗就是明证："大衍年过学独醒，紫云峰下集麟经。"意思是，五十岁以后对学术有了独到的理解，现在紫云峰下研究和撰写《春秋传》。《紫云峰下闲居书怀》诗云："经学幸能通圣睿，莫辞雠校坐深帷。"他给圣上讲授过《春秋》，辞官归隐也是为了编著《春秋传》。经过五年精心耕耘，书成上奏，宋高宗大加赞赏，封为宝文阁直学士，赐银三百两、绢三百匹。他将赐银尽数散给了故乡宗族及亲属。《春秋传》是湖湘学派的奠基之作，因为它为湖湘学派提供了理论、学风和方法。胡安国逝世后，谥文定，葬潭州隐山（在今湘潭县）。圣上赐给他养孤田十顷（即一千亩）于紫云峰下，其一部分后裔就长久居住在这片土地上，即今南岳胡家湾一带。张栻、朱熹游南岳返程时，曾路过水帘洞，当地名望赵醇叟、胡安国后裔胡广仲于枫木桥设筵为他们饯行。胡广仲就住在胡家湾附近。

岳麓书院与石鼓、白鹿洞、应天府同列为宋代四大书院。乾道元年（公元1165年）湖南安抚使刘珙重建岳麓书院，请掌教长沙城南书院的张栻任山长，使岳麓书院成为研究和传播湖湘文化的重地，岳麓书院也由此而进入了办学的鼎盛时期。张栻主教指导思想明确，旨在培养传道济民之才，反对科举取士之学。他在书院既教人又育人，强调爱国忧民，学以致用，经世济民。在学术上博采众家之长。远在福建的朱熹，曾受学于胡宪（胡安国侄，曾从学胡安国），闻张栻得胡安国、胡宏之学真传，于乾道三年（公元1167年）八月专程来岳麓书院相访，进行学术交流。这就是岳麓书院史上著名的“朱张会讲”。二位夫子各抒己见，“中和”之辩，三昼夜不辍。张栻、朱熹在书院讲学，听众盛况空前，《岳麓志》形容：“舆车之众，马饮池，水立涸。”两个月后，张栻邀朱熹、林用中同游南岳，他们互相唱和，历时七天，共得诗一百四十九首，后辑为《南岳倡酬集》。绍熙四年（公元1193年），朱熹以荆湖南路转运副使任潭州（今长沙）知府，扩建岳麓书院，聘自己的门生黎贵臣主教书院，以贯彻其学术主张，还特设额外学员，对一些远道前来岳麓书院“求师访友”但又无栖泊的有志之士，给予郡庠禀给的待遇。并用《白鹿洞书院教条》作为岳麓书院学规，由是学者云集，湖湘文化大放光彩。历史上，湖南许多著名人物，如吴猎、赵方、彭龟年、游九年、王夫之、欧阳厚均、陶澍、魏源、曾国藩、左宗棠、胡林翼、刘长佑、郭嵩焘、曾国荃、李元度、程潜、黄兴、蔡锷、陈天华等，均为岳麓书院巨子。

4. 衡山与船山

湖南有两座大山，一座是自然的山，一座是人文的山。自然的山是衡山，又称南岳，为中国五岳之一。人文的山是船山，本名王夫之，为中国古代著名的哲学家、思想家，是继周敦颐、湖湘学派之后，湖湘文化发展的第三座高峰的代表者。他生于南岳七十二峰的首峰回雁峰下，从学岳麓峰下的岳麓书院，明末清初，他在南岳先后居住了约九年时间。他在莲花峰修建了一座茅屋，取名“续梦庵”，意为续恢复明王朝之梦。他与管嗣裘、王介之等重建了方广寺与二贤祠，与管嗣裘、夏汝弼、僧性翰等在方广寺组织反清复明起义，起义虽失败了，但这种反抗精神，却使名山增色。王船山对南岳的感情很深厚。据中华人民共和国成立前南岳康和声所撰《王船山先生南岳诗文集略后序》记述，船山与南岳有关的诗赋文辞，多达四百七十八篇（首），其撰写的《莲峰志》，是我国古代的第一部名山峰志。他生前用过的二十多个笔名中，如姜斋、双髻外史、莲花山人、南岳卖姜翁等，都是从其隐居的莲花峰、双髻峰、姜斋湾生化出来的。好几部学术著作，都用“南岳王夫之”署名。总结他与南岳的关系，他在《莲峰志·序》中深情地说：“与岳患难，惟岳知余，残梦不忘，我振灵墟。”

王船山代表了中国古代唯物主义和辩证法的最高水平。他认为，“阴阳二气充满太虚，此外更无他物，亦无间隙，天之象，地之形，皆其范围也”（《张子正蒙注》）。把宇宙看作元气构成的实体，承认气的屈伸、往来、聚散、隐显，否定有与元气相对的绝对的虚无。说:“车薪之火，一烈已尽，而为炎、为烟、为烬，木者仍归木，水者仍归水，土者仍归土，特希微而人不见尔。”（同上）即物质不能创造出来，也不能被消灭。更用“絪缊生化”的命题来说明“气”的变化日新的辩证观点。说:“阴阳之消长隐见不可测，而天地人物屈伸往来之故尽于此。”（同上）但也强调和谐，认为“互以相成，无终相敌之理”。在理、气关系上，批判了程、朱“理在气先”，理在气上的观点。说:“气者，理之依也。”（《思问录内篇》）又说:“尽天地之间，无不是气，即无不是理也。”（《读四书大全说》）在道、器关系上，提出“天下惟器而已矣。道者器之道，器者不可谓道之器也”，“无其器则无其道”(《周易外传》)。在知行问题上，提出“行先知后”学说，批判朱熹“知先行后”、王守仁“知行合一”的观点。王船山继承和发扬了湖湘学派“经世致用”的思想，他激愤于儒者的清谈误国，认为他们只重形而上的玄虚之理而淡视形而下之气（器)，尤其是王守仁心学甚至连“理”都不讲，只讲“求放心”。正是这些空谈蹈虚的浮游之说，导天下于淫邪，误江山于沦丧。他认为史学就是经世之学，说:“所贵乎史者，述往以为来者师也。为史考，记载徒繁，而经世之大略不著，后人欲得其得失之枢机以效法之无由也，则恶用史为?”(《读通鉴论》）即反对为记史而记史，主张从历史中寻找经世之大略，取得前人的经验教训，以用于当前的实践。王船山的哲学思想，极大地丰富和加强了湖湘文化的理论性和实践性，为之提供了新的符合时代的理论基础，推动它繁荣和发展，对后来湖南乃至全国的发展产生了重大而深远的影响。他亦被列为世界历史名人之一。

五、南岳旅游文化名品之五：抗战名山

南岳为湖南乃至全国的战略要地。它南守两广，北锁江汉，东控吴越，西扼川黔，夙来为兵家必争之地。历史上，这里发生过多次反侵略、保卫家园的战争。南宋末年，元兵大举入侵，潭州（今长沙）最后一任太守、衡州人李芾，亲上城墙督战，城破后，他率全家自杀以殉国。岳麓书院师生全部投身潭州保卫战，几乎都牺牲在战场上，湖湘学派因此而绝嗣。明末，清兵南进，衡州军民勇敢迎战，战斗十分剧烈，致使数十年后接龙山一带仍然白骨遍野。20世纪上半叶发生的抗日战争，是世界爱好和平的人民反对日本军国主义侵略的正义之战，在此期间，著名的长沙会战和衡阳保卫战，都发生在这一地区，给予了侵华日军以沉重的打击，为抗日战争的最终胜利迎来了曙光。至今，南岳山上还保存有规模最大的抗日烈士陵园和许多纪念性建筑，让人们缅怀和凭吊那些为国捐躯的英雄，激励后人永远记住祖国遭蹂躏的那段历史，勿忘国耻。

1. 南岳取代武汉成为抗日战略中心

抗日战争爆发后，由于敌强我弱和蒋介石的退让政策，东北、华北、华东和华中大片国土相继沦入敌手，很快又危及抗日前沿阵地和军事指挥中心武汉。在这种情况下，蒋介石加强了与中共的合作，看到了湖南在抗战中的重要作用，只要守住湖南，北可取武汉，东能出赣浙，西屏川黔，南护

两广，从而达到坚持持久抗战的目的。于是，他决定撤往湖南，并做了两手打算：一是部署重兵保卫岳阳。二是如岳阳不保，则放弃长沙，以八百里衡山为屏障坚守衡阳。1938 年 10 月 25 日，武汉失守。11 月，蒋介石来到了五岳之一的南岳。此前，他于 1932 年 11 月偕夫人宋美龄游过南岳，1937 年 5 月在南岳召集湖南军事将领开过会。这一次，他于此召开了第一次南岳抗日军事会议，参加会议的有何应钦、白崇禧等国民党军政要员，周恩来以中共南方局书记和国民党军委会政治部副部长身份入会。显然，蒋已把抗日军事中心由武汉移到了南岳。此后，他于 1939 年 12 月、1941 年 10 月、1943 年 2 月在南岳三次召开抗日军事会议。山上专门修建了"委座官邸"，圣经学校内设有军令部及军委会各部会厅的官员办公室，可容纳三四百人的大会堂，入会高级官员的居室，宋美龄专用的别墅，还赶修了防敌机轰炸的十三处防空洞。为加强国共合作，中共派出了叶剑英、李涛、吴奚如、李伯崇、边章伍、薛子正等同志执教于南岳游击干部训练班，叶剑英任副教育长。胡志明曾在此班第二期任中共代表团新闻台的译员，化名胡光，与代表团一起住南岳橘盈圃。周恩来在"游干班"上做了《中日战争之政略与战略问题》的报告，为南岳爱国僧人题词："上马杀贼，下马学佛。"叶剑英在"南岳佛道救难协会"成立大会上做了《普度众生，要向艰难的现实敲门》演讲。郭沫若、田汉等同志也来南岳做抗日宣传工作。南岳市民、学生举行了声势浩大的爱国抗日集会，声讨侵华日军罪行，誓死保卫祖国和家园。

2. 重创日军：三次长沙会战

三次长沙会战，是抗日战争相持阶段国民党正面战场的重大战役，对当时的中国战局有着很大的影响。其数十万军队在抵御日本侵略者进攻时所表现出来的不怕牺牲、勇拒外侮的民族精神和英雄气概，令人敬仰。

第一次长沙会战始于1939年9月。日军利用欧战爆发，各国无暇东顾之机，企图迅速攻占湘中军事要地，加快对中国的控制。由第十一军司令官冈村宁次指挥的十八万日军，从赣北、鄂南、湘北三面向长沙进攻，狂叫“一个星期内占领长沙”。中国先后出动三十七个师约三十万兵力迎敌。9月14日，助攻的日军首先在江西修水、铜鼓及湖南平江、浏阳一线发动攻势，为中国守军顽强阻击。18日，担任主攻的湘北日军开始在新墙河北岸发动进攻。23日，五万日军在飞机、重炮掩护下，全线进攻，强渡新墙河，突破了中国守军的防线。与此同时，部分日军分乘百余艘汽艇，在二十余艘炮艇支援下，从洞庭湖水路进入湘江，在湘阴县营田镇强行登陆，从侧翼进行攻击。中国守军退守汨罗江第二道防线。针对沿粤汉铁路、湘鄂公路、长岳古道南侵的三路日军，中国军队的第五十二、三十七、七十九军，利用河汊湖沼和山林屏障，采取节节堵截、运动伏击等战术顽强抗击，迟滞和消耗日军。至29日，日军虽连陷平江、湘阴、永安等地，但在长沙郊区的福临铺和白水车站以南的三姐桥，却遭到中国守军的伏击，损失惨重。日军意识到中国军队主力尚存，知难而退，于10月5日后撤。中国军队乘胜追击，收复了新墙河一带各前沿阵地，恢复会战前态势。

第二次长沙会战于1941年9月。当时，苏德战争已爆发，日美谈判陷入僵局，日军图谋一举消灭中国军队主力，迫使中国政府投降，以便腾出兵力南下太平洋与英美争霸。为此，日军集结了十多万兵力和百余架飞机、几十艘兵舰，由第十一军司令官阿南惟矶率领，合围长沙。中国守军以十个师约三十万兵力迎敌，指挥这次战役的第九战区司令长官部由长沙撤至南岳。9 月 7 日，日军向新墙河上游的大云山实施牵制性进攻，与中国军队激战十一天，吸引了第九战区的部分防御部队。18 日拂晓，日军主力在强大火力支援下，分数路突破新墙河防线。19 日夜，日军突破汨罗江防线，分三路进犯长沙。中国守军逐村逐山与日军激战，虽打击了日军的锐气，但日军还是于28 日占领了长沙。29 日，日军先头部队一度进入株洲。由于中国军队在长沙周围重新集结和反攻，加之第六战区为策应长沙会战而调动重兵围攻宜昌，日军于 10 月 1 日被迫从长沙撤退。至 10 月 8 日，中国军队收复新墙河原有前沿阵地，再次与敌形成对峙局面。

第三次长沙会战是在 1941 年 12 月太平洋战争爆发后。日军调动十二万兵力，分三路再次向长沙进攻。中国军队以十七万兵力迎战。23 日，日军主力强渡新墙河，27 日突破汨罗江防线。1942 年元旦，日军从东屯渡、榔梨市和金井地区三个方向猛攻长沙。因在第二次会战中作战不力而受到撤职留用处分的第十军军长李玉堂戴罪率部守城，在岳麓山炮兵支援下，与敌血战四昼夜，保住了长沙核心阵地。4 日上午，日军第三、六师团在飞机掩护下全线出击，与守军展开巷战，守军顽强抵抗，岳麓山的重炮群和各据点重武器组成交叉火力网，使进攻的日军伤亡惨重。下午，中国军队四面反攻，日军只得仓皇突围。至 15 日，狼狈不堪的日军才冲破重围，退回到新墙河以北的原有阵地。

长沙三次会战，使气焰嚣张不可一世的日军遭到重创。据国民政府发布的战报，日军死伤人数：第一次长沙会战为四万余人，第二次长沙会战为一万余人，第三次长沙会战为五万余人。中国军队用生命和鲜血取得这一战绩，大大鼓舞了中国人民的御敌勇气和胜利信心。

3. 浴血孤城：衡阳保卫战

1944 年春，日军开始实施东条英机精心策划的一号作战计划，发动豫湘桂战役。5 月，日军为打通从中国东北到越南河内的大陆交通线和摧毁湘、桂境内的中美空军基地，于 27 日，展开豫湘桂战役的第二阶段——长衡会战。日军参战主力是驻武汉的第十一军，共三十六万余人，其主攻方向为衡阳。6 月 10 日攻下益阳，14 日占领浏阳，18 日陷长沙，22 日开始轰炸衡阳城。日军第十一军司令官横山勇调集十多万兵力，分三路进犯衡阳，叫嚣“三天攻陷

衡阳保卫战大型群雕 · 江东风光带

衡阳”。奉命“死守衡阳”的中国军队为方先觉率领的第十军，下辖三个师：预十师（师长葛先才）、第三师（师长周庆祥）、第一百九十师（师长容有略），另配属五十四师一个营，第四十八师、四十六军、七十四军各一个炮兵连，共一万七千六百余人。第十军在第三次长沙会战中立下赫赫战功，军长李玉堂调任第二十七集团军副总司令，预十师师长方先觉因战功卓著升任军长。该军在常德会战中立下了新战功，返回衡山休整，兵员、武器、弹药和物资尚未得到很好补充，便受命守衡阳。22 日晚，我外围警戒部队第一百九十师五六八团第一营在泉溪市与日军先头部队交火，拉开了衡阳保卫战的序幕。第二天，骄横的日军不用炮火掩护就强渡耒水。第一营营长杨济和等到日军渡到河中时，命令全营六门战防炮和二十余挺轻重机枪一齐开火，打得日军晕头转向，半天战斗，日军伤亡近三百人。24 日，日军不顾国际公约，使用催泪性和糜烂性毒气，强渡耒水河，杨营长率部撤至城郊东南五马归槽阵地。接着，日军猛攻衡阳机场、五马归槽和湾塘一线，守军全力反击，血战数昼夜，终因寡不敌众撤过湘江，驻守江西阵地。26 日，日军向我江西外围阵地发起总攻。第六十八师团进攻高岭和停兵山，第一一六师团攻击五桂岭、江西会馆、虎形巢一线。守卫高岭和停兵山的中国预十师三十团第七连（连长张德山）奋勇杀敌，该连虽几乎全部牺牲，但阵地前也躺下了近六百具日军的尸体。在五桂岭、江西会馆、一四一高地及枫树山一线，战斗同样十分激烈。日军发起了一次又一次冲锋，均被打退，日军伤亡一千人以上。28 日早上，山炮兵营观测员在我预第十师枫树山阵地发

“衡阳抗战纪念城”碑·岳屏山顶

现前方欧家町小高地上有日军指挥人员用望远镜在窥测我方阵地，于是，观察所立即将此情况报告我第九战区派驻督战官兼炮兵指挥官蔡汝霖，问：“是否要打?”蔡汝霖当机立断，说：“一定是敌高级指挥官，赶快射击!”炮兵随速射几发炮弹，随即看到有受伤者被几人围护着抬走。没有想到，击中的竟是日军第六十八师团的师团长佐久间为人中将、师团参谋长原田贞三郎大佐和作战参谋松浦少佐等，该师团指挥系统因之瘫痪。与此同时，日军在城西南、城西北一线也受到重挫。至7月2日，日军仅占领部分外围据点和阵地，伤亡约一万六千余人，我军伤亡近四千人，日军第十一军不得不决定停止进攻。7月11日，日军发动第二次总攻。先用飞机、大炮向我守军阵地投掷炸弹、燃烧弹、毒气弹，然后步兵发动一波又一波冲锋。守军殊死抵抗，张家山阵地四次易手，失去又夺回。战斗空前激烈，阵地前堆满了敌人的尸体，战壕里也到处是烈士的遗体和轻、重伤员。至21日，日军终于停止了大部队进攻。会战初，蒋介石曾命令第十军死守十天至半个月，到这时已一个月，部队伤亡近百分之八十。在没有援军，没补充弹药、粮食和药品，伤病员也运不出去的情况下，守军抱着与衡阳共存亡的决心，仍坚守着大部分一线阵地。8 月 2 日，横山勇调动十一万兵力向衡阳发起第三次总攻。日军飞机、大炮对我军阵地和城区进行狂轰滥炸，回雁峰山头被削去了一米多。我军在五桂岭、接龙山、雁峰山、岳屏山、五显庙、苏仙井、肖家山、西禅寺、天马山等阵地上，奋起抵抗，打得日军尸堆成山，血流成河，每天都伤亡数千人。7 日，日军突入城区展开巷战。8 日，五桂岭、接龙山、雁峰山、岳屏山及苏仙井等最后几个阵地上的枪炮声逐渐稀落下来，最后归于死一般的沉寂，全城陷入敌手。衡阳保卫战历时四十八天，日军伤亡四万八千余人，我军伤亡一万六千余人，仅为日军的三分之一。8 月 12 日，毛泽东在《解放日报》社论中，高度赞扬“守衡阳的战士们是英勇的”。1946 年 12 月 18 日，国民政府批准衡阳为全国唯一的“抗战纪念城”。

4. 历史丰碑与遗迹

岁月飞逝，七十多年一晃而过。南岳这座抗战名山，铭刻了那一段中国军民英勇抗战、不畏牺牲的悲壮历史。这里，还存有许多记录那段历史的丰碑和遗迹。

衡阳抗战纪念城 位于衡阳市岳屏公园内，抗战胜利后，为激励和教育子孙后代发扬抗战和爱国主义精神，衡阳各界人士倡议把衡阳建成“抗战纪念城”。经多方奔走，最终获得批准。1947 年 8 月 10 日，衡阳抗战纪念城在岳屏山顶举行命名奠基典礼。由于经费、物资匮乏，当时仅修建抗战坊和纪念碑等几处建筑。1948 年 4 月，蒋介石题书“衡阳抗战纪念城”碑，此碑矗立于岳屏山的山顶。并颁“训词”：“我军十军残余部队，喋血苦守此兀然孤城者，历时四十八日之久，此为全世界稀有之奇绩，而我中华固有道德之表现与发扬，亦以此为最显著。”中华人民共和国成立后，对这些建筑进行了多次维修。近几年，山上又增设了“衡阳抗战纪念堂”“保卫衡阳”雕塑和衡阳保卫战文化墙。文化墙建于2009年，环绕山顶，长约260米，分为前言概况、国共合作、血壮山河、同仇敌忾四个部分，由六幅高2米、长6—8米的群雕画，80余幅诗词、楹联、篆刻等书法作品组成，前面置《序》《请建衡阳为抗战纪念城呈国民政府文》碑，“衡阳抗日保卫战文化墙”碑为中国著名书法家沈鹏所题。

胜利坊 位于南岳东线登山公路起点处。1946年为纪念抗战胜利而修建。横跨公路，约高8米，券门，用花岗石砌成。门上嵌“胜利坊”额，两侧嵌联：“七二峰会召群英，胜算先操，中流砥柱。五大洲盟联友国，狂澜竞挽，世界和平。”现为省级文物保护单位。

忠烈祠 国民政府为纪念战死抗日疆场的将士，于1939年至1943年在南岳香炉峰和岳麓峰下修建了两座忠烈祠。香炉峰下的忠烈祠为我国大陆规模最大的抗日烈士纪念陵园，也是中华民族团结抗日的历史丰碑。现为全国重点文物保护单位和全国爱国主义教育示范基地。岳麓峰下忠烈祠规模较小，现存湖南师大校园内。

南岳游击干部训练班旧址 即原南岳圣经学校及礼堂，现位于驻衡某部院内，属军事禁区。南岳游干班是国共两党第二次合作、一致抗日的产物，具有重要的历史意义。它成立于 1939 年 2 月，为中国军队培训三千多名游击战军官，大多奔向了抗日战场。

南岳佛道救难协会旧址　即南岳祝圣寺。成立于 1939 年 5 月。它是南岳宗教界的抗日爱国组织。上封寺宝生方丈为会长，祝圣寺方丈空也、南台寺方丈悟真、大善寺知客有缘、三元宫道长刘光斗为副会长，巨赞、演文法师等负责具体工作。协会大力开展抗日救亡宣传、募捐等活动，对青年佛道教徒进行军训，组织南岳游击队，团结宗教、爱国人士共赴国难。

抗战标语墙　在衡阳县樟木乡樟木寺湘江码头边一个仓库的墙上。标语为：“抗战到底就是救国家救同胞救自己。”红色油漆书写，笔力遒劲，虽经数十年的风雨洗礼，字迹依然清晰，而且一直在警示着人们：勿忘国耻！

主要参阅书目

1. 上海古籍出版社《二十五史》

2. 明嘉靖《衡州府志》

3. 清乾隆《衡阳县志》

4. 清乾隆《清泉县志》

5. 清同治《衡阳县志》

6. 新编《衡阳县志》

7. 民国上海中央书店《彭玉麟家书》

8. 北京外文出版社《彭玉麟家书》

9. 民国《衡阳便览》

10.《衡阳市地名志》

11.《湘南士林》

12.《衡阳地方史资料》2、4、5、7辑

13. 岳麓书社《南岳旅游文化概论》

14.《衡阳县文史》4、7辑

15. 岳麓书社《岁月衡阳》

16. 衡阳市政协文史学习和港澳台侨外事委员会编《衡阳农业文化遗产》

17. 中共党史出版社、湖南人民出版社《湖南省革命遗

址通览·衡阳市篇》

18. 湖南人民出版社《衡阳水陆交通史》

19. 文物出版社《中国南方古代印纹陶》

20. 蒋春达《衡阳县百家姓》

21. 衡阳县渣江《胡氏族谱》

22. 湖南人民出版社《衡阳市志》

23. 清末民初版《寿佛志》

24. 经济日报出版社《敢为天下先》

25. 湖南人民出版社《湖湘文化访谈》

26. 董俊《衡阳渣江春社历史及发展》及肖友良所摄照片，《衡阳地方史资料》总第七辑

27. 岳麓书社《礼仪文化手鉴》

28. 衡阳市《江东文史资料》第二辑《彭玉麟与彭家花园记事》

29. 《衡阳之最》

30. 成兆祥《衡阳县行政区划变迁史略》《衡阳地方史资料》总第五辑

后　记

撰写《渣江史话》的目的，主要有三：一为《南岳旅游文化概论》写个续篇。二为渣江做推介，促其旅游上台阶。三为古镇、名镇写史话，拓宽科研为经济服务的思路。此书的出版得到了中共衡阳市委党校、衡阳市社会主义学院及其科研处、图书馆，中共南岳区委宣传部的大力支持和帮助，在此表示衷心的感谢！

我年事已高，已经息笔多年，为了却上述心愿，而重新操觚，但精力略显不足。幸有我的夫人谭立平、儿子胡高杨、侄女胡兵，在购买参考书籍、誊写和校对书稿方面给予协助，才得以成书。

由于时间仓促，书中存有不少纰漏和缺失，敬请同仁和读者赐教和雅正。

临蒸山樵

2020 年 10 月 18 日